101 हिट भजनों की स्वर लिपियां

डॉ. रमेश मिश्र
एम.ए., पी.एच.डी.,
संगीत प्रवीण, साहित्याचार्य

श्रीमती किरण मिश्रा
बी.ए. संगीत प्रभाकर

वी एण्ड एस पब्लिशर्स

प्रकाशक

वी एण्ड एस पब्लिशर्स

F-2/16, अंसारी रोड, दरियागंज, नई दिल्ली-110002
☎ 23240026, 23240027 • *फैक्स:* 011-23240028
E-mail: info@vspublishers.com • *Website:* www.vspublishers.com

क्षेत्रीय कार्यालय : हैदराबाद
5-1-707/1, ब्रिज भवन (सेन्ट्रल बैंक ऑफ इण्डिया लेन के पास)
बैंक स्ट्रीट, कोटी, हैदराबाद-500 095
☎ 040-24737290
E-mail: vspublishershyd@gmail.com

शाखा : मुम्बई
जयवंत इंडस्ट्रिअल इस्टेट, 1st फ्लोर-108, तारदेव रोड
अपोजिट सोबो सेन्ट्रल, मुम्बई - 400 034
☎ 022-23510736
E-mail: vspublishersmum@gmail.com

BUY OUR BOOKS FROM: AMAZON FLIPKART

© **कॉपीराइट:** वी एण्ड एस पब्लिशर्स

ISBN 978-93-814488-8-5

संस्करण 2020

DISCLAIMER

इस पुस्तक में सटीक समय पर जानकारी उपलब्ध कराने का हर संभव प्रयास किया गया है। पुस्तक में संभावित त्रुटियों के लिए लेखक और प्रकाशक किसी भी प्रकार से जिम्मेदार नहीं होंगे। पुस्तक में प्रदान की गयी पाठ्य सामग्रियों की व्यापकता या सम्पूर्णता के लिए लेखक या प्रकाशक किसी प्रकार की वारंटी नहीं देते हैं।
पुस्तक में प्रदान की गयी सभी सामग्रियों को व्यावसायिक मार्गदर्शन के तहत सरल बनाया गया है। किसी भी प्रकार के उद्धरण या अतिरिक्त जानकारी के स्रोत के रूप में किसी संगठन या वेबसाइट के उल्लेखों का लेखक या प्रकाशक समर्थन नहीं करता है। यह भी संभव है कि पुस्तक के प्रकाशन के दौरान उद्धृत बेवसाइट हटा दी गयी हो।
इस पुस्तक में उल्लिखित विशेषज्ञ के राय का उपयोग करने का परिणाम लेखक और प्रकाशक के नियंत्रण से हटकर पाठक की परिस्थितियों और कारकों पर पूरी तरह निर्भर करेगा।
पुस्तक में दिये गये विचारों को आजमाने से पूर्व किसी विशेषज्ञ से सलाह लेना आवश्यक है। पाठक पुस्तक को पढ़ने से उत्पन्न कारकों के लिए पाठक स्वयं पूर्ण रूप से जिम्मेदार समझा जायेगा।
उचित मार्गदर्शन के लिए पुस्तक को माता-पिता एवं अभिभावक की निगरानी में पढ़ने की सलाह दी जाती है। इस पुस्तक के खरीददार स्वयं इसमें दिये गये सामग्रियों और जानकारी के उपयोग के लिए सम्पूर्ण जिम्मेदारी स्वीकार करते हैं।
इस पुस्तक की सम्पूर्ण सामग्री का कॉपीराइट लेखक/प्रकाशक के पास रहेगा। कवर डिजाइन, टेक्स्ट या चित्रों का किसी भी प्रकार का उल्लंघन किसी इकाई द्वारा किसी भी रूप में कानूनी कार्रवाई को आमंत्रित करेगा और इसके परिणामों के लिए जिम्मेदार समझा जायेगा।

लेखक की ओर से

विदित हो कि हमने कई वर्ष पूर्व भजनों का एक छोटा-सा संग्रह 'सत्संग भजनावली' के नाम से छपवाया था। इस पुस्तक में तुलसी, सूर, कबीर, नानक, रैदास, मीराबाई, भक्तजनों के तथा कुछ अन्यान्य कवियों के उपदेश पूर्ण भजन थे। इस भजनावली को सत्संग प्रेमी भाइयों ने बड़े प्रेम से अपनाया तथा प्रचार में हाथ बंटाया। इधर कई दिनों से कुछ भाइयों की इच्छा हुई कि इन भजनों में से चुनकर कुछ प्रसिद्ध भजनों की यदि स्वरलिपियां भी छपवाई जाए, तो संगीत प्रेमी भाइयों को इनकी धुने हूबहू याद करने में अत्यन्त सुगमता होगी एवं शिक्षार्थी बालक-बालिकाओं को भी स्वरलिपियों द्वारा भजन सीखने में काफी सहायता मिलेगी। अस्तु सभी भजन प्रेमियों के लाभार्थ यह "101 हिट भजनावली" नामक सभी भजनों की स्वरलिपियों से युक्त पुस्तक प्रकाशित कराई गई है। इसके प्रकाशन में 'पुस्तक महल' के मैनेजिंग-डाइरेक्टर श्री रामअवतार गुप्ता जी का भी अपार सहयोग प्राप्त हुआ है। इस पुस्तक में मीराबाई, तुलसीदास, भक्तशिरोमणि सूरदास, कबीरदास जी व संत रैदास जी आदि कवियों के साथ कुछ फिल्मों में भी गाए गए भजनों को स्वरलिपि सहित संग्रह किया गया है।

स्वरलिपि द्वारा गायन सीखने हेतु सर्वप्रथम हारमोनियम पर कुछ सरगमों व अलंकारों का अभ्यास करना पड़ता है। शुद्ध, कोमल व तीव्र स्वरों के साथ तीनों सप्तकों का ज्ञान करना पड़ता है। साथ ही कुछ तालों के विषय में भी ज्ञान प्राप्त करना आवश्यक होता है। अतः स्वरलिपि प्रारंभ करने से पूर्व हम स्वर व ताल के विषय में कुछ जानकारी दे रहे हैं। आशा है कि पूर्वावलोकन शास्त्र के अध्ययन से भजनानुरागी प्रेमियों को संत जनों के भजनों को सीखने में अत्यंत सहायता प्राप्त होगी।

शुभेच्छु
रमेश कुमार मिश्र

संगीत
स्वर-लिपियां

आज के युग में भी, जब कि अन्य सभी क्षेत्रों में धोखा धड़ी, झूठ तथा साँठ-गाँठ का बोलवाला है, परन्तु एक मात्र संगीत का क्षेत्र ही ऐसा बचा है, जहाँ झूठ नहीं चलता और सच्चा स्वर लगाने वाले कलाकार का बड़े से बड़ा दुश्मन भी उसे बेसुरा नहीं कर सकता है।

—परवीन सुल्ताना (प्रख्यात गायिका)

संगीत के बारहों स्वरों में जब सच्चा स्वर लगता है तो मन प्रफुल्लित हो उठता है। संगीत धनोपार्जन का साधन ही नहीं, मुक्ति प्राप्ति का साधन भी है।

—उ. अमीर खाँ साहब

संगीत साधना, भगवान की साधना है। इसकी साधना से मनुष्य हर कष्टों से मानसिक रूप से छुटकारा पा सकता है।

—उ. बड़े गुलाम अली खाँ

संगीत की कसौटी यही है कि उससे जड़ दीप जल उठे।

—डॉ. राजेन्द्र प्रसाद

संगीत से क्रोध मिट जाता है।

—महात्मा गांधी

संगीत मानव की विश्वव्यापी भाषा है।

—लॉगफेलो

मधुर संगीत आत्मा के ताप को शान्त कर सकता है।

—महात्मा गांधी

संगीत आत्मा की प्रतिदिन की मलिनता को दूर कर देता है।

—आवेर बेच

संगीत को देवदूतों की भाषा ठीक ही कहा है।

—कारलाईल

संगीत टूटे हुए हृदय की औषधि है।

—ले हंट

लेखक के विषय में कुछ संगीतकारों के विचार

संगीतज्ञ परिवार में पले व बढ़े रमेश जी प्रतिभा सम्पन्न कलाकार हैं। गायन विद्या में पारंगत होने के साथ-साथ लेखन कला इनकी मौलिक विशेषता है ऐसे संगीतज्ञों की संख्या कम है जिसे संगीत के दोनों पक्षों पर अधिकार प्राप्त हो।

—संगीतकार श्री रवीन्द्र जैन

मैं इनके गायन से प्रभावित हूँ शास्त्रीय संगीत की विभिन्न विधाओं ध्रुपद, ख्याल, तराना, ठुमरी, भजन, गज़ल आदि शैली के गायक होते हुए ये तबला वादन व नृत्य का भी ज्ञान रखते हैं, परन्तु लेखन कला इनकी चतुर्मुखी प्रतिभा का परिचय देता है। भक्तिपूर्ण गायक-गायिकाओं के भजनों को 'सरल स्वरलिपियों' के माध्यम से जन-जन तक पहुँचाना भी इनका सराहनीय कार्य है।

—श्री अनूप जलौटा, पद्मश्री

मैंने पहले भी इनकी कई पुस्तकें पढ़ी हैं जिसमें रमेश जी ने वंदिशों की रचनाएं व शास्त्र पक्ष को गायकी अंग ध्यान में रखकर समझाया है। आशा है, भावनात्मक रंग में रंगी इनकी '101 भजनावली स्वर लिपियों' के माध्यम से आम भक्तजन भजनों को गाने के साथ बजाना भी सीख सकेंगे।

—उ. अमजद अलीखाँ, पद्मविभूषण

संगीत घराने में पले, बढ़े रमेश जी उ. नसीर अहमद खाँ व किराना घराने के सिर मौर 'पद्मविभूषण' पं. भीमसेन जोशी जी के शिष्य हैं और उन्हीं की गायकी का अनुशरण करते हैं, मैं इनके द्वारा लिखित 'भजनावली' पुस्तक के सफलता की कामना करती हूँ।

—सुब्बलक्ष्मी, भारत रत्न, पद्मभूषण

अनुक्रमणिका

कुछ संगीत कारों के विचार 4
संगीत स्वर-लिपियां 6
लेखक की ओर से 7

पूर्वावलोकन

अच्छे गायक-वादक कैसे बनें 13
भक्ति संगीत का उद्गम और विकास 15
भक्ति (भजन-कीर्तन) का महत्त्व 17
पूर्वावलोकन 19
संगीत अभ्यास के लिए कुछ अलंकार 20
संगीत की कुछ परिभाषाएं 21
स्वर की परिभाषा 22
संगीत के रूप 23
संगीत के पक्ष 24
तालाध्याय 25
भारतीय वाद्यों में तबले का महत्त्व 26
तबले व पखावज पर बजने वाले कुछ तालों का परिचय 27
भारतीय संगीत के कुछ चर्चित कलाकार 32
हारमोनियम वाद्य 35
सितार वाद्य 37
वायलिन वाद्य 40
गिटार वाद्य 42
मेंडोलिन वाद्य 45

भजनों की स्वर लिपियाँ

संत कबीर, रहीम व तुलसीदास जी के दोहे 48
पायो जी मैंने राम रतन धन पायो, ... 50
ऐसी लागी लगन मीरा हो गई मगन 52
रंग दे चुनरिया, रंग दे चुनरिया 54
बरसे बदरिया सावर की, ... 56

पग घुंघरु बांध मीरा नाची रे!	58
मेरे तो गिरधर गोपाल दूसरो न कोई	60
मोहे लागी लगन गुरु, चरनन की	62
मैं गिरधर आगे नाचूंगी	64
श्याम! मने चाकर राखो जी।	66
ऐरी मैं तो प्रेम दिवानी	68
म्हारे घर आओ प्रीतम प्यारा ॥	70
माई री मैं तो लियो गोविंदो मोल ।-2	72
सुन नाथ अरज अब मेरी	74
चलो मन गंगा जमुना तीर	76
मेरो मन रामहिं राम रटै रे	78
मोहे लागी लगन गुरु चरनन की।	80
नटवर नागर नंदा, भजो रे मन गोविन्दा	82
रघुबर तुमको मेरी लाज ।-2	84
श्री राम चंद्र कृपालु भजु, मन	86
जाउं कहां तजि चरण तुम्हारे	88
ममता तू न गई मेरे मन ते ।	90
बैठी सगुन मनावति माता-2	92
गाइए, गणपति-जगबंदन,	94
ठुमक चलत रामचंद्र बाजत पैजनियां।	96
संत तुलसीदास-भजन (श्रीराम जन्म)	98
हे जग त्राता, विश्व विधाता,	100
भजुमन-2 राम चरण सुखदाई	102
सरस्वती हे हंस वाहिनी।	104
आएगा जब रे बुलावा हरि का,	106
प्रभु मोरे अवगुण चित न धरो,	108
तेरा राम जी करेंगे बेड़ा पार	110
आरती कुंज बिहारी की	112
प्रभु हम पे दया करना	114
कैसा बैठा रे आलस में प्राणी,	116
मैया मोरी मैं नहिं माखन खायो-2	118
भजो रे भैया राम गोविंद हरी-2	120
संत कबीर के दोहे	122

राम सुमिर के रहम करे ना	124
कबीरा जब हम पैदा हुए, जग हंसे हम रोए,	126
हमका ओढ़ावे चदरिया चलत बेरिया।	128
रहना नहिं देश बिराना है।	130
अब मैं राम-नाम रिझाऊं,	132
नरहरि चंचल है मति मेरी,	134
अब कैसे छूटे रामा, राम धुन लागी-2	136
काहे रे बन खोजन जाई।	138
जगत में झूठी देखी प्रीत,	140
रे मन! ऐसो करि संन्यासा,	142
सुमिरन कर ले मेरे मना,	144
आवो सिख सतगुरु के प्यारिहो,	146
रे मन ओट लेहु हरि नामा,	148
ठाकुर तुम शरणाई आया-2,	150
जिसके सिर ऊपर तू स्वामी,	152
जै भोला भंडारी शिव हर,	154
शिव शंकर चले कैलास,	156
अब सौंप दिया इस जीवन को,	158
दाता इक राम, भिखारी सारी दुनियां,	160
इक राधा इक मीरा, दोनों ने श्याम को चाहा,	162
तोरा मन दर्पण कहलाये,	164
मन तड़पत हरि दर्शन को आज,	166
दरसन दो घनश्याम, नाथ मोरी,	168
पूछो न कैसे मैंने रैन बिताई,	170
तुम आशा, विश्वास हमारे,	172
इतनी शक्ति हमें दे न दाता,	174
ओ दुनिया के रखवाले, सुन दर्द भरे मेरे नाले-2	178
अल्ला तेरो नाम, ईश्वर तेरो नाम,	180
ओम् जय जगदीश हरे, स्वामी जय जगदीश हरे	182
ऐ मालिक तेरे बंदे हम,	184
ईश्वर सत्य है, सत्य ही शिव है,	186
करती हूं तुम्हारा व्रत मैं, स्वीकार करो मां,	188
मैं तो आरती उतारूं रे संतोषी माता की,	190

श्याम तेरी बंशी पुकारे राधा नाम,	192
यशोमत मैया से बोले नंदलाला,	194
बच्चे, मन के सच्चे,	196
सुन ले पुकार आई, आज तेरे द्वार ले के,	198
हे रोम-रोम में बसने वाले राम,	200
ज्योति कलश छलके-2,	202
ज्योति से ज्योति जलाते चलो,	204
तुम्हीं हो माता, पिता तुम्हीं हो,	206
राधा ना बोले ना बोले ना बोले रे,	208
राधिके तूने बांसुरी बजाई,	210
हमको मन की शक्ति देना, मन विजय करें।	212
वैष्णव जन तो तेने कहिए,	214
रघुपति राघव राजाराम,	216
हे दुख भंजन, मारुति नन्दन,	218
इतना तो करना स्वामी, जब प्राण तन से निकले,	220
वह शक्ति हमें दो दयानिधे,	222
हे प्रभो मेरे अन्नदाता, ज्ञान हमको दीजिए,	224
हम बालकों की राष्ट्र हित में, प्रभू जी तेरा ध्यान हो,	226
हे दयामय हम सबों को, शुद्धताई दीजिए,	228
जय गणेश जय गणेश, जय गणेश देवा,	230
राम है जीवन, कर्म है श्याम,	232
कभी-2 भगवान को भी, भक्तों से काम पड़े,	234
वो काला इक बांसुरी वाला,	236
तन के तंबूरे में दो, सांसों के तार बोले,	238
राम-रमैया गाए जा।	240
जनम तेरा बातों में बीत गयो,	242
श्याम तेरी बंशी, बजे धीरे-धीरे,	244
जग में सुंदर है दो नाम	246
हनुमान चालीसा	248
श्री राधे गोविन्दा, मन भज ले हरि का प्यारा नाम है	250
तेरे पूजन को भगवान,	252
कुछ सवैयों में प्रभु की महिमा वर्णन	254
कुछ प्रसिद्ध संगीत-निर्देशक, डायरेक्टर-प्रोड्यूसर व गायक-गायिकाओं के नाम	256

पूर्वविलोकन

अच्छे गायक-वादक कैसे बनें

1. संगीत शिक्षा : संगीत एक क्रियात्मक विद्या है, अतः यह विद्या गुरु के बिना प्राप्त करना प्रायः असंभव ही है। पुस्तकें भी हमें रखना आवश्यक ही है, क्योंकि पुस्तक के बिना किसी भी परीक्षा में सफल होना कठिन होता है। अतः पुस्तकों को पढ़ने के साथ ही शिक्षक के स्वर-ताल युक्त गीत आदि के गायन का ढंग ध्यान देकर सुनना चाहिए, उसका मनन-चिंतन करने से सफलता प्राप्त करना सुगम हो जाता है।

2. संगीत का अभ्यास : संगीत का अभ्यास नियमित रूप से करना आवश्यक है। अलंकार गीत आदि सीख लेने के बाद उसका नित्य अभ्यास करना चाहिए। हमें चाहिए कि स्वर, आरोह-अवरोह आदि पाठों को लगातार दोहराते रहें। अलंकारों के माध्यम से सरल लयकारियों की जानकारी, जैसे—दो-दो स्वरों के मेल से बने अलंकारों से दुगुनी लय की जानकारी तथा चार-चार स्वरों के क्रम से चौगुने लय की जानकारी करनी चाहिए। इस प्रकार अलंकारों के नियमित अभ्यास से बच्चों को स्वरों का अच्छा ज्ञान हो जाएगा।

3. अभ्यास ऐसे करें : अभ्यास तो नियमित रूप से ही करना चाहिए। किंतु आज के विद्यार्थियों के सामने एक समस्या है कि हम कैसे, कितना और क्या अभ्यास करें। अभ्यास को निम्नवत् करें।

सबसे पहले पंद्रह मिनट स्वर भरें और आवाज का लगाव ठीक करें। आवाज गोल व वजनदार होनी चाहिए। जिसके लिए आवश्यक है कि गाते समय मुंह का आकार बड़ा हो। ध्यान रहे कि जोर से आवाज निकालना और चीखकर गाना, दो विभिन्न क्रियाएं हैं। मुंह का आकार बड़ा रहने से आवाज नाभि से उठकर आएगी और इस प्रकार अभ्यास करने से आवाज में वजन तथा गहराई धीरे-धीरे आ जाएगी। इस कार्य में शिक्षक वर्ग के भी ध्यान रखने योग्य बातें हैं कि विद्यार्थी के बैठने का ढंग ठीक है अथवा नहीं। शरीर का कोई भी अंग टेढ़ा अथवा झुका हुआ न हो और मुख की आकृति भी खराब नहीं होनी चाहिए।

स्वर-साधना व अलंकार, पल्टों के अभ्यास के पश्चात उस राग के छोटे-छोटे स्वर समूह बनाकर, जिनमें राग का स्वरूप कायम रहे, ताल देकर साधे जाने चाहिए। इसमें ताल क्रिया के समय यह ध्यान रखना चाहिए कि पहले हर स्वर पर यह क्रिया ठीक हो जाने के बाद कई-कई स्वर समूहों को मिलाकर गाना चाहिए, जिससे राग का विस्तार बढ़ता जाए। इन स्वर समूहों में आरोह करते हुए अवरोह भी करते जाएं, जिससे विद्यार्थी

को इस बात का ज्ञान होता जाएगा कि उसे किन स्वरों से लौटना अथवा पलटना है। यह अभ्यास, हो सके तो शिक्षक को अपने सामने ही करवाकर विद्यार्थियों को समझाना चाहिए, क्योंकि अच्छे शिक्षक के गुण यही हैं कि वह अपने शिष्यों को स्वर व लय की शिक्षा देते समय उसके विचार-शक्ति को भी जागृत करता जाए और छात्र-छात्राओं को भी चाहिए कि स्वर-साधना का यह अभ्यास अपने गुरुजन (शिक्षक) से ही करना सीखें साधना को इतना समय दिया जाए जिससे अत्यधिक थकान न मालूम हो व गाते समय स्वरों की शुद्धता व मिठास पर पूरा ध्यान रहे।

4. खान-पान : संगीत विद्यार्थियों को तेल, मिर्च, खटाई आदि चीजों का प्रयोग कम करना चाहिए। साथ ही बर्फ, खट्टी और तली चीजों की हानि से बचें। विद्यार्थी का रहन-सहन, खान-पान स्वाभाविक होना चाहिए। किसी बात की 'अति' गले के लिए हानिकारक हो सकती है और 'आवाज' बनने की जगह बिगड़ भी सकती है।

5. संगीतज्ञ की बैठक : संगीत विद्यार्थी को गाते-बजाते समय हाथ, पैर, सिर का हिलाना व आंख बंद कर लेना, गले की नसें फुलाना, मुंह अत्यधिक फाड़कर गाना वर्जित होता है। इस प्रकार के समस्त दोषों से अच्छे गायक को बचना चाहिए, नहीं तो अच्छे से अच्छा गायक भी महफिल में परिहास का कारण बन जाता है। अतः मंच पर देखने वालों की तरफ मुंह करके साधारण रूप से बैठना ही उत्तम होगा।

सांगीतिक जीवन को प्रभावशाली व गौरवपूर्ण बनाने के लिए संगीत गोष्ठियों का भी अपना मूल्य है। गोष्ठियां संगीतकारों व शिक्षार्थियों हेतु इसलिए भी उपयोगी हैं, क्योंकि संगीत गोष्ठियों के अवसर पर अनेक कलाकारों का मिलन व विचार-विमर्श होता है। साथ ही संगीतकारों द्वारा गोष्ठियों में भाग लेने से व संगीत विद्यार्थियों को ऐसे कार्यक्रम देखने-सुनने से उनके सांगीतिक विकास का मार्ग सही दिशा की ओर हो जाता है। क्योंकि संगीत संबंधी अनेक बातें ऐसी हैं, जो सीखने से कम बल्कि कलाकार का मंच प्रदर्शन देखकर आ जाती हैं। गोष्ठियों में शामिल न होने के कारण आप इस बात का पता नहीं लगा पाते कि आप में क्या-क्या खामियां हैं और उनको कैसे ठीक किया जाए।

अतः मेरा आपसे अनुरोध है कि एक सफल संगीतज्ञ बनने के लिए अच्छी रचना, स्वर ज्ञान, गुरु शिक्षा के अतिरिक्त संगीत गोष्ठियों द्वारा ज्ञान अर्जित करने हेतु सक्रिय कदम उठाइए। ये तीन ही तथ्य (बातें) संगीतज्ञ के लिए महान पुष्टिकारी व शक्तिशाली हैं तथा जीवन को प्रदीप्त करने वाली हैं।

भक्ति संगीत का उद्गम और विकास

भक्ति मानव की सहज विभूति है। प्रत्येक प्राणी स्वभावतः अपने से श्रेष्ठ व्यक्तियों के प्रति श्रद्धायुक्त आकर्षण रखता है। शक्ति शील तथा वैभव से वरिष्ठ व्यक्ति के प्रति श्रद्धा तथा उसके गुणों को आत्मसात करने की अदम्य इच्छा भक्ति-भावना के मूल में है। किसी अच्छे गायक, वादक या नर्तक की कला को हृदयंगम करने के बाद क्या यह भावना रसिक श्रोता या दर्शक में नहीं आती कि उस कला के गुण यदि हममें आ जाएं तो कितना अच्छा होगा। उस कलाकार की कला के प्रति ऐसी श्रद्धा उदय होती है, उसका सामीप्य पाने तथा उसके गुणों को आत्मसात करने की प्रबल इच्छा जाग उठती है। इसी श्रद्धा का विस्तार जब असीम, अपरिमित तथा अजेय परमात्मा के प्रति होता है, तो वह 'भक्ति' कहलाती है।

भक्ति संगीत की यह परंपरा विश्वसाहित्य के प्राचीनतम ग्रंथ 'ऋग्वेद' से प्रचलित है। हमारा देश इस संबंध में भाग्यशाली है कि प्राचीन महर्षियों की अजस्र एवं अनन्य साधना के फलस्वरूप हमारे भक्ति संगीत के प्राचीनतम गीत 'ऋग्वेद' के रूप में आज भी सुरक्षित हैं। 'सामवेद' तो ऋग्वेद का ही रूपांतर है। 'सामवेद' गायन की दृष्टि से जरूर भिन्न है, परंतु साहित्य की दृष्टि से सर्वथा अभिन्न है। 'सामवेद' के सभी मंत्र ऋग्वेद से गृहीत हैं, केवल अंतर यह है कि जहां 'ऋग्वेद' का पाठ आधुनिक काव्य पाठ या कविता-गायन के समान रहा, वहां 'सामवेद' का गायन आलापों से युक्त शास्त्रीय संगीत के समान रहा। 'सामवेद' का संगीत भारत के इतिहास में प्रथम भक्ति संगीत होने का अधिकारी है। यह वह संगीत है जिसमें भक्त ने अपनी आराध्य-विषयक भावनाओं को स्वरों में बांधा है। भक्ति संगीत की यह धारा वैदिक काल के बाद रामायण, महाभारत तथा पुराणों से होती हुई आधुनिक काल तक बराबर पाई जाती है। नारद, तुम्बुरु, वाल्मीकि, व्यास, शुक्राचार्य इसके प्रमुख प्रवक्ता रहे हैं। इसी धारा का निर्देश मतंग तथा शारंगदेव के ग्रंथों में 'मार्ग' नाम से पाया जाता है। 'मार्ग' वह प्रणाली है जिसका अनुसरण सिर्फ मुनि तथा भक्तों द्वारा किया जाता रहा है, जिसका ध्येय जन-रंजन न होकर देव-रंजन है तथा जिसकी शैली संयत, नियमित एवं गुरु-गंभीर है।

'रामायण' में उल्लेख है कि महर्षि वाल्मीकि ने लव-कुश को रामायण गान करते समय निष्काम तथा निरिच्छ रहने का आदेश दिया था। तानसेन की अपेक्षा स्वामी हरिदास का संगीत सम्राट् अकबर के लिए अधिक प्रभावशाली हुआ, इसका कारण यही निःस्पृहता रही। जो गायक निःसंग है व जिसके लिए केवल परमात्मा ही सर्वस्व है और जो समस्त

प्राणियों में परमात्मा के दर्शन करता है, ऐसे गायक की कला में जो निष्ठा व तन्मयता पाई जा सकती है, वह अन्यत्र नहीं।

भक्ति नवनिधि कही गई है—श्रवण, कीर्तन, स्मरण, पाद-सेवन, अर्चन, वंदन, दास्य, सख्य और आत्म-निवेदन। इसमें सर्वसुलभ व सुगम मार्ग कीर्तन-भजन कहा गया है। भक्ति संगीत में कीर्तन का महत्त्वपूर्ण स्थान है। भगवान के नाम, गुण, कर्मों का स्वर तथा लय के साथ उच्च स्वर से गायन करना कीर्तन-भजन के अंतर्गत आता है। वीणा, मृदंग, झांझ, करताल, इसके संगीत वाद्य होते हैं। कीर्तन-भजन व्यक्तिगत होता है अर्थात् एक ही गायक के द्वारा किया जाता है और संगीत सामूहिक होता है। कीर्तन के आदि प्रवर्तक देवर्षि नारद हैं। अपनी महती वीणा के सहारे सदैव भगवान की गुण-गाथा का गान करते रहे हैं। संकीर्तन का प्रवर्तन करने का श्रेय गोपियों को है, जिन्होंने सामूहिक गान तथा सामूहिक नृत्य का प्रथम आदर्श प्रस्तुत किया है। गोपियों का रास नृत्य अपनी विलक्षणता रखता है और भारतीय नृत्य की विशिष्ट शैली के रूप में प्रतिष्ठित है।

भारत में भजन या भक्ति संगीत का प्रवाह सभी प्रदेशों में प्रवाहित होता रहा है। स्थान-भेद से भाषा-भेद भले ही हो, परंतु संगीत की मूलगाथा, भक्ति-भावना सभी प्रदेशों में व्याप्त रही है और जनता को एक सूत्र में आवद्ध करती रही है। उत्तरप्रदेश में तुलसी, राजस्थान में मीरा, बंगाल में चैतन्य, बिहार में जयदेव, महाराष्ट्र में रामदास, गुजरात में नरसी, कर्नाटक में त्यागराज इसी परंपरा के अनन्य गायक तथा प्रसारक रहे हैं। बल्लभाचार्य के समकालीन श्री चैतन्य महाप्रभु (ई. 1485-1533) ने अपने रसमय कीर्तनों से समस्त बंग देश को भक्ति विभोर बना दिया था। संगीत में भक्ति रस की प्रतिष्ठा सर्वप्रथम इन्हीं के द्वारा हुई। इस परंपरा के अंतिम प्रवक्ता स्व. गायनाचार्य पं. विष्णु दिगंबर जी जिन्होंने संगीत का सुरुचिपूर्ण काव्य से गहरा संबंध स्थापित किया, पंडितजी ने सूर, तुलसी, मीरा इत्यादि भक्तों के भजनों को विभिन्न रागों में बांधकर नए ख्यालों का सृजन किया और शास्त्रीय संगीत को पावन दिशा में मोड़ दिया। उनके सुपुत्र स्व. पं. डी.वी. पलुष्कर के 'ठुमुक चलत रामचंद्र बाजत पैजनियां' आदि भजनों की ध्वनि-मुद्राएं किस हृदय को रस विभोर नहीं बनातीं। पं. विष्णु दिगंबर के शिष्यों में स्व. पं. ओंकारनाथ ठाकुर अपने रसमय भजनों हेतु सुप्रसिद्ध रहे हैं। आज उसी परंपरा को भजन सम्राट् अनूप जलोटा, हरिओम् शरण, अनुराधा पोडवाल सहित अन्य तरुण गायक-गायिकाएं आगे बढ़ा रहे हैं और संगीत न जानने वाले श्रोताओं को भी रस मुग्ध कर रहे हैं।

भक्ति (भजन-कीर्तन) का महत्त्व

जीवन के लक्ष्य अखंड आनंद की प्राप्ति के लिए मन, वचन और कर्म से भगवान की भक्ति आवश्यक है। भगवान के प्रति अनन्य प्रेम तथा समर्पण की भावना को ही 'भक्ति' कहते हैं। भक्ति नौ प्रकार की बताई गई है, जिसमें से भगवान के गुणों का गान (कीर्तन) सहज और श्रेष्ठ है।

भगवान का प्रत्येक नाम एक मंत्र है। स्वर और लय के आधार से मंत्र की शब्द या चेतन-शक्ति जाग्रत रहती है। आचार्य वल्लभ, चैतन्य, सूरदास, मीराबाई, तुलसी, पुरंदरदास, त्यागराज, संत तुकाराम, नरसी मेहता, गोरख, स्वामी हरिदास, जयदेव, विद्यापति, धर्मदास, गुरु नानक, कबीरदास, मलूकदास, संत रैदास, पलटूदास, सुंदरदास, चरणदास, सहजोबाई, दयाबाई इत्यादि संत भक्तों ने स्वर और शब्द की चेतन-शक्ति से ही भगवान का अनन्य प्रेम उपलब्ध किया तथा संसार को सत्य का संदेश दिया।

ईसा की 14वीं शताब्दी से 19वीं शताब्दी तक का काल भक्ति-साहित्य की दृष्टि से अत्यंत महत्त्वपूर्ण रहा है। इस काल में भक्ति आंदोलन अपने चरम उत्कर्ष पर था और इसी समय निर्गुण संत भक्ति, प्रेम मार्गी सूफी भक्ति, प्रेम लक्षण कृष्ण-भक्ति तथा मर्यादा मार्गी रामभक्ति की प्रेरणा से हिंदी के सर्वोच्च साहित्य का निर्माण हुआ, जिसके प्रभावस्वरूप शिल्प, संगीत तथा अन्य ललित कलाओं को भी पूर्ण विकसित होने का सौभाग्य प्राप्त हुआ। इस काल को भक्ति काल कहा जाए तो कोई अनुचित नहीं, क्योंकि इसी काल के भक्त गायकों द्वारा प्रसारित जीवन के मूल्य और मर्यादाएं आज तक लोक में प्रतिष्ठित हैं।

सत्य, मूलतत्त्व या भगवान का साक्षात्कार करने की प्रवृत्ति मनुष्य की प्रकृति में प्रारंभ से ही किसी न किसी रूप में विद्यमान रही है। इस प्रवृत्ति की अभिव्यक्ति सभ्यता के सभी स्तरों, देशों तथा कालों में होती रही है और इसी का नाम भक्ति है।

भगवान कृष्ण-भक्ति ने जिस रूप में समस्त भारत को रसमग्न किया, उसका मुख्य केंद्र वृंदावन रहा जिसने कई शताब्दियों तक चित्रकार, कवि, नर्तक तथा संगीतकारों को भी प्रेरणा प्रदान की। मनुष्य की सौंदर्य-वृत्ति को परिष्कृत तथा सार्थक बनाने में भक्तिकाव्य का प्रमुख हाथ रहा।

भक्तिकाव्य को ही 'भजन' कहते हैं। भक्तिकाव्य के पद में इष्ट के रूप और गुण का कीर्तन होता है। 'कीर्तन' सगुण और निर्गुण, दोनों उपासनाओं के लिए आलंबन रहा है। इसलिए मीरा, सूर और तुलसी इत्यादि ने अपने भक्ति-काव्य को साहित्य तथा

संगीत की दृष्टि से पूर्ण व्यवस्था दी। सामान्य जीवन से उठकर उनकी रचनाएं शास्त्रीय संगीत तथा भाषा-साहित्य तक को समृद्ध करने लगीं।

भारत की कीर्तन प्रणाली से आज का पश्चात्य युवा वर्ग भी आकर्षित होता जा रहा है, इसलिए यूरोप और अमेरिका की सड़कों पर 'हरे राम, हरे राम, राम राम, हरे-हरे' तथा 'हरे कृष्ण, हरे कृष्ण, कृष्ण कृष्ण हरे हरे' की गूंज बढ़ती जा रही है। भक्ति काव्य (भजन) के आदि, मध्य तथा अंत में सार, हरिपद, चौपाई, दोहा, सरसी, गीता, मुक्तामणी, श्लोक, छप्पय आदि प्रायः रहते हैं। दैनिक जीवन में राग-द्वेष तथा हर्ष-शोक के भाव प्रायः किसी न किसी क्षण आते रहते हैं, जिनसे मानवचित्त विचलित होता रहता है। इस अवस्था से मुक्ति पाने के लिए भक्ति गान व भक्ति नृत्य से बढ़कर दूसरा कोई सरल उपाय नहीं है। 'द्वारका-माहात्म्य' में लिखा है कि जो व्यक्ति प्रसन्नचित्त श्रद्धा और भक्तिपूर्वक भावों सहित भजन व नृत्य करते हैं, वे जन्म-जन्मांतरों के पापों से मुक्त हो जाते हैं।

भक्ति-गीत पवित्र, वंदनीय तथा अलौकिक शक्ति संपन्न होते हैं। भक्ति काव्य में सत्य, शिव और सौंदर्य का अद्‌भुत समन्वय है। यदि सूर जैसा भाव, भक्त मीरा जैसा प्रेम और गोस्वामी तुलसीदास जैसी श्रद्धा रखकर भक्ति-संगीत प्रस्तुत किया जाय तो मनुष्य का जीवन सफल हो जाएगा। अतः इसी परंपरा को आगे बढ़ाते हुए हम 'भक्ति-संगीत' से युक्त 'भजनावली' आपके समक्ष प्रस्तुत कर रहे हैं। संसार के समस्त संत और भक्तों के चरणों में हमारा बारंबार प्रणाम है, जिनके सान्निध्य के लिए स्वयं भगवान भी व्याकुल हो उठते हैं।

शुभेच्छु

रमेश कुमार मिश्र 'संगीताचार्य'

पूर्वावलोकन

स्वर-साधना के लिए 6 मुख्य नियम ध्यान में रखने चाहिए—

1. स्वर-साधना प्रातः काल बिना खाए खाली पेट, शौच आदि से निवृत्त होकर करनी चाहिए और साधना के पश्चात् किसी ठंडी वस्तु का सेवन तुरंत न करें, बल्कि गर्म दूध अथवा चाय आदि का सेवन लाभदायक है।

2. स्वर-साधना सीधे बैठकर और शीश, गर्दन तथा छाती को सीधे रखकर ही करनी चाहिए। उस समय झुककर या गर्दन टेढ़ी नहीं करनी चाहिए।

3. स्वर-साधना के समय मुंह को खोलकर, जिससे कि गले (कंठ) की ध्वनि (आवाज़) साफ व निर्विरोध निकले, अभ्यास करना चाहिए।

4. आवाज को दांतों से दबाकर या नाक से अधिक ज़ोर देकर नहीं निकालना चाहिए।

5. स्वर-साधना के समय सर्वप्रथम स्वर उच्चारण करके, जैसे— सा रे ग म प ध नी सा अभ्यास करें। साथ ही प्रत्येक स्वर पर आवाज़ को इतना लंबा करें कि जितना लंबा आप सांस को खींच सकते हैं व स्वरों के नामों के आधार पर, अपने मुंह की ध्वनि और उसकी बनावट को स्थिर रखें।

6. स्वर-साधना के समय यदि अपने सामने शीशा रख लें तो उससे अपनी मुखाकृति के बिगड़ने (मुद्रादोष) का ज्ञान होता रहेगा, जिसे आप स्वयं ठीक भी करते रहेंगे। क्योंकि मुखाकृति के बिगड़ जाने से कितना भी अच्छा गायक क्यों न हो, वह भी परिहास का कारण बन जाता है। अभ्यास का समय धीरे-धीरे बढ़ाना चाहिए। जैसे पहले दिन आप ने 10 मिनट अभ्यास किया है, तो दूसरे दिन 15 मिनट कर दें और आगे भी क्रमशः इसी क्रम से बढ़ते चले जाएं। जब हारमोनियम के साथ स्वर का उच्चारण ठीक होने लगे तो फिर 'स' और 'प' को दबाकर ही अभ्यास करना चाहिए, जिससे स्वर स्थान मस्तिष्क में पूर्णतः बैठ जाए।

नोट—बिमारी की अवस्था में तथा स्त्रियों को "विशेष स्थिति" में स्वराभ्यास नहीं करना चाहिए, साथ ही जिन छात्र-छात्राओं ने पहले संगीत नहीं सीखा है और उसकी उम्र 13 से 16 वर्ष के बीच चल रही हो, उनको भी स्वराभ्यास नहीं करना चाहिए। क्योंकि उनकी (कंठ ध्वनि) गले की आवाज़ इस उम्र में अकसर भारी हो जाती है। और मूल स्थान से हट जाती है। अतः हठ वश अभ्यास करने से आवाज़ कभी-कभी बिल्कुल भद्दी और भारी हो जाती है। परंतु जो छात्र-छात्राएं प्रारम्भ से अभ्यास कर रहे हैं, उन पर इसका कोई प्रभाव नहीं पड़ता है।

संगीत अभ्यास के लिए कुछ अलंकार

अलंकार का अर्थ

अलंकार का साधारण अर्थ है किसी वस्तु को सजाना, अतः जैसे स्त्री अपने शरीर को आभूषणों द्वारा अलंकृत करके सुंदरता को बढ़ाती है। इसी प्रकार गाने-बजाने को संगीत में सुंदर बनाने के लिए अलंकारों का प्रयोग किया जाता है। स्वरों की नियमबद्ध रचना को एक प्रकार से अलंकार कहते हैं–जिसे गाने-बजाने में प्रयोग करके उसे सुंदर बनाया जाता है। यदि हम सितार आदि तार वाद्यों पर इसे बजाएं तो वे तोड़े कहलाएंगे और गायन में इनका प्रयोग करें तो इन्हें अलंकार, सरगम या पल्टा कहेंगे। **उदाहरणार्थ–**

1.	**आरोह–**	सा, रे, ग, म, प, ध, नी, सां
	अवरोह–	सां, नी, ध, प, म, ग, रे, सा
2.	**आरोह–**	सासा, रेरे, गग, मम, पप, धध, नीनी, सांसां
	अवरोह–	सांसां, नीनी, धध, पप, मम, गग, रेरे, सासा
3.	**आरोह–**	सारेग, रेगम, गमप, मपध, पधनी, धनीसां
	अवरोह–	सांनिध, निधप, धपम, पमग, मगरे, गरेसा
4.	**आरोह–**	सारेगम, रेगमप, गमपध, मपधनी, पधनीसां
	अवरोह–	सांनिधप नीधपम, धपमग, पमगरे, मगरेसा
5.	**आरोह–**	सारेगमप, रेगमपध, गमपधनी, मपधनीसां
	अवरोह–	सांनिधपम नीधपमग, धपमगरे, पमगरेसा
6.	**आरोह–**	सारेगमपध, रेगमपधनी, गमपधनीसां
	अवरोह–	सांनिधपमग नीधपमगरे, धपमगरेसा
7.	**आरोह–**	सारेगमपधनी, रेगमपधनीसां
	अवरोह–	सांनिधपमगरे नीधपमगरेसा
पल्टा	**आरोह–**	सारेग सारेग सारे सारेगम रेगमप गमप गमप गम गमपध मपधनी पधनी पधनी पध पधनीसां रेंसांनिसां।
	अवरोह–	सांनिध सांनिध सांनि सांनिधप निधपम धपम धपम धप धपमग पमगरे मगरे मगरे मग मगरेसा ऩिरेसासा।

संगीत की कुछ परिभाषाएं

संगीत का अर्थ

संगीत जगत में गायन, वादन एवं नृत्य इन तीनों कलाओं के समावेश को संगीत कहते हैं। यह स्वर, ताल, लय, उत्तम शब्द उच्चारण, हाव-भाव और मुद्रा सहित होना चाहिए। वैसे तो गायन, वादन और नृत्य तीनों ही कलाएं स्वतंत्र हैं, लेकिन फिर भी तीनों एक-दूसरे पर किसी-न-किसी रूप में आश्रित हैं। गायन का वादन से तथा नृत्य का वादन और गायन से गहरा संबंध है। अतः तीनों ही कलाएँ एक-दूसरे को निखारने व संवारने में सहायक होती हैं।

गायन

जब हम शब्द, स्वर और ताल के माध्यम से अपने मन के भावों को प्रकट करते हैं, तो उसे 'गायन' कहते हैं। गीत, भजन, शबद, ख्याल, ठुमरी आदि इसके मुख्य प्रकार हैं।

वादन

जब स्वर, लय और ताल के साथ किसी वाद्य (सितार, सारंगी, बांसुरी, वायलिन आदि) को बजाया जाता है और संगीतकार अपने मन के भावों को उनकी सहायता से व्यक्त करता है, तो उसे 'वादन' कहते हैं।

नृत्य

इसमें नर्तक भिन्न-भिन्न प्रकार की भाव-मुद्राओं तथा अंग संचालन द्वारा अपने मन के भावों को अभिव्यक्त करता है। साधारण व्यक्ति भी कई बार खुशी के अवसर पर नृत्य द्वारा अपनी प्रसन्नता प्रकट करने लगता है, तो उसे 'नृत्य' कहा जाता है।

अतः संगीत वह ललित कला है, जिसमें स्वर और लय के द्वारा अपने मन के भावों को प्रकट करते हैं।

स्वर की परिभाषा

संगीत में प्रयोग होने वाली निश्चित ध्वनि जो सुनने में मधुर हो, उसे 'स्वर' कहते हैं या दूसरे रूप में बाईस श्रुतियों में से चुनी गई मुख्य सात श्रुतियों को स्वर कहते हैं। ये स्वर, सप्तक के सात स्वर माने गए हैं। इन स्वरों के नाम इस प्रकार हैं–षड्ज (सा), ऋषभ (रे), गन्धार (ग), मध्यम (म), पंचम (प), धैवत (ध), निषाद (नि)।

स्वरों के प्रकार

स्वरों के मुख्यतयः तीन प्रकार ही माने गए हैं।
(क) शुद्ध स्वर   (ख) कोमल स्वर   (ग) तीव्र स्वर

शुद्ध स्वर

जब स्वर अपने निश्चित स्थान पर रहते हैं या निश्चित स्थान पर गाए-बजाए जाते हैं, तो उन्हें शुद्ध स्वर कहा जाता है। सा, रे, ग, म, प, ध, नी अपने इस रूप में शुद्ध स्वर कहलाते हैं। इन सातों स्वरों में 'सा' और 'प' ऐसे स्वर हैं, जो कभी अपने स्थान से नहीं हटते, अतः इन्हें 'अचल स्वर' भी कहते हैं।

कोमल स्वर

कोमल स्वर वे स्वर हैं जो अपने निश्चित स्थान से थोड़ा नीचे उतर कर गाए जाते हैं। सात स्वरों में चार स्वर 'रे_ ग_ ध_ नी_' ऐसे हैं जो आवश्यकतानुसार कोमल हो जाते हैं। कोमल स्वर दिखाने के लिए स्वर के नीचे (–) लेटी रेखा लगा दी जाती है। जैसे–रे_ ग_ ध_ नी_।

तीव्र स्वर

जब स्वर अपने निश्चित स्थान से थोड़ा ऊंचा गाया जाता है, तो उसे 'तीव्र स्वर' कहते हैं। सातों स्वरों में केवल 'म' ही ऐसा स्वर है, जो तीव्र होता है। तीव्र स्वर दिखाने के लिए खड़ी रेखा (।) लगाई जाती है।
जैसे–म́

संगीत के रूप

1. क्रियात्मक संगीत (Practical) : क्रियात्मक संगीत के अंतर्गत गायन, वादन, नृत्य की क्रियाएं आती हैं। संगीत का यह रूप कानों द्वारा सुना व नेत्रों द्वारा देखा जाता है। गायन, वादन का संबंध हमारे कानों से है, पर नृत्य को हम अपनी आंखों से देखते हैं। संगीत के क्रियात्मक रूप (Practical) में राग, गीत के प्रकार, आलाप, तान, सरगम, झाला, गत, मींड, आमद आदि की साधना आती है। संगीत का क्रियात्मक पक्ष बहुत महत्त्वपूर्ण है।

2. संगीत शास्त्र (Theory) : संगीत शास्त्र दो प्रकार का होता है। क्रियात्मक संगीत शास्त्र, जिसमें क्रियात्मक संगीत संबंधी अध्ययन आता है, जैसे रागों का परिचय, स्वरलिपि लिखना, तान, आलाप, मिलते-जुलते रागों की तुलना आदि। संगीत का दूसरा पक्ष है शुद्ध शास्त्र का अध्ययन। इसमें संगीत, नाद, जाति, आरोह-अवरोह, स्वर, लय, ताल, मात्रा आदि शब्दों की परिभाषा, संगीत का इतिहास व संगीतज्ञों का परिचय संबंधी अध्ययन आता है।

शास्त्रों का अध्यन हमें जहां प्राचीन जानकारी उपलब्ध करवाता है, वहीं हमें विचार करना भी सिखाता है। सच्चा शास्त्र गुरु का भी गुरु कहलाता है, जो पग-पग पर उचित निर्देश देता है।

संगीत के प्रकार

1. शास्त्रीय संगीत : शास्त्रीय संगीत में गायन, वादन, नृत्य के कुछ निर्धारित नियम होते हैं। शास्त्रीय संगीत में जहां राग के नियमों का पालन किया जाता है, वहां ताल के बंधन में ही राग का गाना-बजाना भी होता है। ध्रुपद, धमार, ख्याल आदि शास्त्रीय संगीत के अंतर्गत ही आते हैं।

2. भाव संगीत : भाव संगीत में शास्त्रीय संगीत के समान कोई बंधन नहीं होता और न ही उसका कोई नियमित शास्त्र होता है। भाव संगीत का उद्देश्य केवल गीत का कानों को अच्छा लगना होता है। अतः कलाकार जनता के मनोरंजन के लिए गीतों की मधुमय ऐसी सरल रचना करते हैं, जो सामान्य जन को समझ में आने के साथ ही साथ उसके मन को भी भा जाए। भाव संगीत में कलाकार अपनी कला-कुशलता से कोई भी स्वर का प्रयोग करके किसी भी ताल में गा-बजा सकता है। रंजकता हेतु शास्त्रीय संगीत का भी सहारा ले सकता है। भावसंगीत के निम्न प्रकार हैं–

(1) चित्रपट संगीत (2) लोक गीत (3) भजन और गीत

संगीत के पक्ष

संगीत के दो पक्ष होते है– (1) भाव पक्ष (2) कला पक्ष।

1. भाव पक्ष : संगीत कला स्वर, लय और ताल के माध्यम से मनुष्य की भावनाओं को प्रकट करती है। जब कलाकार का प्रस्तुतिकरण, सूक्ष्म से सूक्ष्म भाव तक को भी स्पष्ट कर दे तो उसका संगीत भाव पूर्ण कहा जाएगा। भाव पूर्ण संगीत में कलाकार, कला के चमत्कारों की ओर नहीं झांकता, बल्कि वह भावनाओं को स्पष्ट करना चाहता है। अतः जिस कलाकार का संगीत (कृति) जितना वह दूसरों की भावनाओं को प्रभावित करेगा, उसका भाव पक्ष उतना ही प्रबल माना जाएगा।

2. कला पक्ष : जब कलाकार भाव पक्ष के साथ-साथ कला को स्वरों के चमत्कारों, विभिन्न लयकारियों और अलंकारों से सजाकर प्रस्तुत करता है, तो उसका संगीत कलापूर्ण कहलाता है। संगीत में भाव पक्ष व कला पक्ष दोनों का समन्वय आवश्यक है। क्योंकि मनोभावनाओं को प्रकट करना कलाकार का प्रथम कर्तव्य है और उसे अलंकृत रूप देना कलाकार का संगीत-ज्ञान कुशलता होता है। पर कलाकार को यह अवश्य ही ध्यान में रखना चाहिए कि चमत्कारों के पीछे वह 'भाव' को न छोड़ दे, क्योंकि सच्चा संगीत (कला) वही है जो हृदय को छू जाए।

तालाध्याय

ताल क्या है? गायन वादन और नृत्य के समय को मापने का पैमाना ताल कहलाता है। ताल में विभिन्न मात्राएं और बोलों का समूह होता है। जिसे तबले या मृदंग (पखावज) पर गायन, वादन व नृत्य की संगत हेतु बजाया जाता है। विद्यार्थी हाथ से ताल देकर गायन, वादन व नृत्य के लय की नियमित गति को समझ लेते हैं, जिससे उनके गायन, वादन व नृत्य में एक क्रम-सा आ जाता है।

तबले की उत्पत्ति : गायन, वादन और नृत्य की संगत करने के लिए आजकल अधिकतर तबला ही प्रचलित है। इसकी उत्पत्ति और विकास में अधिक स्पष्टीकरण नहीं।

कुछ के मतानुसार

1. पौराणिक काल में संबल नामक एक वाद्य था, जिसके नर व मादा दो भाग होते थे। अतः हो सकता है कि उसका सुधरा रूप ही तबला हो।

2. दर्दुर नामक वाद्य का रूप तबले से बहुत मिलता है। शायद प्राचीन वाद्य दर्दुर से ही तबले का यह रूप सामने आया हो।

3. कुछ लोग फारसी शब्द 'तब्ल' से ही तबला शब्द की उत्पत्ति मानते हैं।

4. कई लोग अमीर खुसरो को भी तबले का आविष्कारक मानते हैं। कहते हैं कि अमीर खुसरो ने पखावज के दो भाग करके दायां और बायां बनाया। परंतु खोज से यह निश्चित हो चुका है कि तबला वाद्य का प्रचार अमीर खुसरो से पूर्व हो चुका था।

5. कुछ लोग दिल्ली के सुधार खाँ को तबले का आविष्कारक मानते हैं। कहा जाता है कि दिल्ली के प्रसिद्ध पखावजी भगवानदास को पराजित न कर पाने पर सुधार खाँ ने पखावज के दो भाग कर तबला वाद्य को जन्म दिया।

6. इस वाद्य के जन्मदाता सुधार खां थे या नहीं? परंतु यह निश्चित है कि समस्त प्रचलित गतों, तोड़ों व बोलों को बनाकर प्रचार में लाने का श्रेय उन्हें ही है।

भारतीय वाद्यों में तबले का महत्त्व

शास्त्रीय गायन वादन की संगत के लिए हमारे यहां काफी समय से मृदंग (पखावज) का बोलबाला रहा है। परंतु ख्याल, गायन, ठुमरी आदि के विकास के साथ-साथ पखावज के स्थान पर तबले का महत्त्व होने लगा और आज पखावज के महत्त्वपूर्ण स्थान को तबले ने पूर्णरूप से अपना लिया है। जिस गति से प्राचीन, प्रतिष्ठित ध्रुपद, धमार, गायन शैली का ह्रास होता गया, उसी गति से इसके संगतकर्ता वाद्य पखावज का भी ह्रास होता गया। जिसका परिणाम यह हुआ कि जिस प्रकार सौ ख्याल गायकों के बीच एक ध्रुपदिया दिखाई देता है, उसी प्रकार सौ तबला वादकों के बीच पखावजी। चूंकि तबले जैसे वाद्य द्वारा आधुनिक ख़्याल शैली के अतिरिक्त ठुमरी, दादरा, गीत, ग़ज़ल व लोक संगीत जैसी सभी प्रकार के गीतों की संगत संभव है। अतः तबला सभी अवनद्य वाद्यों में उच्च व लोकप्रिय स्थान प्राप्त किए हुए है और इस वाद्य को आज (सोलो व संगत) दोनों ही रूप में उत्तम स्थान दिया जा रहा है।

तबला वाद्य

तबले व पखावज पर बजने वाले कुछ तालों का परिचय

1. दादरा ताल 6 मात्रा

दादरा ताल 6 मात्रा की होती है। इसमें दो विभाग तीन-तीन मात्राओं के होते हैं। इसमें पहली मात्रा पर सम × तथा चौथी मात्रा पर खाली होती है। इस ताल का प्रयोग भजन, लोकगीत, फिल्म गीत में तबले पर किया जाता है।

ठाह–

1	2	3	4	5	6
धा	धी	ना	धा	ती	ना
×			o		

दुगुन–

1	2	3	4	5	6
धाधी	नाधा	तीना	धाधी	नाधा	तीना
×			o		

2. रूपक ताल 7 मात्रा

रूपक ताल 7 मात्रा की होती है। इसे तीन विभागों में बांटा गया है। पहला भाग तीन मात्राओं का और अन्य दो भाग दो-दो मात्राओं के होते हैं। इस ताल के पहली मात्रा पर ही खाली व सम दोनों स्थान माना गया है। चौथी व छठी मात्रा पर क्रमशः दूसरी व तीसरी ताली है। इस ताल में छोटा ख्याल भजन, गीत, ग़ज़ल आदि गाए जाते हैं व इस ताल का वादन तबले पर किया जाता है।

ठाह–

1	2	3	4	5	6	7
ती	ती	ना	धी	ना	धी	ना
×			2		3	

दुगुन –

1	2	3	4	5	6	7
तीती	नाधी	नाधी	नाती	तीना	धीना	धीना
×			2		3	

3. कहरवा ताल 8 मात्रा

कहरवा ताल में 8 मात्राएं होती हैं। 4-4 मात्राओं के दो विभाग होते हैं। इस ताल में पहली मात्रा पर सम व पांचवीं मात्रा पर खाली का स्थान होता है। इस ताल में गीत, भजन, फिल्मी गीत, भोजपुरी गीत आदि गाए जाते हैं। इस ताल को तबले पर ही बजाया जाता है।

ठाह –

1	2	3	4	5	6	7	8
धा	गे	न	ति	न	क	धि	न
×				0			

दुगुन –

1	2	3	4	5	6	7	8
धागे	नति	नक	धिन	धागे	नति	नक	धिन
×				0			

4. झपताल 10 मात्रा

झपताल में 10 मात्रा एवं चार विभाग होते हैं जो क्रमशः दो, तीन, दो, तीन मात्राओं के होते हैं। इस ताल में पहली मात्रा पर सम या पहली ताली तीसरी व आठवीं मात्रा पर क्रमशः दूसरी व तीसरी ताली व छठीं मात्रा पर खाली होती है। इस ताल में छोटा ख्याल गायन होता है। या मध्यलय की रचनाएं गायी जाती हैं।

ठाह –

1	2	3	4	5	6	7	8	9	10
धी	ना	धी	धी	ना	ती	ना	धी	धी	ना
×		2			0		3		

दुगुन –

1	2	3	4	5	6	7	8	9	10
धीना	धीधी	नाती	नाधी	धीना	धीना	धीधी	नाती	नाधी	धीना
×		2			0		3		

5. चारताल 12 मात्रा

यह 12 मात्राओं का ताल होता है। इसमें दो-दो मात्राओं के छः विभाग होते हैं। इसमें पहली मात्रा पर सम, पांचवीं, नवीं व ग्यारहवीं मात्रा पर क्रमशः दूसरी, तीसरी व चौथी ताली और तीसरी, सातवीं मात्रा पर खाली का स्थान होता है। यह ताल ध्रुपद शैली के गायन वादन के लिए प्रयोग की जाती है। इस ताल को मृदंग (पखावज) पर बजाया जाता है।

ठाह–

1	2	3	4	5	6	7	8	9	10	11	12
धा	धा	दिं	ता	किट	धा	दिं	ता	तिट	कत	गदि	गन
×		0		2		0		3		4	

दुगुन–

1	2	3	4	5	6	7	8	9	10	11	12
धाधा	दिंता	किटधा	दिंता	तिटकत	गदिगन	धाधा	दिंता	किटधा	दिंता	तिकटत	गदिगन
×		0		2		0		3		4	

6. एकताल 12 मात्रा

चारताल की तरह यह भी 12 मात्राओं का ही ताल होता है। इसमें भी दो-दो मात्राओं के छः विभाग होते हैं। इसमें भी पहली मात्रा पर सम, पांचवीं, नवीं व ग्यारहवीं मात्रा पर क्रमशः दूसरी, तीसरी व चौथी ताली और तीसरी, सातवीं मात्रा पर खाली का स्थान होता है। यह ताल 'ख्याल शैली' की गायकी में प्रयोग की जाती है। इस ताल को विलंबित, मध्य व द्रुत तीनों ही लय की रचनाओं के साथ तबले पर बजाया जाता है।

ठाह–

1	2	3	4	5	6	7	8	9	10	11	12
धिं	धिं	धागे	तिरकिट	तू	ना	कत्त	ता	धागे	तिरकिट	धी	ना
×		0		2		0		3		4	

दुगुन–

1	2	3	4	5	6
धिंधिं	धागे तिरकिट	तूना	कत्ता	धागे तिरकिट	धीना
×		0		2	

7	8	9	10	11	12
धिंधिं	धागे तिरकिट	तूना	कत्ता	धागे तिरकिट	धीना
0		3		4	

7. धमार ताल 14 मात्रा

यह 14 मात्राओं का ताल होता है। इसमें चार विभाग क्रमशः पांच, दो, तीन व चार मात्राओं के होते हैं। इसमें पहली मात्रा पर सम, छठी और ग्यारहवीं मात्रा पर क्रमशः दूसरी व तीसरी ताली और आठवीं मात्रा पर खाली का स्थान होता है। धमार ताल ध्रुपद धमार नामक शैली के गायन-वादन के साथ मृदंग (पखावज) पर बजाई जाती है।

ठाह–

1	2	3	4	5	6	7	8	9	10	11	12	13	14
क	धि	ट	धि	ट	धा	ऽ	ग	ति	ट	ति	ट	ता	ऽ
×					2		0			3			

दुगुन–

1	2	3	4	5	6	7	8	9	10	11	12	13	14
कधि	टधि	टधा	ऽग	तिट	तिट	ताऽ	कधि	टधि	टधा	ऽग	तिट	तिट	ताऽ
×					2		0			3			

8. तिलवाड़ा 16 मात्रा

यह 16 मात्राओं का ताल होता है। इसमें 4-4 मात्राओं के चार विभाग होते हैं। इसमें पहली मात्रा पर सम, पांचवीं व तेरहवीं पर क्रमशः दूसरी व तीसरी ताली और नवीं मात्रा पर खाली का स्थान होता है। इस ताल को तबले पर बजाया जाता है।

ठाह

1	2	3	4	5	6	7	8
धा	तिरकिट	धिं	धिं	धा	धा	तिं	तिं
×				2			
9	10	11	12	13	14	15	16
ता	तिरकिट	धिं	धिं	धा	धा	धिं	धिं
0				3			

दुगुन–

1	2	3	4	5	6	7	8
धातिरकिट	धिंधिं	धाधा	तिंतिं	तातिरकिट	धिंधिं	धाधा	धिंधिं
×				2			
9	10	11	12	13	14	15	16
धातिरकिट	धिंधिं	धाधा	तिंतिं	तातिरकिट	धिंधिं	धाधा	धिंधिं
o				3			

9. तीनताल 16 मात्रा

तिलवाड़ा ताल के समान ही तीनताल में भी 16 मात्राएं ही होती हैं। इसमें भी 4-4 मात्राओं के चार विभाग, जिसमें पहली मात्रा पर सम, पांचवीं, तेरहवीं मात्राओं पर क्रमशः दूसरी व तीसरी ताली और नवीं मात्रा पर खाली का स्थान होता है। इस ताल को भी तबले पर ही बजाया जाता है। तिलवाड़ा व तीन ताल में लगभग सभी बातों में समानता है, परन्तु दोनों तालों के बोलों में अंतर है।

ठाह–

1	2	3	4	5	6	7	8
धा	धिं	धिं	धा	धा	धिं	धिं	धा
×				2			
9	10	11	12	13	14	15	16
धा	तिं	तिं	ता	ता	धिं	धिं	धा
o				3			

दुगुन–

1	2	3	4	5	6	7	8
धाधिं	धिंधा	धाधिं	धिंधा	धातिं	तिंता	ताधि	धिंधा
×				2			
9	10	11	12	13	14	15	16
धाधिं	धिंधा	धाधिं	धिंधा	धातिं	तिंता	ताधिं	धिंधा
o				3			

भारतीय संगीत के कुछ चर्चित कलाकार

1. वर्तमान प्रसिद्ध गायकों में

स्व. अब्दुल करीम खाँ	उ. निसार हुसैन खाँ	पं. राजाभैया पूँछ वाले
स्व. फैयाज़ खाँ	उ. डागर बंधू	पं. कृष्णनारायण रातान्जनकर
स्व. बड़े गुलाम अली खाँ	उ. नसीर अहमद खाँ	पं. डी.वी. पलुष्कर
स्व. मुस्ताक़ अली खाँ	उ. हिलाल अहमद खाँ	पं. अनन्त मनोहर जोशी
स्व. रहीमुद्दीन खाँ	पं. दिलीप चन्द्र बेदी	उ. गुलाम मुस्तफा
स्व. चाँद खाँ	उ. इक़बाल अहमद खाँ	उ. हफ़ीज़ अहमद खाँ
स्व. अमीर खाँ	स्व. विनायक राव पटवर्धन	पं. कृष्णराव शंकर पंडित
स्व. ओंकार नाथ ठाकुर	पं. रामचतुर मलिक	पं. सियाराम तिवारी
स्व. नारायण राव व्यास	स्व. कुमार गंधर्व	पं. भीम सेन जोशी
पं.सवाई गंधर्व	पं. अमरनाथ-पशुपतिनाथ मिश्र	पं. महादेव मिश्र,
पं. पन्ना लाल मिश्र	पं. बड़े रामदास जी	पं. दीनानाथ मिश्र
पं. जसराज जी	पं. राजन-साजन मिश्र	पं. सी.आर. व्यास
पं. चन्द्र प्रकाश मिश्र	पं. श्याम दास मिश्र	पं. हरिशंकर मिश्र
पं. गणेश प्रसाद मिश्र	पं. छन्नू लाल मिश्र	पं. अजय चक्रवर्ती
श्रीमती गिरजा देवी	बेग़म अख्तर	श्रीमती सुलोचना बृहस्पति
श्रीमती सविता देवी	श्रीमती परवीन सुल्ताना	श्रीमती किशोरी अमोनकर
श्रीमती सिद्धेश्वरी देवी	श्रीमती गंगू बाई हंगल	श्रीमती रसूलन बाई

2. आधुनिक उत्तम सितार वादकों में

पं. रवि शंकर, उ. विलायत खाँ, मुस्ताक अली खाँ, अब्दुल हलीम जाफ़र खाँ, निखिल बनर्जी, इमरत हुसैन खाँ, अरविन्द पारिख, मणिलाल नाग, देवव्रत चौ., बुद्धादित्य मुखर्जी, इलियास खाँ, रईस खाँ, जया विश्वास, शाहिद परवेज, सुजात खां, सईद जफ़र खां, डॉ. वीरेन्द्र नाथ मिश्र, तारक नाथ मिश्र आदि उल्लेखनीय है।

3. **वर्तमान प्रसिद्ध सरोद वादकों में**

स्व. अलाउद्दीन खाँ, हाफिज़ अली खाँ, अली अक़बर खाँ, डी. एल. काबरा, श्रीमती शरण रानी, राधिका मोहन मोइत्रा, नन्दलाल घोष, अमजद अली खाँ, ज्योतिन भट्टाचार्य, ज़रीनदारुवाला, बहादुर खाँ आदि उल्लेखनीय हैं।

4. **प्रसिद्ध वायलिन वादकों में**

पं. वी.जी. जोग, डी.के. दातार, शिशिर कनाधर चौधरी, डॉ. एम. राजम, सत्यदेव पवार, ज़हूर अहमद व एल. सुब्रमनियम् के नाम प्रसिद्ध हैं।

5. **प्रसिद्ध शहनाई वादकों में**

उ. बिसमिल्ला खाँ, शंकर राव गायकवाड़, अनंतलाल, पं जगन्नाथ, दयाशंकर व सतीश प्रकाश कमर, अहमद अली हुसैन (कलकत्ता) के नाम विशेष रूप से लिए जा सकते हैं।

6. **प्रसिद्ध बांसुरी वादकों में**

स्व. पन्ना लाल घोष, हरी प्रसाद चौरसिया, रघुनाथ सेठ, प्रकाश बढेरा, विजय राघव राव, देवेन्द्र मुर्देश्वर राजेन्द्र प्रसन्ना विशेष रूप से चर्चित हैं।

7. **प्रसिद्ध वीणा वादकों में**

पं. लालमणि मिश्र, गोपाल कृष्ण, रमेश प्रेम, असद अली खाँ, अहमद रज़ा, ज़िया मोइनुद्दीन 'डागर' का नाम प्रसिद्ध है।

8. **प्रसिद्ध सारंगी वादकों में**

स्व. बुंदु खां, गोपाल मिश्र, शकूर खां के अतिरिक्त :-पं. रामनारायण, लतीफ खां सुल्तान खां, साबरी खां, इन्दर लाल, मुनीर खां, रमेश मिश्र, भारतभूषण गोस्वामी, विशेष चर्चित हैं।

9. **प्रसिद्ध पखावज वादकों में**

स्व. पर्वत सिंह, स्व. गोविन्द राव जी, अयोध्या प्रसाद जी के अतिरिक्त, पुरुषोत्तमदास, रामशंकर 'पागलदास' सरवाराम, छत्रपति सिंह, गोपाल दास, राम किशोर दास रमाकान्त पाठक, लक्ष्मीनारायण पवार पं. राजखुशीराम का नाम उल्लेखनीय है।

10. **प्रसिद्ध तबला वादकों में**

स्व. कंठे महाराज, स्व. अनोखे लाल, स्व. अहमदजान 'थिरकवा', स्व. करामत उल्ला, हबीबुद्दीन खां के अतिरिक्त–पं. सामता प्रसाद, किशन महाराज, अल्ला रक्खा, चतुर

लाल, निखिल घोष, लतीफ अहमद, फैयाज़ खां, जाकिर हुसैन, शारदा सहाय, रंगनाथ मिश्र, पं. कुमार लाल मिश्र, पं. दयाशंकर मिश्र, शफात अहमद विशेष प्रसिद्ध हैं।

11. प्रसिद्ध कत्थक नर्तकों में

स्व. बिंदा महाराज, कालका महाराज, अच्छन महाराज, लच्छू एवं शम्भू महाराज, उदयशंकर, सुन्दर प्रसाद, रामगोपाल, कृष्णकुमार महाराज के अतिरिक्त—पं. बिरजू महाराज, सितारा देवी, गोपीकृष्ण, कुमुदनी लखिया, रोहिणी भांटे, रोशन कुमारी, रानी कर्णा, उमा शर्मा, पं. दुर्गालाल, शोभना, नारायण, दमयन्ती जोशी, ओमप्रकाश महाराज, मालविका मित्रा व शास्वती सेन, राममोहन, कृष्णमोहन के नाम विशेष रूप से उल्लेखनीय हैं।

12. प्रसिद्ध भारतनाट्यम व उड़ीसी नर्तकों में

सोनल मानसिंह, यामिनी कृष्णामूर्ति, संयुक्ता पाणिग्रही, स्वप्न सुन्दरी, सरोजा वैद्यनाथन, वैजयंती माला, लीला सेम्सन, पद्मा सुब्रमनियम, माधवी मुद्गल, किरन सहगल, केलू चरण महापात्र, राजा-राधा रेड्डी, सत्यनारायण वेदान्त शर्मा, विशेष रूप से उल्लेखनीय हैं।

13. प्रसिद्ध मणीपुरी व मोहनी अट्टम नर्तकों में

झावेरी बहनें, मायाधर राऊत, सिंघजीत सिंह व भारती शिवाजी, डां. कनक रेले आदि का नाम प्रमुख रूप से लिया जाता है।

14. प्रसिद्ध हारमोनियम वादकों में

अप्पा जलगांवकर, महमूद धौलपुरी, रहमान कुरैशी, वी. बलसारा आदि का नाम प्रसिद्ध है।

15. आधुनिक गिटार वादकों में

बृज भूषण लाल कावरा, पं. विश्वमोहन भट्ट, कृष्ण गोपाल शर्मा आदि का नाम विशेष चर्चित है।

16. प्रसिद्ध संतूर वादकों में

पं. शिव कुमार शर्मा, सुधीर गौतम, तरुण भट्टाचार्य, भजन सोपुरी, भगवानदास शर्मा, मनोज शर्मा आदि का नाम विशेष उल्लेखनीय है।

हारमोनियम वाद्य

आप हारमोनियम सीखना चाहते हैं। इसका तात्पर्य यह है कि आप गाना सीखना चाहते हैं। क्योंकि हारमोनियम ही एक ऐसा वाद्य यंत्र है, जो गाना सीखने और कंठ की ध्वनि को सरल ढंग से स्वर में लाने के लिए सहायक होता है। यह वाद्य बजाने में भी अन्य वाद्यों की अपेक्षा आसान है और इसे बार-बार स्वर की भी आवश्यकता नहीं पड़ती। सर्वप्रथम हम आपको हारमोनियम की बनावट का परिचय देंगे, जिसे आप प्रायः हर महफिल, हर घर, मंदिर तथा सभाओं में बजता हुआ देखते हैं। हारमोनियम वाद्य पर्दों की संख्या के आधार पर 37, 39 और 41 पर्दों के होते हैं, जो क्रमशः तीन सप्तक, 31/4 सप्तक और 31/2 सप्तक के बाजे कहे जाते हैं।

हारमोनियम वाद्य

हारमोनियम बाजों के अंदर लगे हुए स्वरों (Reads) की संख्या के आधार पर भी इनके तीन भेद होते हैं, जैसे—**क.** एक रीड का बाजा, **ख.** दो रीड का बाजा, और **ग.** तीन रीड का बाजा। रीडों की बनावट के आधार पर भी बाजों में अंतर होता है। जैसे—**क.** मेल (Male) बाजा, **ख.** बास मेल (Bass Male) और **ग.** मेल-फीमेल (Male & Female) का बाजा।

आजकल हारमोनियम के 5 प्रकार प्रचलित हैं–

1. हाथ का हारमोनियम, 2. पैर का हारमोनियम, 3. सफ री हारमोनियम, 4. कपलर हारमोनियम, 5. स्केल चेंज हारमोनियम।

हारमोनियम की बैठकें

हारमोनियम की साधारणतः निम्न बैठकें अधिक प्रचलित हैं–

1. स्त्रियों की बैठक, 2. कव्वालों की बैठक, 3. कथावाचकों की बैठक।

स्त्रियों की बैठक : स्त्रियां प्रायः तीन प्रकार से बैठकर बाजा बजाती हैं–

क. आलती-पालती मारकर और सामने हारमोनियम रखकर बाजा बजाना।

ख. दोनों घुटनों को दाईं ओर मोड़कर हारमोनियम को बाएं पट के साथ रखकर बाजा बजाना।

ग. बाएं पट के ऊपर हारमोनियम का थोड़ा-सा भाग रखकर बजाना।

कव्वालों की बैठकें : कव्वाल प्रायः हारमोनियम का बहुत-सा भाग बाएं पट पर रखकर बजाते हैं। इससे उन्हें बजाने तथा गाने में अधिक सुविधा रहती है।

कथावाचकों की बैठकें : ये प्रायः आलती-पालती मारकर और सामने हारमोनियम रखकर गाते-बजाते हैं।

हारमोनियम पर उंगलियों का चलन

हारमोनियम के पर्दों पर उंगलियां चलने से पूर्व, उंगलियों के प्रयोग करने का क्रम भली प्रकार समझ लेना चाहिए। इस क्रम को जान लेने से कहीं रुकावट नहीं आती। उंगलियों को चलाने के लिए तीन बातों का विशेष ध्यान रखना चाहिए–

क. अंगूठा कभी भी काले पर्दे पर न लगे।

ख. उंगलियां उंगली के ऊपर से घूमकर आगे न बढ़ें।

ग. अंगूठे का चलन तथा बढ़ाव उंगलियों के नीचे से होकर हो।

उंगलियां चलाने का नक्शा

नाम स्वर	*उंगलियों का चलन*	*नाम स्वर*	*उंगलियों का चलन*
स	अंगूठा	प	अंगूठा
रे	पहली उंगली	ध	पहली उंगली
ग	दूसरी उंगली	नी	दूसरी उंगली
म	तीसरी उंगली	सं तार सप्तक	तीसरी उंगली

सितार वाद्य

सितार वाद्य का आविष्कार चौदहवीं शताब्दी में हुआ, ऐसा विद्वानों का मत है। अलाउद्दीन खिलजी के दरबार में अमीर खुसरो नामक एक संगीतज्ञ ने इसका आविष्कार किया। लेकिन तब इस वाद्य का यह रूप नहीं था, जो वर्तमान में देखने में आता है।

सितार वाद्य

अमीर खुसरो के सितार में केवल तीन तार थे। तीन तारों की वजह से ही इस वाद्य का नाम सितार रखा गया। यह फारसी भाषा का शब्द है। फारसी भाषा में तीन का अर्थ है–'सह' और चूंकि सितार में तीन तार थे, इसलिए इसका नाम 'सहतार' रखा गया। यही नाम बिगड़ते-बिगड़ते 'सितार' हो गया। सितार का वर्तमान रूप तानसेन के वंशज सैनी घराने के अमृतसेन तथा उनके पुत्र निहालसेन ने ही इस सितार में सात

तारों का इस्तेमाल कर इसे वर्तमान रूप दिया व प्रचार-प्रसार किया। धीरे-धीरे इस वाद्य ने वीणा के स्थान पर अपना अधिकार जमा लिया। आज सितार भारत में ही नहीं, संसार भर में लोकप्रिय वाद्य बन गया है और इसके बजाने वाले हजारों नहीं लाखों हैं और सुनने वाले करोड़ों।

हमारे भारत के शीर्षस्थ कलाकार पंडित रविशंकर, उमाशंकर मिश्र, विलायत हुसैन खां आदि विदेशों में सितार तथा भारतीय संगीत का प्रचार-प्रसार कर रहे हैं तथा उनके सैकड़ों शिक्षण-संस्थान विदेशियों को सितार बजाने की शिक्षा दे रहे हैं। यह सितार की मधुर झंकार का ही परिणाम है कि सितार सीखने के इच्छुक देशी-विदेशी, युवक-युवतियों की बाढ़-सी आ गई है। बहुत बड़ी तादाद में भारत से सितार का निर्यात किया जाता है। तो आइए, इस सुरीले वाद्य को सीखकर इसकी मधुर झंकार में डूब जाएं।

सितार की बैठकें

जैसा कि हम पूर्व में आपको बता चुके हैं—महिलाओं और पुरुषों की बैठकों में अंतर होता है, इसलिए यहां हम तीन बैठकें पुरुषों की तथा दो बैठकें महिलाओं की बता रहे हैं। जिस बैठक को ग्रहण कर आप सितार आसानी से बजा सकें, उसे अपना लीजिए। पहले हम महिलाओं की बैठकों का जिक्र कर रहे हैं।

महिलाओं की बैठकें

पहली बैठक : भूमि पर बैठकर पैरों को घुटनों से मोड़ लें और उन्हें बाईं तरफ पीछे कर लें। अब सितार के तूम्बे को दाईं तरफ पेट से सटाकर रखें तथा उस पर दाएं हाथ की कोहनी टिका दें। सितार की खड़ी डांड का झुकाव बाएं कंधे की ओर हो। ध्यान रहे, सितार की स्थिति सभी विभिन्न बैठकों में समान रहेगी, क्योंकि सितार को सरलता से बजाने के लिए यही स्थिति सर्वोत्तम है।

दूसरी बैठक : भूमि पर बैठकर बाईं टांग को मोड़कर बायां पैर टांग के पास लाएं और दाईं टांग को उठाकर पैर को आगे बढ़ा लें। इसके पश्चात् सितार को दाएं पेट के सहारे टिकाकर रखें और उसकी डांड को थोड़ा-सा मुड़ी हुई टांग के घुटने का सहारा देकर खड़ा करें। दाएं हाथ के बाजू तथा अंगूठे का टिकाव पहली बैठक के अनुसार ही रहे।

पुरुषों की बैठकें

पहली बैठक : इसमें बाईं टांग को मोड़कर दाएं पेट के नीचे रखकर दाईं टांग उसके ऊपर घुमाकर बाईं ओर रखें और सितार के तूम्बे को बाएं पांव के पंजों के आगे दाईं

टांग के पेट के सहारे टिकाकर सितार की डांड को बाईं ओर झुकाकर दाईं टांग को पेट का सहारा देकर टिका दें और शेष सारी क्रिया अंगूठे रखने तथा डांड पर उंगलियां रखने की, जैसी कि महिलाओं की बैठक में बताई गई हैं।

दूसरी बैठक : इस बैठक में सितार के तूम्बे को बाएं पांव के पंजे के आगे न रखकर पंजे के ऊपर टिका दिया जाता है और दाईं टांग, जो प्रथम बैठक के अनुसार बाईं टांग के ऊपर से घुमाकर बाईं ओर लाई जाती है तथा पांव कुछ आगे की ओर बढ़ा दिया जाता है। इस बैठक में सितार के हिलने-डुलने का भय नहीं रहता और वादक कुशलतापूर्वक सितार को द्रुत गति से बजा सकता है।

वायलिन वाद्य

वायलिन एक विदेशी वाद्य है, लेकिन भारत में यह इतना लोकप्रिय हो चुका है कि इसके बगैर संगीत की महफिल कुछ अधूरी ही लगती है। इस वाद्य की बढ़ती हुई लोकप्रियता का राज आप जानते हैं, नहीं तो सुनिए—

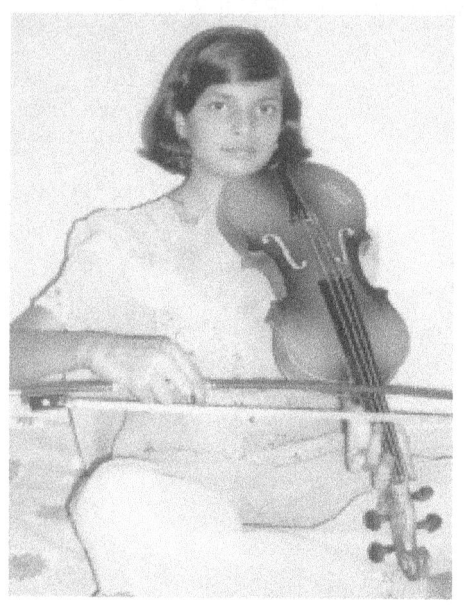

वायलिन वाद्य

यह वाद्य अपनी सुरीली, दर्दीली एवं मिठास भरी आवाज के कारण श्रोताओं को मंत्र-मुग्ध कर देता है। जब इस वाद्य पर कोई दर्दीला गीत बजाया जाता है, तो इस वाद्य के सुरों में दर्द पैदा हो जाता है और जब इस वाद्य पर कोई खुशी का गीत बजाया जाता है, तो इसके सुरों में चंचलता भर जाती है। साथ ही छोटा और हलका-फुलका होने के कारण चाहे जहां आसानी से ले जाया जा सकता है। इसका एक सबसे बड़ा गुण और है—वह यह कि इस पर शास्त्रीय राग के अलावा फिल्मी गीत, ग़ज़ल, सुगम संगीत भी आसानी से बजाए जा सकते हैं। अपने इन्हीं गुणों के कारण यह वाद्य दिनों-दिन लोकप्रियता के शिखर पर चढ़ता जा रहा है।

वायलिन पकड़ने का ढंग

हम आपको बताएंगे कि वायलिन बजाने के लिए किस तरह थामा जाता है, वायलिन के तारों पर गज किस तरह चलाते हैं। इसके पकड़ने और बजाने का ढंग तो एक-सा ही है, लेकिन वादक की बैठकें अलग-अलग ढंग की हो सकती हैं। भारत में वायलिन वाद्य को बजाने की मुख्य तीन अवस्थाएं प्रचलित और सुविधाजनक हैं। बजाने की इन अवस्थाओं के साथ ही वाद्य पकड़ने, गज चलाने का तरीका भी हम आपको बताएंगे।

पहली अवस्था : सीधे खड़े होकर बाएं पैर को सुविधानुसार कुछ आगे कर लीजिए। अब वायलिन के उस भाग को जहां चिन रेस्ट लगी है, ठोडी और गले की सहायता से दबाइए। शीश के फिंगर बोर्ड वाले हिस्से को बाएं हाथ में नीचे की ओर करके कुछ बाईं ओर तिरछा रखिए। ध्यान रखिए, चिन रेस्ट को ठोड़ी और गले की सहायता से दबाइए। बाएं कंधे को वायलिन की पीठ पर न लगने दीजिए। इससे वायलिन की ध्वनि या गूंज पर असर पड़ेगा।

दूसरी अवस्था : वायलिन को बिना हत्थे की कुर्सी पर बैठकर भी बजाया जा सकता है। इस बैठक में भी वाद्य को थामने तथा गज चलाने का तरीका वही रहता है। हां, कुर्सी पर बैठकर बजाते समय उसकी पीठ से न टिकें तो अच्छा है। इससे वादन में दिक्कत आ सकती है।

तीसरी अवस्था : वायलिन का तीसरा तरीका नीचे बैठकर बजाने का है। यह ढंग केवल भारत में ही अपनाया जाता है। विदेशों में तो खड़े होकर या फिर कुर्सी पर बैठकर बजाने का ही रिवाज है।

गज चलाने में सावधानी : गज चलाने की अवस्था में हमेशा सावधानी बरतें। क्योंकि गज के ठीक ढंग से चालन पर ही राग की शुद्धता निर्भर है। गज के चालन के संबंध में निम्न बातों का विशेष ध्यान रखें–

1. गज का चालन प्रत्येक तार के लिए बिल्कुल सीधा रहे अन्यथा जरा-से झुकने पर ही गज दूसरे तार को स्पर्श करेगा और राग बेसुरा हो जाएगा। अर्थात् गज को आप जिस तार पर चलाएं, उस समय वह दूसरे तारों को न छूने पाए।

2. गज का चलन लय में होना चाहिए।

3. गज को ऊपर-नीचे चलाते समय गज को थामने वाली उंगलियां हिलने न पाएं, केवल कलाई के फिराव से ही गज चलाना चाहिए, तभी गज निर्दोष रूप में चल सकेगा।

4. अभ्यास के समय तारों पर गज का दबाव एक-सा रखना चाहिए। हां, जब कोई धुन बजानी हो, तो आवश्यकता के अनुसार कम-ज्यादा दबाव डाल सकते हैं। हां, तो आइए अब आपको राग बिलावल का अभ्यास दें।

स, रे, ग, म, प, ध, प, म, ग, रे, सा।

गिटार वाद्य

गिटार एक विदेशी वाद्य है, इस पर भी इसने भारतीय वाद्य-यंत्रों में अपना विशेष स्थान बना लिया है। गिटार वाद्य का आविष्कार स्पेन (यूरोप) में हुआ। वहां लोग स्वयं नृत्य करते, गाते और थिरकते हुए इस वाद्य को बजाते हैं। स्पेन में गिटार बजाने का वही ढंग अब तक प्रचलित है। इस कारण इसे 'स्पेनिश गिटार' (Spanish Guitar) के नाम से भी पुकारा जाता है।

गिटार वाद्य

मूल गिटार वाद्य स्पेनिश गिटार ही है। इसका दूसरा रूप 'हवाइन गिटार' बना। उसके बाद विद्युत यंत्रों का आविष्कार हुआ और ध्वनि को कई गुना बढ़ाकर फैलाने के लिए पिकअप, लाउडस्पीकर आदि आविष्कार हुआ। उन साधनों को गिटार के साथ जोड़ा गया, तब इस वाद्य का नाम 'इलेक्ट्रिक गिटार' पड़ा और सच पूछिए, तो 'इलेक्ट्रिक गिटार' की मधुर ध्वनि से प्रभावित होकर ही भारत की युवा पीढ़ी ने इसे अपनाया है।

गिटार के लिए विशेष चिह्न

डा का बोल—स्ट्रोकर का प्रहार जब बाहर से अंदर की ओर किए जाएँ, उसके लिए 'डा' का बोल लिखा जाएगा—'डा'

ड़ा का बोल—स्ट्रोकर का प्रहार जब अंदर से बाहर की ओर किया जाए तब 'ड़ा' का बोल लिखा जाएगा—'ड़ा'

डिड़ का बोल—जब स्ट्रोकर का प्रहार दोनों ओर एक साथ किया जाए तब 'डिड़' का बोल लिखा जाएगा—'डिड़'

कंपनी—वैम्पिंग के लिए V का चिह्न दिया जाएगा।

कंपन बंद—वैम्पिंग बंद के लिए VP का चिह्न दिया जाएगा।

गिटार बजाने की बैठकें

1. वैसे तो गिटार बजाने की कई बैठकें हैं। पर हम आपको बैठकर बजाने की विधि से ही सिखाना आरंभ करेंगे, क्योंकि भारत में बैठकर बजाने को ही अधिक महत्त्व देते हैं। जब किसी पिकनिक पर या वैसे ही भ्रमण पर जाएंगे, तो वहां भी जमीन पर बैठकर ही अपनी मित्र-मंडली के साथ संगीत का आनंद ले सकेंगे।

2. जब कभी आपको अकेले में किसी स्टेज पर बैठकर गिटार का कार्यक्रम प्रस्तुत करना हो, तो बिना बाजू की कुर्सी पर बैठकर और गिटार को पेट का सहारा देकर बजाएं। इससे गिटार बजाने में अधिक सुविधा रहती है, क्योंकि गिटार नीचे नहीं लटकता।

3. जब किसी नृत्य-मंडली अथवा क्लब या किसी ऐसे स्थान पर, जहां सब हमजोली गा और नाच रहे हों, गिटार बजाना हो, तो उस समय खड़े होकर स्वयं नाचते, गाते और थिरकते हुए गिटार बजाइए। पर सदा ध्यान रखिए कि गिटार थामने का ढंग सब बैठकों में एक-सा ही रहेगा। अब दाएं हाथ में उस सैलोलाइड के टुकड़े को, जिसे स्ट्रोकर या वैजंती कहते हैं, पकड़िए। दाएं हाथ की पहली उंगली मोड़कर और उसके ऊपर रखकर उसे अंगूठे से थामिए। हाथ की बाकी उंगलियों को अंदर की ओर मोड़कर, केवल वैजंती के नोक वाले भाग को बाहर रखकर गिटार की तारों पर अंदर से बाहर और बहार से अंदर की ओर प्रहार करते जाइए।

स्वर करने की विधि

नोट—हारमोनियम के पांचवें काले पर्दे को 'स' मान कर गिटार स्वर करें

तार नं. 1 को प स्वर कर लीजिए अर्थात् हारमोनियम के पर्दा नं. 18 के स्वर के साथ मिला लीजिए। यह मध्य सप्तक का प स्वर बन जाएगा।

तार नं. 2 को हारमोनियम के पर्दे अर्थात् स्वर नं. 11 पर स्वर कर लीजिए। यह मध्य सप्तक का स स्वर बन जाएगा।

तार नं. 3 को मन्द्र सप्तक के ध स्वर कर लीजिए। यह हारमोनियम का 8वां पर्दा है।

तार नं. 4 को मंद्र सप्तक के प स्वर पर कर लीजिए। यह हारमोनियम का छठा पर्दा है।

मेंडोलिन वाद्य

मेंडोलिन एक विदेशी वाद्य है। इसका प्रयोग अधिकतर आर्केस्ट्रा में किया जाता है। पर अब यह स्वतंत्र रूप से भी बजाया जाने लगा है। इसकी आवाज बड़ी मधुर होती है। यह वायलिन की तरह ही छोटा और काफी हलका होता है, इसलिए आसानी से कहीं भी ले जाया जा सकता है। आइए, अब हम आपको मेंडोलिन के अंगों के बारे में जानकारी दें। सुविधा के लिए चित्र तथा अपने वाद्य को भी ध्यानपूर्वक देखें।

मेंडोलिन वाद्य

इस वाद्य के निम्नलिखित भाग हैं, जैसे—शीश (Head), खूंटियां (Keys), तारदान (Nut), पर्दे और डांड (Finger board & Frets), तार (Strings), गिलू (Neck), कुम्भ (Belly), तबली (Top), साउन्ड होल (Sound hole), ब्रिज (Bridge), कीलियां (End pins), वैजयंती (Stroker)।

इस प्रकार मेंडोलिन के अंगों की जानकारी आपने भली-भांति प्राप्त कर ली। अपने मेंडोलिन को ध्यान से देखिए और प्रत्येक भाग के कार्य को ध्यान में रखिए

स्वर करने की विधि

आइए, पहले आपको मेंडोलिन में इस्तेमाल होने वाले विभिन्न प्रकार के तारों का परिचय दें। मेंडोलिन में चार प्रकार के तारों का प्रयोग होता है, जो निम्न हैं–

1. पतला तार, 2. कुछ मोटा तार, 3. चांदी जड़ित तार, 4. चांदी जड़ित कुछ मोटा तार

भारतीय विधि : भारतीय पद्धति में तारों को निम्न प्रकार से स्वर करते हैं–

तार नं. 1 को तार सप्तक के षड्ज (स) स्वर में मिलाया जाता है।

तार नं. 2 को मध्य सप्तक के पंचम (प) स्वर में मिलाया जाता है।

तार नं. 3 को मध्य सप्तक के षड्ज (स) स्वर में मिलाया जाता है।

तार नं. 4 को मन्द्र सप्तक के पंचम (प) स्वर में मिलाया जाता है।

तारों को स्वर करने के लिए आपको आरंभ में हारमोनियम की सहायता लेनी होगी, क्योंकि बिना हारमोनियम के आप यह तय नहीं कर पाएंगे कि कौन-सा स्वर कितना ऊंचा होता है। हारमोनियम पर तो स्वरों के स्थान निश्चित होते हैं। इसलिए आपको यह पता करने में कोई मुश्किल नहीं होगी कि मध्य सप्तक का प (पंचम) या तार सप्तक का स (षड्ज) कहां है।

मेंडोलिन बजाने का ढंग

अब हम आपको बताएंगे कि मेंडोलिन कैसे पकड़ा जाता है और उसे किस रूप में बैठकर बजाया जाता है। आमतौर पर मेंडोलिन तीन प्रकार से बजाया जाता है–

1. भूमि पर बैठकर, 2. बिना हत्थे की कुर्सी पर बैठकर, 3. खड़े होकर।

मेंडोलिन बजाने के लिए सबसे पहले आपको तारों पर आघात करने वाली वैजंती को पकड़ने का तरीका सीखना पड़ेगा। वैजंती को दाएं हाथ की पहली उंगली के पपोटे व अंगूठे के बीच में रखकर इस प्रकार पकड़ें कि वैजंती का तिकोना भाग थोड़ा बाहर की ओर निकला रहे, क्योंकि तारों पर इसी तिकोने भाग का आघात किया जाता है।

मेंडोलिन के डांड को बाएं हाथ के अंगूठे तथा पहली उंगली के बीच में इस प्रकार रखा जाता है कि बाएं हाथ की उंगलियां आसानी से बिना किसी रुकावट के डांड के पर्दे पर चलाई जा सकें। इसी तरह दाएं हाथ के बगल में मेंडोलिन की बैली को इस प्रकार थामें कि दाएं हाथ में पकड़ी हुई वैजंती (Stroker) का तार पर आसानी से आघात किया जा सके। आगे-पीछे आघात करने में हाथ की कलाई ही घूमे, क्योंकि कोहनी तो मेंडोलिन की बैली को थामने में सहायता देती है। इसलिए वह बिल्कुल स्थिर रहनी चाहिए। मेंडोलिन को इस प्रकार थामकर बारी-बारी से दोनों हाथों को चलाने का अभ्यास करें। ध्यान रखें, सहीं ढंग से सही स्थिति में वाद्य पकड़कर बजाने का ही अभ्यास करें, ताकि आपको वाद्य सीखने-समझने में कठिनाई न हो। दोनों हाथ आसानी से वाद्य पर चलाए जा सकते हैं।

भजनों की स्वरलिपियास्त्र

संत कबीर, रहीम व तुलसीदास जी के दोहे

विद्या पढ़ि करतो फिरै, औरन को अपमान,
नारायण विद्या नहीं, ताहि अविद्या जान ॥1॥
निंदक नियरे राखिये, आंगन कुटी छवाय,
बिन पानी साबुन बिना, निरमल करे सुभाय ॥2॥
झगड़ा कबहुं न कीजिए, सब से रखिये प्रीत,
झगड़े में घर जात है, सत्य बचन परतीत ॥3॥
आवत गारी एक है, उलटत होय अनेक,
कह कबीर नहिं उलटिए, वही एक की एक ॥4॥
मधुर बचन है औषधी, कटुक बचन है तीर,
श्रवण द्वार ह्वै संचरै, सालै सकल शरीर ॥5॥
कटुक वचन न बोलिए, बोलिए मधुर सुजान,
जेहि ते नर आदर करे, होय जगत कल्यान ॥6॥
तुलसी मीठे वचन से, सुख उपजत चहुं ओर,
वशीकरण एक मंत्र है, तज दे बचन कठोर ॥7॥
तुलसी यह संसार में, भांति-भांति के लोग,
सबसों हिल-मिल चालिए, नदी-नाव संजोग ॥8॥
क्रोध हरे सुख शांति को, अंतर प्रगटै आग,
नैन बैन मुख बीगड़े, पड़े सील पर दाग़ ॥9॥
लोभ समान अवगुण नहीं, तप नहिं सत्य समान,
तीरथ नहिं मन शुद्धि सम, विद्या सम धन आन ॥10॥
बसि कुसंग चाहत कुशल, यह 'रहीम' अफसोस,
महिमा घटी समुद्र की, रावण बस्यो पड़ोस ॥11॥
देनहार कोई और है, जो देता दिन-रैन,
लोग भरम हम पर करै, तासो नीचो नैन ॥12॥
सत संगति में जाइके, मन को कीजै शुद्ध
उहां पलट न जाइए, उपजे जहां कुबुद्धि ॥13॥

स्थायी (ताल कहरवा)

स	-	रे	म	म	म	प	ध	ध	प	-	म	म	प	ध	ध
वि	ऽ	द्या	ऽ	प	ढ़ि	क	र	तो	ऽ	ऽ	फि	रै	ऽ	ऽ	ऽ
म	ध	ध	ध	ध	सं	ध	प	प	-	-	-	प	-	-	-
औ	ऽ	र	न	को	ऽ	अ	प	मा	ऽ	ऽ	ऽ	न	ऽ	ऽ	ऽ
स	प	प	प	प	प	प	प	म	प	ध	प	म	ग	रे	-
ऽ	ना	ऽ	रा	ऽ	य	ण	वि	ऽ	द्या	ऽ	ऽ	न	हीं	ऽ	ऽ
रे	रे	ग	ग	ग	म	नि	ध	प	प	-	-	प	प	-	-
ऽ	ता	ऽ	हि	अ	वि	ऽ	द्या	ऽ	जा	ऽ	ऽ	ऽ	न	ऽ	ऽ
X				0				X				0			

अंतरा

म	म	म	म	ध	ध	ध	म	ध	नि	सं	नि	सं	सं	-	-
ऽ	निं	ऽ	द	क	नि	य	रे	ऽ	रा	ऽ	ऽ	खि	ये	ऽ	ऽ
-	सं	-	सं	सं	सं	रे	सं	नि	नि	-	-	-	ध	-	प
ऽ	आं	ऽ	ग	न	कु	टी	ऽ	छ	वा	ऽ	ऽ	ऽ	य	ऽ	ऽ
म	म	नि	नि-	नि	-	नि	-	सं	रें	-	सं	नि	ध	प	प
ऽ	बि	न	पाऽ	नी	ऽ	सा	ऽ	बु	न	ऽ	बि	ना	ऽ	ऽ	ऽ
प	प	प	ध	नि	ध	प	म	म	-	-	-	म	-	-	-
नि	र	म	ल	क	रे	ऽ	सु	भा	ऽ	ऽ	ऽ	य	ऽ	ऽ	ऽ
X				0				X				0			

नोट–शेष सभी दोहे इसी धुन में गाए-बजाए जाएंगे।

मीराबाई-भजन

पायो जी मैंने राम रतन धन पायो,

1. वस्तु अमोलक दी मेरे सतगुरु, किरपा कर अपनायो।
2. जन्म-जन्म की पूंजी पायी, ज़ग में सभी खोवायो।
3. सत की नाव खेवइया सतगुरु, भवसागर तर आयो।
4. खरच न कोई चोर न लेवे, दिनदिन बढ़त सवायो।
5. 'मीरा' के प्रभु गिरधर नागर, हरष-हरष जस गायो।

पायो जी मैंने....

स्थायी (ताल कहरवा)

-	-	-	-	-	-	स	-	रे	म	म	-	प	ध	ध	-
ऽ	ऽ	ऽ	ऽ	ऽ	ऽ	पा	ऽ	यो	ऽ	जी	ऽ	मै	ऽ	ने	ऽ
-	-	-	ध	सं	नि	-	सं	ध	-	म	-	प	-	ध	-
ऽ	ऽ	ऽ	रा	ऽ	म	ऽ	र	त	ऽ	न	ऽ	ध	ऽ	न	ऽ
म	-	-	म	-	-	स	-	रे	म	म	-	प	ध	ध	-
पा	ऽ	ऽ	यो	ऽ	ऽ	पा	ऽ	यो	ऽ	जी	ऽ	मै	ऽ	ने	ऽ
-	-	-	म	म	ध	-	नि	सं	-	-	-	सं	-	सं	-
ऽ	ऽ	ऽ	व	स्	तु	ऽ	अ	मो	ऽ	ऽ	ऽ	ल	ऽ	क	ऽ
-	-	-	नि	सं	नि	सं	-	ध	-	नि	-	ध	-	ध	-
ऽ	ऽ	ऽ	दी	ऽ	मे	रे	ऽ	स	ऽ	त	ऽ	गु	ऽ	रू	ऽ
प	म	-	ध	नि	रें	-	-	सं	रे	नि	सं	ध	नि	प	ध
ऽ	ऽ	ऽ	कि	र	पा	ऽ	ऽ	क	ऽ	र	ऽ	अ	ऽ	प	ऽ
म	-	-	म	-	-										
ना	ऽ	ऽ	यो	ऽ	ऽ										
X				0				X				0			

अंतरा

-	-	-	म	म	ध	-	नि	सं	-	सं	नि	रें	-	सं	-
ऽ	ऽ	ऽ	ज	न	म	ऽ	ज	न	ऽ	म	ऽ	की	ऽ	ऽ	ऽ
-	-	-	नि	सं	नि	सं	-	ध	-	नि	-	ध	-	ध	-
ऽ	ऽ	ऽ	पूं	ऽ	जी	ऽ	ऽ	पा	ऽ	ऽ	ऽ	यी	ऽ	ऽ	ऽ
प	म	म	ध	नि	रें	-	-	सं	रें	नि	सं	ध	नि	प	ध
ऽ	ऽ	ऽ	ज	ग	मे	ऽ	ऽ	स	ऽ	भी	ऽ	ऽ	ऽ	खो	ऽ
म	-	-	म	-	-										
वा	ऽ	ऽ	यो	ऽ	ऽ										
X				0				X				0			

नोट–शेष अंतरे इसी प्रकार गाए-बजाए जाएंगे।

मीराबाई-भजन

ऐसी लागी लगन मीरा हो गई मगन
वो तो गली-गली हरी गुन गाने लगी-2
महलों में पली, बनके जोगन चली,
मीरा रानी दीवानी कहाने लगी-2
ऐसी लागी लगन........................

1. कोई रोके नहीं, कोई टोके नहीं,
मीरा गोविंद गोपाल गाने लगी-2।
बैठी संतों के संग, रंगी मोहन के रंग,
मीरा प्रेमी प्रीतम को मनाने लगी।
वो तो गली-गली हरि गुण..............

2. राणा ने विष दिया, मानो अमृत पिया,
मीरा सागर में सरिता समाने लगी-2।
दुख लाखों सहे, मुख से गोविंद कहे,
मीरा गोविंद गोपाल गाने लगी-2!
वो तो गली-गली हरिगुण................

स्थायी (ताल दादरा)

-	-	-	**स**	-	**नि़**	**स**	-	**रे**	**<u>ग</u>**	**<u>ग</u>**	**रे**
ऽ	ऽ	ऽ	ऐ	ऽ	सी	ला	ऽ	गी	ऽ	ऽ	ल
<u>ग</u>	**<u>ग</u>**	-	**स**	-	**नि़**	**स**	-	**रे**	**ग**	-	**रे**
ग	न	ऽ	मी	ऽ	रा	हो	ऽ	ग	ई	ऽ	म
ग	**ग**	-	**प**	**प**	-	**ध**	**ध**	-	**ध**	**ध**	-
ग	न	ऽ	वो	तो	ऽ	ग	ली	ऽ	ग	ली	ऽ
<u>नि</u>	**ध**	-	**प**	**प**	-	**रे**	**म**	**म**	**प**	**<u>ध</u>**	**प**
ह	री	ऽ	गु	न	ऽ	गा	ऽ	ने	ऽ	ऽ	ल

ग	रे	-	स	नि़	-	स	-	स	रे	ग	रे
गी	ऽ	ऽ	म	ह	ऽ	लों	ऽ	में	ऽ	ऽ	प
ग	-	-	स	स	नि़	स	-	रे	ग	-	रे
ली	ऽ	ऽ	ब	न	के	जो	ऽ	ग	न	ऽ	च
ग	-	-	प	-	प	ध	-	ध	-	-	ध
ली	ऽ	ऽ	मी	ऽ	रा	रा	ऽ	नी	ऽ	ऽ	दी
नि	ध	प	-	-	रे	रे	म	म	प	ध	प
वा	ऽ	नी	ऽ	ऽ	क	हा	ऽ	ने	ऽ	ऽ	ल
ग	रे	-									
गी	ऽ	ऽ									
X			0			X			0		

अंतरा

-	-	-	प	-	ध	म	-	प	ध	ध	ध
×	×	×	को	ऽ	ई	रो	ऽ	के	ऽ	ऽ	न
ध	-	-	ध	-	नि	सां	नि	ध	प	-	प
हीं	ऽ	ऽ	को	ऽ	ई	टो	ऽ	के	ऽ	ऽ	न
प	-	-	प	-	ध	म	-	प	ध	ध	ध
हीं	ऽ	ऽ	मी	ऽ	रा	गो	ऽ	विं	ऽ	ऽ	द
म	ध	ध	ध	-	नि	सं	नि	ध	प	-	प
गो	ऽ	पा	ऽ	ऽ	ल	गा	ऽ	ने	ऽ	ऽ	ल
प	-	-	प	-	ध	म	-	प	ध	-	ध
गी	ऽ	ऽ	बै	ऽ	ठी	सं	ऽ	तों	ऽ	ऽ	के
ध	ध	-	ध	नी	-	सां	नी	ध	प	-	प
सं	ग	ऽ	रं	गी	ऽ	मो	ऽ	ह	न	ऽ	के
प	प	-	प	-	ध	म	-	प	ध	ध	ध
रं	ग	ऽ	मी	ऽ	रा	प्रे	ऽ	मी	ऽ	ऽ	प्री
ध	ध	ध	-	-	नी	सां	नि	ध	प	-	प
त	म	को	ऽ	ऽ	म	ना	ऽ	ऽ	ने	ऽ	ल
प	-	-	प	प	-	सां	सां	-	नी	नी	-
गी	ऽ	ऽ	वो	तो	ऽ	ग	ली	ऽ	ग	ली	ऽ
ध	ध	-	प	प	-	रे	म	ध	-	-	प
ह	री	ऽ	गु	ण	ऽ	गा	ऽ	ने	ऽ	ऽ	ल
म	ग	रे									
गी	ऽ	ऽ									
×			0			×			0		

नोट–शेष अंतरे इसी प्रकार गाए-बजाए जाएंगे।

श्रीकृष्ण-भजन

रंग दे चुनरिया, रंग दे चुनरिया,
रंग दे चुनरिया ओ, हे गिरधारी-2

1. कोई कहे इसे, मैली चदरिया,
   कोई कहे इसे, पाप गठरिया,
   अपने ही रंग में रंग दे मुरारी।
   रंग दे चुनरिया...................

2. मोह माया में, मन भटकाया,
   सुमिरन तेरा, न कर पाया,
   प्रभु ए बंधन, खोलो मेरे।
   आया हूं मैं द्वारे तेरे।
   जाऊं कहां तजि शरण तुम्हारी।
   रंग दे चुनरिया...................

3. ये जीवन धन, तुमसे पाया,
   प्रभु तुम्हीं से, ये स्वर पाया।
   तेरी ही महिमा, गाई न गाई,
   मन की माला, मन में सोई,
   सुमिरन ज्योति, जला हितकारी।
   रंग दे चुनरिया...................

4. तुम स्वामी हम, बालक तेरे,
   सुनो पुकार तुम्हीं हो मेरे-2।
   जनम्-जनम् का, तुमसे नाता,
   तू ही जग का, एक विधाता।
   एक तुम्हीं से प्रीत हमारी।
   रंग दे चुनरिया...................

स्थायी (ताल कहरवा)

-	-	-	प	प	ध	-	प	प	-	प	-	प	-	-	-
×	×	×	रं	ग	दे	ऽ	चु	न	ऽ	रि	ऽ	या	ऽ	ऽ	ऽ
म	-	-	नि	नि	ध	नि	ध	प	-	प	-	प	-	-	-
ऽ	ऽ	ऽ	रं	ग	दे	ऽ	चु	न	ऽ	रि	ऽ	या	ऽ	ऽ	ऽ
-	-	-	प	प	ध	-	प	प	-	प	-	प	-	-	-
ऽ	ऽ	ऽ	रं	ग	दे	ऽ	चु	न	ऽ	रि	ऽ	या	ऽ	ऽ	ऽ
प	-	-	म	-	ग	-	रे	ग	-	म	-	म	-	-	-
ऽ	ऽ	ऽ	हे	ऽ	गि	ऽ	र	धा	ऽ	री	ऽ	ऽ	ऽ	ऽ	ऽ
-	-	-	म	म	प	-	म	म	-	म	-	म	-	-	-
ऽ	ऽ	ऽ	रं	ग	दे	ऽ	चु	न	ऽ	रि	ऽ	या	ऽ	ऽ	ऽ
नि	-	-	ध	नि	ध	-	प	प	-	प	-	प	-	-	-
ऽ	ऽ	ऽ	हे	ऽ	गि	ऽ	र	धा	ऽ	री	ऽ	ऽ	ऽ	ऽ	ऽ
प	-	-													
ऽ	ऽ	ऽ													
X				0				X				0			

अंतरा

-	-	-	प	ध	प	म	-	प	-	-	-	नि	-	-	-
ऽ	ऽ	ऽ	मो	इ	मा	ऽ	ऽ	या	ऽ	ऽ	ऽ	में	ऽ	ऽ	ऽ
-	-	-	ध	ध	प	म	-	ष	-	-	-	प	-	-	-
ऽ	ऽ	ऽ	म	न	भ	ट	ऽ	का	ऽ	ऽ	ऽ	या	ऽ	ऽ	ऽ
-	-	-	प	ध	प	म	-	प	-	-	-	नि	-	-	-
ऽ	ऽ	ऽ	सु	मि	र	न	ऽ	ते	ऽ	ऽ	ऽ	रा	ऽ	ऽ	ऽ
-	-	-	ध	-	प	म	म	प	-	-	-	प	-	-	-
ऽ	ऽ	ऽ	न	ऽ	क	ऽ	र	पा	ऽ	ऽ	ऽ	या	ऽ	ऽ	ऽ
-	-	-	प	प	प	ध	-	नि	-	-	सां	सां	-	सां	-
ऽ	ऽ	ऽ	प्र	भु	ए	ऽ	ऽ	ब	ऽ	ऽ	ऽ	ध	ऽ	न	ऽ
-	-	-	नि	-	ध	प	-	प	ध	-	नि	नि	-	-	-
ऽ	ऽ	ऽ	खो	ऽ	लो	ऽ	ऽ	मे	ऽ	ऽ	ऽ	रे	ऽ	ऽ	ऽ
-	-	-	सां	नि	ध	प	-	ध	ध	ध	-	ध	-	-	-
ऽ	ऽ	ऽ	आ	ऽ	या	ऽ	ऽ	हूं	ऽ	ऽ	ऽ	मै	ऽ	ऽ	ऽ
-	-	-	सां	नि	ध	प	-	प	-	-	-	प	-	-	-
ऽ	ऽ	ऽ	द्वा	ऽ	रे	ऽ	ऽ	ते	ऽ	ऽ	ऽ	रे	ऽ	ऽ	ऽ
-	-	-	प	-	ध	-	-	प	-	-	-	प	-	प	-
ऽ	ऽ	ऽ	जा	ऽ	ॐ	ऽ	क	हाँ	ऽ	ऽ	ऽ	त	ऽ	जि	ऽ
हाँ	ऽ	ऽ	ऽ	त	ऽ	जि	ऽ	ग	-	म	-	-	-	-	-
ऽ	ऽ	ऽ	श	र	ण	ऽ	तु	म्हा	ऽ	री	ऽ	ऽ	ऽ	ऽ	ऽ
ऽऽऽX					0				X				0		

नोट–शेष अंतरे इसी प्रकार गाए-बजाए जाएंगे।

मीराबाई-भजन

बरसे बदरिया सावन की,
 सावन की मन भावन की ॥ बरसै बदरिया...
सावन में उमग्यों मेरो मनुवा,
 भनक सुनी हरि आवन की ॥ बरसै बदरिया...
उमड़ घुमड़ चहुं दिससे आयों,
 दामण दमके झर लावन की ॥ बरसै बदरिया...
नान्ही नान्ही बूंदन मेहा बरसै,
 शीतल पवन सोहावन की ॥ बरसै बदरिया...
मीरा के प्रभु गिरधर नागर,
 आनंद-मंगल गावन की ॥ बरसै बदरिया...

स्थायी (तीनताल)

-	-	-	-	-	-	म,	प	-	ग	म	रे	स	रे	नि़	स
ऽ	ऽ	ऽ	ऽ	ऽ	ऽ	ब	र	ऽ	से	ऽ	ब	द	रि	या	ऽ
ग	-	ग	म	रे	ग,	म	प	-	प	प	प	म॑	प	म॑	प
सा	ऽ	व	न	की	ऽ	ब	र	ऽ	सा	व	न	की	ऽ	म	न
×				2				0				3			
ध	सां	ध	प	म	ग	म	प	-	ग	म	रे	स	रे	नि़	सा
भा	ऽ	व	न	की	ऽ	ब	र	ऽ	से	ऽ	ब	द	रि	या	ऽ
×				2				0				3			
ग	-	ग	म	रे	ग										
सा	ऽ	व	न	की	ऽ										
X				2				0				3			

अंतरा

-	-	-	-	-	-	-	-	प	-	प	प	सं	-	सं	सं
ऽ	ऽ	ऽ	ऽ	ऽ	ऽ	ऽ	ऽ	सा	ऽ	व	न	में	ऽ	उ	म
ध	नी	सं	रें	नि	सं	ध	प	प	प	म॑	प	ध	सं	ध	प
ग्यो	ऽ	मे	रो	म	नु	वाँ	ऽ	भ	न	क	सु	नी	ऽ	ह	रि
म॑	प	म	ग	रे	ग										
आ	ऽ	व	न	की	ऽ										
X				2				0				3			
-	-	-	-	-	-	-	-	प	-	प	प	सं	-	सं	सं
ऽ	ऽ	ऽ	ऽ	ऽ	ऽ	ऽ	ऽ	सा	ऽ	व	न	में	ऽ	उ	म
ध	नी	सं	रें	नि	सं	ध	प	प	प	म॑	प	ध	सं	ध	प
ग्यो	ऽ	मे	रो	म	नु	वाँ	ऽ	भ	न	क	सु	नी	ऽ	ह	रि
म॑	प	म	ग	रे	ग										
आ	ऽ	व	न	की	ऽ										
X				2				0				3			

नोट–शेष अंतरे इसी प्रकार से गाए-बजाए जाएंगे।

मीराबाई-भजन

पग घुंघरु बांध मीरा नाची रे!
1. लोग कहें मीरा भई रे बांवरी,
   सासु कहें कुल नासी रे।
   पग घुंघरु बांध...
2. ज़हर का प्याला राणा जी भेजा,
   पीवत मीरा हांसी रे।
   पग घुंघरु बांध...
3. मैं तो अपने नारायण की,
   हो गई आपहिं दासी रे।
   पग घुंघरु बांध...
4. मीरा के प्रभु गिरधर नागर,
   बेगि मिलो अविनासी रे।
   पग घुंघरू बांध...

स्थायी (तीनताल) राग मालकौंस

-	-	-	-	-	-	म	म	ग	म	ग	स	नि	सा	ध	नि
ऽ	ऽ	ऽ	ऽ	ऽ	ऽ	प	ग	घुं	घ	रु	बां	ऽ	ध	मी	रा
×				2				0				3			
स	-	म	-	म	-	म	म	ग	-	म	म	ध	-	नी	-
ना	ऽ	ची	ऽ	रे	ऽ	प	ग	लो	ऽ	ग	क	हे	ऽ	मी	रा
×				2				0				3			
सं	सं	-	सं	गं	नि	सं	-	नि	-	नि	नि	म	ध	नी	नी
भ	ई	ऽ	बा	ऽ	व	री	ऽ	सा	ऽ	सु	क	हें	ऽ	कु	ल
×				2				0				3			
ध	नी	ध	म	म	-	म	म	ग	म	ग	स	नि	स	ध	नि
ना	ऽ	सी	ऽ	रे	ऽ	प	ग	घुं	घ	रु	बां	ऽ	ध	मी	रा
×				2				0				3			
स	-	म	-	म	-										
ना	ऽ	ची	ऽ	रे	ऽ										
X				2				0				3			

अंतरा

-	-	-	-	-	-	-	-	ग	ग	म	म	ध	-	नी	-
ऽ	ऽ	ऽ	ऽ	ऽ	ऽ	ऽ	ऽ	ज	ह	र	का	प्या	ऽ	ला	ऽ
×				2				0				3			
सं	-	सं	-	गं	नि	सं	-	नि	-	नि	नि	नि	नि	नि	-
रा	ऽ	णा	जी	भे	ऽ	जा	ऽ	पी	ऽ	व	त	मी	ऽ	रा	ऽ
×				2				0				3			
ध	नी	ध	म	म	-										
हां	ऽ	सी	ऽ	रे	ऽ										
X				2				0				3			

नोट—शेष अंतरे इसी प्रकार गाए-बजाए जाएंगे।

मीराबाई-भजन

    मेरे तो गिरधर गोपाल दूसरो न कोई,
    जाके सिर मोर मुकुट, मेरो पति सोई।
    मेरे तो गिरधर...

1. अंसुवन जल सींच-सींच प्रेम बेल बोई,
   अब तो बेल फैल गई, आनंद फल होई।
   मेरे तो गिरधर...

2. तात मात भ्रात बंधु, आपणों न कोई,
   छोड़ दई कुल की कान, का करिहे कोई।
   मेरे तो गिरधर...

3. चुनरी के दो टूक किए, ओढ़ लीन्हीं लोई,
   मोती-मूंगे उतार, वनमाला पोई।
   मेरे तो गिरधर...

4. दूध की मथनियां, बड़े, प्रेम से बिलोई,
   माखन जब काढ़ लियो, छाछ पिए कोई।
   मेरे तो गिरधर...

5. आई मैं भगति काज, जगत देख मोही,
   दासी 'मीरा' लाल गिरधर, तारो अब मोही।
   मेरे तो गिरधर...

स्थायी (दादरा)

रेम	पध	पप	ग	म	प	ग	म	ग	रे	सा	रे
मेऽ	ऽऽ	रेऽ	तो	गि	र	ध	र	गो	पा	ऽ	ल
×			0			×			0		
स	-	रे	म	-	प	ध	नी	-	ध	प	म
दू	ऽ	स	रो	ऽ	न	को	ई	ऽ	ऽ	ऽ	ऽ
×			0			×			0		
रे	ग	म	-	म	प	ध	-	ध	ध	नी	नी
जा	ऽ	के	ऽ	सि	र	मो	ऽ	र	मु	कु	ट
×			0			×			0		
म	ध	ध	ध	नी	सां	ध	नी	ध	प	म	रे
मे	ऽ	रो	प	ति	ऽ	सो	ई	ऽ	ऽ	ऽ	ऽ
X			0			X			0		

अंतरा

रे	ग	म	ध	ध	ध	ध	नी	ध	नी	-	नी
अं	सु	व	न	ज	ल	सीं	ऽ	च	सीं	ऽ	च
×			0			×			0		
नि	ध	नि	ध	प	प	प	ध	सां	ध	प	म
प्रे	ऽ	म	बे	ऽ	ल	बो	ऽ	ऽ	ई	ऽ	ऽ
×			0			×			0		
म	सं	सं	सं	-	सं	सं	रें	ध	नी	नी	-
अ	ब	तो	बे	ऽ	ल	फै	ऽ	ल	ग	ई	ऽ
×			0			×			0		
ध	प	म	प	रे	ग	प	-	म	पानि	धध	पंप
आ	ऽ	नं	द	फ	ल	हो	ऽ	ऽ	ईऽ	ऽऽ	ऽऽ
X			0			X			0		

नोट–शेष अंतरे इसी प्रकार से गाए-बजाए जाएंगे!

मीराबाई-भजन

    मोहे लागी लगन गुरु, चरनन की,
1. चरन बिना मोहे कछु नहिं भावे,
    जग माया सब सपनन की।
    मोहे लागी लगन...
2. भव सागर सब सूख गयो है,
    फिकर नहीं मोहे तरनन की।
    मोहे लागी लगन...
3. 'मीरा' के प्रभु गिरधर नागर,
    उलट भई मेरे नैनन की।
    मोहे लागी लगन...

स्थायी (ताल दादरा)

-	-	-	प	ध	सं	नि	ध	प	म	ग	म
ऽ	ऽ	ऽ	मो	हे	ऽ	ला	ऽ	ऽ	गी	ऽ	ल
प	प	-	प	प	-	प	प	नि	सं	नि	सं
ग	न	ऽ	गु	रु	ऽ	ऽ	ऽ	च	र	न	न
नि	ध	प	प	ध	सं	नि	ध	प	म	ग	म
की	ऽ	ऽ	मो	हे	ऽ	ला	ऽ	ऽ	गी	ऽ	ल
प	प	-	प	प	-	प	प	नि	सं	गं	रें
ग	न	ऽ	गु	रु	ऽ	ऽ	ऽ	च	र	न	न
नि	ध	प									
की	ऽ	ऽ									
X			0			X			0		

अंतरा

-	-	म	ग	ग	म	प	-	-	प	प	-
ऽ	ऽ	च	र	न	बि	ना	ऽ	ऽ	मो	हे	ऽ
प	प	नि	ध	नि	सं	नि	-	ध	प	-	-
ऽ	ऽ	क	छु	न	हिं	भा	ऽ	ऽ	वे	ऽ	ऽ
प	-	प	नि	नि	-	नि	सं	सं	नि	सं	-
ऽ	ऽ	ज	ग	मा	ऽ	या	ऽ	ऽ	स	ब	ऽ
सं	सं	ध	सं	नि	ध	प	-	-			
ऽ	ऽ	स	प	न	न	की	ऽ	ऽ			
X			0			X			0		

नोट–शेष अंतरे इसी प्रकार गाए-बजाएं जाएंगे!

मीराबाई-भजन

     मैं गिरधर आगे नाचूंगी,
1. नाच-नाच पिव रसिक रिझाऊं,
   प्रेमी जन को जांचूंगी।
   मैं गिरधर...
2. प्रेम गीत के बांध घुंघरू,
   सुरत की कछनी काछूंगी!
   मैं तो गिरधर...
3. लोक-लाज कुल की मर्यादा,
   या में एक न राखूंगी।
   मैं गिरधर...
4. पिय के पलंगा जा पौढ़ूंगी,
   'मीरा' हरि रंग राचूंगी।
   मैं गिरधर...

स्थायी (तीन ताल)

-	-	-	-	-	-	सं	-	नि	सं	नि	प	म	प	ग	म
ऽ	ऽ	ऽ	ऽ	ऽ	ऽ	मैं	ऽ	गि	र	ध	र	आ	ऽ	गे	ऽ
नि	ध	ध	धनि	सं	-	सं	सं	निं	सं	नि	प	मप	निप	ग	म
ना	ऽ	चूं	ऽऽ	गी	ऽ	मैं	तो	गि	र	ध	र	आऽ	ऽऽ	गे	ऽ
नि	ध	नि	नि	सं	-										
ना	ऽ	चूं	ऽऽ	गी	ऽ										
X				2				0				3			

अंतरा

-	-	-	-	-	-	-	-	नि	सं	नि	प	-	प	म	प
ऽ	ऽ	ऽ	ऽ	ऽ	ऽ	ऽ	ऽ	ना	ऽ	च	ना	ऽ	च	पि	व
ग	ग	ग	म	रे	-	स	-	स	म	म	म	प	प	ग	म
र	सि	क	रि	झा	ऽ	ऊं	ऽ	प्रे	ऽ	मी	ऽ	ज	न	को	ऽ
नि	ध	ध	निसं	सं	-										
जां	ऽ	चूं	ऽऽ	गी	ऽ										
X				2				0				3			

नोट–शेष अंतरे इसी प्रकार गाए-बजाए जाएंगे।

मीराबाई-भजन

श्याम। मने चाकर राखो जी।
गिरधारी लाल। चाकर राखो जी ॥

1. चाकर रहसूं बाग लगासूं, नित उठ दरसण पासूं।
विंद्रावन की कुंजगलिन में, तेरी लीला गासूं ॥
श्यान। मने...

2. चाकरी में दरसण पाऊं, सुमिरण पाऊं खरची।
भाव भगति जागीरी पाऊं, तीनूं बातग सरसी ॥
श्याम। मने...

3. मोर मुकुट पीतांबर सोहै, गले बैजंती माला।
विंद्रावन में धेनु चरावे, मोहन मुरलीवाला ॥
श्याम। मने...

4. हरे-हरे नित बाग लगाऊं, बिच-बिच राखूं क्यारी।
सांवरिया के दरसण पाऊं, पहर कुसुम्मी सारी ॥
श्याम। मने...

5. जोगी आया जोग करणकूं, तप करणे संन्यासी।
हरी भजनकूं साधू आया, विंद्रावन के बासी ॥
श्याम। मने...

6. मीरा के प्रभु गहिर गंभीरा, सदा रहो जी धीरा।
आधी रात प्रभु दरसन दीन्हें, प्रेमनदी के तीरा ॥
श्याम। मने...

स्थायी (ताल कहरवा)

-	-	-	मम	रे	रे,	म	प	ध	सं	नी	ध	प	ध	म	प
×	×	×	श्या	ऽ	म	म	ने	चा	ऽ	क	र	रा	ऽ	खो	ऽ
सं	घ	-	धध	प	ध	म	म	सां	नी	नी	ध	प	ध	म	प
जी	ऽ	ऽ	गिर	धा	री	ला	ल	चा	ऽ	क	र	रा	ऽ	खो	ऽ
×				0				×				0			
सं	ध	-	मम	रे	रे	म	प	ध	सं	नी	नी	ध	प	म	प
जी	ऽ	ऽ	श्या	ऽ	म	म	ने	चा	ऽ	क	र	रा	ऽ	खो	ऽ
×				0				×				0			
सं	घ	-													
जी	ऽ	ऽ													
X				0				X				0			

अंतरा

-	-	-	-	-	-	-	-	ध	ध	ध	नी	सं	रें	रें	-
×	×	×	×	×	×	×	×	चा	ऽ	क	र	र	ह	सूं	ऽ
सं	रें	सं	गं	रें	सं	नी	ध	ध	सं	सं	नी	ध	ध	प	ध
वा	ऽ	ग	ल	गा	ऽ	सूं	ऽ	नि	त	उ	ठ	द	र	स	ण
म	-	प	-	प	-	-	-	नि	नि	नि	नि	नि	नि	नि	-
पा	ऽ	सूं	ऽ	ऽ	ऽ	ऽ	ऽ	विं	ऽ	द्रा	ऽ	व	न	की	ऽ
नि	सं	रें	मं	रें	सं	नी	-	घ	सं	सं	नि	ध	-	प	-
कुं	ऽ	ज	ग	लि	न	में	ऽ	ते	ऽ	री	ऽ	ली	ऽ	ला	ऽ
प	सां	नि	ध	प	म	ग	रे	रे	-	-					
गा	ऽ	सूं	ऽ	ऽ	ऽ	ऽ	ऽ	ऽ	ऽ	ऽ					
X				0				X				0			

नोट–शेष अंतरे इसी प्रकार गाए-बजाए जाएंगे!

मीराबाई-भजन

ऐरी मैं तो प्रेम दिवानी,
मेरो दरद न जानै कोय
ऐरी मैं तो...

1. सूली ऊपर सेज हमारी,
   किस-विध मिलना होय।
   ऐरी मैं तो...

2. गगन मंडल पे सेज पिया की,
   किस-विध मिलना होय।
   ऐरी मैं तो...

3. घायल की गति घायल जानै,
   कि जिन कोई घायल होय।
   ऐरी मैं तो...

4. जौहर की गति जौहर जानै,
   कि जिन जौहर होय।
   ऐरी मैं तो...

5. दरद की मारी मैं तो बन-बन डोलूं,
   बैद मिला नहिं कोय।
   ऐरी मैं तो...

6. 'मीरा' की प्रभु पीर मिटै जब,
   बैद सांवरिया होय।
   ऐरी मैं तो प्रेम दिवानी,
   मेरो दरद न जानै कोय।

स्थायी (ताल कहरवा)

-	-	-	-	-	-	ग	म	प	-	-	-	सं	नि	ध	प
ऽ	ऽ	ऽ	ऽ	ऽ	ऽ	ऐ	ऽ	री	ऽ	ऽ	ऽ	मैं	ऽ	तो	ऽ
-	-	-	प	ध	प	म	म	म	प	प	-	म	ग	ग	-
ऽ	ऽ	ऽ	प्रे	ऽ	म	ऽ	दि	वा	ऽ	नी	ऽ	मे	ऽ	रो	ऽ
-	-	-	स	ग	म	म	प	म	ग	म	ग	स	ग	नि़	स
ऽ	ऽ	ऽ	द	र	द	ऽ	न	जा	ऽ	ऽ	ऽ	ने	ऽ	ऽ	ऽ
प	-	-	-	प	-										
को	ऽ	ऽ	ऽ	य	ऽ										
X				0				X				0			

अंतरा

-	-	-	प	म	म	प	ध	-	सं	-	-	सं	-	सं	-
ऽ	ऽ	ऽ	सू	ऽ	ली	ऽ	ऽ	ऊ	ऽ	ऽ	ऽ	प	ऽ	र	ऽ
-	-	-	नि	-	सं	-	गं	गं	रें	सं	रें	सं	-	-	-
ऽ	ऽ	ऽ	से	ऽ	ज	ऽ	ह	मा	ऽ	ऽ	ऽ	री	ऽ	ऽ	ऽ
ध	प	म	सं	रें	नि	नि	-	ध	-	प	म	प	नि	ध	नि
ऽ	ऽ	ऽ	कि	स	वि	ध	ऽ	मि	ऽ	ल	ऽ	ना	ऽ	ऽ	ऽ
प	-	-	-	प	-	ग	म	प	सां	नि	सां	नि	ध	प	-
हो	ऽ	ऽ	ऽ	य	ऽ	ऐ	ऽ	री	ऽ	ऽ	ऽ	मै	ऽ	तो	ऽ
-	-	-	ध	म	म	प		ध	ध	सं	सं	सं	-	-	-
ऽ	ऽ	ऽ	ग	ग	न	म		ऽ	ऽ	ऽ	ल	पे	ऽ	ऽ	ऽ
-	-	-	नि	-	सं	-	गं	गं	रें	सं	रें	सं	-	-	-
ऽ	ऽ	ऽ	से	ऽ	ज	ऽ	पि	या	ऽ	ऽ	ऽ	की	ऽ	ऽ	ऽ
-	-	-	सं	रें	नि	नि	-	नि	ध	प	म	प	-	ध	-
ऽ	ऽ	ऽ	कि	स	वि	ध	ऽ	मि	ऽ	ल	ऽ	ना	ऽ	ऽ	ऽ
प	-	-	-	-	-										
हो	ऽ	ऽ	ऽ	ऽ	ऽ										
X				0				X				0			

नोट—शेष अंतरे इसी प्रकार गाए-बजाए जाएंगे।

मीराबाई-भजन

म्हारे घर आओ प्रीतम प्यारा ॥
तन मन धन सब भेंट धरूंगी, भजन करूंगी तुम्हारा ।
तुम गुणवंत सुसाहिब कहिए, मोमें अवगुण सारा ॥
मैं निगुणी कछु गुण नहिं जानूं, तुम छो बगसणहारा ।
'मीरा' कहै प्रभु कब रे मिलोगे, तुम बिन नैन दुखारा ॥
म्हारे घर आओ, प्रीतम प्यारा !

स्थायी (तीनताल)

-	-	-	-	-	-	-	-	-	-	-	रे	<u>नि</u>	-	स	म
×	×	×	×	×	×	×	×	×	×	×	म्हा	रे	ऽ	घ	र
×		2		0		3									
म	-	म	-	<u>ग</u>	-	म	प	<u>ग</u>	-	रे	स	रे	<u>नि</u>	स	म
आ	ऽ	ओ	ऽ	प्री	ऽ	त	म	प्या	ऽ	रा	म्हा	रे	ऽ	घ	र
×		2						0				3			
म	-	म	-	<u>ग</u>	-	म	प	प	प	प	प	म	प	<u>ग</u>	म
आ	ऽ	ओ	ऽ	प्री	ऽ	त	म	त	म	म	न	ध	न	स	ब
×		2						0				3			
प	प	<u>नी</u>	<u>नी</u>	सां	सां	-	सां	-	प	<u>नि</u>	सं	<u>ग</u>	रें	-	सं	-
भे	ऽ	ट	ध	रूँ	ऽ	गी	ऽ	भ	ज	न	क	रूं	ऽ	गी	तु
×		2						0				3			
सां	<u>नि</u>	ध	प	म	प	<u>ग</u>	म	<u>ग</u>	रे	सा					
म्हा	ऽ	ऽ	ऽ	रा	ऽ	ऽ	ऽ	ऽ	ऽ	ऽ					
X		2						0				3			

अंतरा

-	-	-	-	-	-	-	-	प	प	प	प	म	प	<u>ग</u>	म
ऽ	ऽ	ऽ	ऽ	ऽ	ऽ	ऽ	ऽ	तु	म	गु	ण	वं	ऽ	त	सु
प	-	<u>नी</u>	<u>नी</u>	सां	सां	सां	-	प	<u>नि</u>	सां	गं	रें	रें	सां	सां
सा	ऽ	हि	न	क	हि	ए	ऽ	मो	ऽ	में	ऽ	अ	व	गु	ण
सां	<u>नि</u>	धं	प	म	प	<u>ग</u>	म	<u>ग</u>	रे	सा					
सा	ऽ	ऽ	ऽ	रा	ऽ	ऽ	ऽ	ऽ	ऽ	ऽ					
X		2						0				3			

नोट–शेष अंतरे इसी प्रकार से गाए-बजाए जाएंगे।

मीराबाई-भजन

    माई री मैं तो लियो गोविंदो मोल ।-2

1. कोई कहै छाने, कोई कहै छुपके,
   लियो बजंता ढोल ।
2. कोई कहै मुंहघो, कोई कहै सुंहघो,
   लियो री तराजू तोल ।
3. कोई कहै कालो, कोई कहै गोरो,
   मैंने लियो रे अमोलक मोल ।
   माई री...
4. कोई कहै घर में, कोई कहै वन में,
   राधा संग किलोल ।
   माई री...
5. मीरा के प्रभु गिरिधर नागर,
   आवत प्रेम के मोल ।
   माई री...

स्थायी (दादरा ताल)

-	**-**	**-**	**ग**	**प**	**-**	**सां**	**-**	**सां**	**-**	**-**	**सां**
नि	सां	-	मैं	तो	ऽ	ली	ऽ	न्हों	ऽ	ऽ	गो
बि	**ऽ**	**ऽ**	**ध**	**प**	**-**	**म॑**	**प**	**सां**	**ध**	**-**	**ध**
प	म॑	प	दो	ऽ	ऽ	मो	ऽ	ऽ	ऽ	ऽ	ल
मा	**ई**	**ऽ**	**म**	**ग**	**-**	**म**	**-**	**ध**	**नि**	**सां**	**सां**
नि	प	-	मै	तो	ऽ	ली	ऽ	न्हो	ऽ	ऽ	गो
बि	**ऽ**	**ऽ**	**म**	**ग**	**म**	**ग**	**-**	**-**	**ग**	**-**	**-**
रे	सा	सा	दो	ऽ	ऽ	मो	ऽ	ऽ	ऽ	ऽ	ऽ
ल	ऽ	ऽ									
X			0			X			0		

अंतरा

-	**-**	**-**	**म**	**ष**	**म**	**ग**	**प**	**-**	**-**	**प**	**-**
ऽ	ऽ	ऽ	को	ई	क	हे	छा	ऽ	ऽ	ने	ऽ
प	**-**	**-**	**नि**	**ध**	**नि**	**सां**	**नि**	**नि**	**ध**	**प**	**-**
ऽ	ऽ	ऽ	को	ई	क	हे	छु	प	ऽ	के	ऽ
प	**-**	**-**	**ग**	**प**	**-**	**सां**	**-**	**सां**	**-**	**-**	**सां**
ऽ	ऽ	ऽ	मै	तो	ऽ	ली	ऽ	यो	ऽ	ऽ	ब
नि	**सं**	**सं**	**ध**	**प**	**-**	**म॑**	**प**	**सां**	**ध**	**ध**	**-**
जं	ऽ	ऽ	ता	ऽ	ऽ	ढ़ो	ऽ	ऽ	ऽ	ऽ	ल
प	**म॑**	**प**	**म**	**ग**	**-**	**म**	**-**	**ध**	**नि**	**सां**	**-**
मा	ई	ऽ	मै	तो	ऽ	ली	ऽ	न्हों	ऽ	ऽ	गो
नि	**प**	**प**	**म**	**ग**	**म**	**ग**	**-**	**-**	**ग**	**-**	**-**
विं	ऽ	ऽ	दो	ऽ	ऽ	मो	ऽ	ऽ	ऽ	ऽ	ऽ
ग	**-**	**-**									
ऽ	ऽ	ऽ									
X			0			X			0		

नोट–शेष अंतरे इसी प्रकार गाए-बजाए जाएंगे।

ब्रह्मानंद-भजन

सुन नाथ अरज अब मेरी,
मैं शरण पड़ा प्रभु तेरी।
सुन नाथ....................

1. तुम मानुष तन मोहे दीना,
   भजन प्रभू तुम्हरा नहिं कीना।
   विषयों ने मेरी मति फेरी,
   मैं शरण पड़ा प्रभु तेरी।
   सुन नाथ....................

2. सुत दारादिक ये परिवारा,
   सब स्वारथ का है संसारा।
   जिन हेतु पाप किए ढेरी,
   मैं शरण पड़ा प्रभु तेरी।
   सुन नाथ....................

3. माया में ये जीव लुभाया,
   रूप तुम्हारा हम नहिं जाना।
   पड़ा जनम-मरण की फेरी,
   मैं शरण पड़ा प्रभु तेरी।
   सुन नाथ....................

4. भवसागर में नीर अपारा,
   मोहे कृपालु प्रभू करो पारा।
   'ब्रह्मानंद' करो नहिं देरी,
   मैं शरण पड़ा प्रभु तेरी।
   सुन नाथ....................

स्थायी (ताल कहरवा)

-	-	-	-	-	-	ग	प	ध	निसं	ध	प	ग	रे	स	रे
ऽ	ऽ	ऽ	ऽ	ऽ	ऽ	सु	न	ना	ऽऽ	थ	अ	र	ज	अ	ब
ग	प	म	म	-	-	म	ग	म	प	प	प	ध	नि-	ध	प
मे	री	ऽ	ऽ	ऽ	ऽ	मैं	ऽ	श	र	ण	प	ड़ा	ऽऽ	प्र	भु
प	-	प	-	म	ग	ग	-	म	प	प	प	धनि	धनि	ध	प
ते	ऽ	री	ऽ	ऽ	ऽ	मैं	ऽ	श	र	ण	प	ड़ाऽ	ऽऽ	प्र	भु
प	-	सं	घ	म	ग										
ते	ऽ	री	ऽ	ऽ	ऽ										
X				0				X				0			

अंतरा

-	-	-	सां	नि	ध	प	-	प	-	प	-	ध	-	रें	-
ऽ	ऽ	ऽ	तु	म	मा	ऽ	ऽ	नु	ऽ	ष	ऽ	त	ऽ	न	ऽ
-	-	-	सां	नि	ध	प	-	प	-	प	-	प	-	ष	-
ऽ	ऽ	ऽ	मो	ऽ	हे	ऽ	ऽ	दी	ऽ	ऽ	ऽ	ना	ऽ	ऽ	ऽ
-	-	-	म	प	ध	-	प	ध	-	-	-	ध	-	ध	-
ऽ	ऽ	ऽ	भ	ज	न	ऽ	प	भू	ऽ	ऽ	ऽ	तु	ऽ	म	ऽ
-	-	नि	सां	नि	ध	-	प	प	-	प	-	ग	-	प	-
ऽ	ऽ	ऽ	रा	ऽ	न	ऽ	हि	की	ऽ	ना	ऽ	वि	ऽ	ष	ऽ
ध	नि	सं	-	ध	-	प	-	ग	-	रे	-	स	-	रे	-
यों	ऽ	ऽ	ऽ	ने	ऽ	मे	ऽ	री	ऽ	ऽ	ऽ	म	ऽ	ति	ऽ
ग	-	म	-	ग	-	-	-	ग	-	-	-	ग	-	-	-
फे	ऽ	री	ऽ	ऽ	ऽ	ऽ	ऽ	ऽ	ऽ	ऽ	ऽ	मै	ऽ	ऽ	ऽ
रे	-	-	म	प	प	-	प	ध	नि	ध	नि	ध	-	प	-
ऽ	ऽ	ऽ	श	र	ण	ऽ	प	ड़ा	ऽ	ऽ	ऽ	प्र	ऽ	भु	ऽ
प	-	-	-	प	-	ध	-	म	-	ग	-	श	-	-	-
ते	ऽ	ऽ	ऽ	री	ऽ	ऽ	ऽ	ऽ	ऽ	ऽ	ऽ	ऽ	ऽ	ऽ	ऽ
X				2				X				2			

नोट–शेष अंतरे इसी प्रकार से गाए-बजाए जाएंगे।

मीराबाई-भजन

    चलो मन गंगा जमुना तीर,
    गंगा जमुना निरमल पानी,
    शीतल होय शरीर।
    चलो मन...

1. बंसी बजावत गावत कान्हा,
    संग लिए बलबीर।
    चलो मन...

2. मोर मुकुट पीताम्बर सोहे,
    कुंडल झलकत हीर।
    चलो मन...

3. 'मीरा' के प्रभु गिरधर नागर,
    चरण कंवल पर सीर।
    चलो मन...

स्थायी (ताल कहरवा)

गप	**मग**	**रे**	**से**	**-**	**रे**	**म**	**म**	**ध**	**प**	**ध**	**संसं**	**नि**	**ध**	**प**	**म**
चऽ	लोऽ	म	न	ऽ	गं	ऽ	गा	ज	मु	ना	ऽऽ	ती	ऽ	ऽ	र
गप	**मग**	**रे**	**स**	**-**	**म**	**म**	**ध**	**सां**	**सां**	**सां**	**-**	**नि**	**सं**	**ध**	**म**
चऽ	लोऽ	म	न	ऽ	गं	ऽ	गा	ज	मु	ना	ऽ	नि	र	म	ल
प	**-**	**म**	**-**	**-**	**ध**	**-**	**नि**	**रें**	**रें**	**रें**	**-**	**-**	**सं**	**नि**	**धम**
पा	ऽ	नी	ऽ	ऽ	गं	ऽ	गा	ज	मु	ना	ऽ	ऽऽ	नि	र्म	ल
प	**-**	**म**	**-**	**-**	**सरे**	**म**	**म**	**ध**	**म**	**ध**	**सां**	**नि**	**ध**	**प**	**म**
पा	ऽ	नी	ऽ	ऽ	शीऽ	त	ल	हो	ऽ	य	श	री	ऽ	ऽ	र
X				0				X				0			

अंतरा

-	**-**	**-**	**-**	**-**	**मम**	**ध**	**नि**	**सां**	**-**	**सं**	**सं**	**-**	**निसं**	**नि**	**सं**
×	×	×	×	×	बंऽ	शी	ब	जा	ऽ	व	त	ऽ	गाऽ	व	त
ध	**प**	**म**	**-**	**-**	**मम**	**ध**	**नि**	**रें**	**-**	**रें**	**रें**	**-**	**सरें**	**सं**	**नि**
का	ऽ	न्हा	ऽ	ऽ	वंऽ	शी	ब	जा	ऽ	व	त	ऽ	गाऽ	व	त
धसं	**धप**	**मम**	**मम**	**म**	**सरे**	**म**	**म**	**ध**	**प**	**धनि**	**निसं**	**नि**	**ध**	**प**	**म**
काऽ	ऽऽ	न्हा	ऽऽ	ऽ	संऽ	ग	लि	ये	ऽ	बऽ	लऽ	बी	ऽ	ऽ	र
X				0				X				0			

नोट–शेष अंतरे इसी प्रकार गाए-बजाए जाएंगे।

मीराबाई-भजन

मेरो मन रामहिं राम रटै रे,
1. राम नाम जप लीजे प्राणी,
   कोटिक पाप कटै रे।
   मेरो मन...
2. जनम-जनम के खत जू पुराने,
   नामहिं लेत फटै रे।
   मेरो मन...
3. कनक कटोरे अमृत भरियो,
   पीवत कौन नटे रे।
   मेरो मन...
4. मीरा कहे प्रभु गिरधर नागर,
   तन मन ताहि पटैरे।
   मेरो मन रामहिं राम रटै रे।

स्थायी (तीनताल)

-	-	-	-	-	-	-	-	-	ग	ग	म	प	ध	नि	सं
×	×	×	×	×	×	×	×	ऽ	रा	म	हिं	रा	ऽ	म	र
ध	-	प	-	पानि	धप	मग	रेस	-	सग	ग	म	प	ध	नि	सां
टै	ऽ	रे	ऽ	मेऽ	रोऽ	मऽ	नऽ	ऽ	राऽ	म	हिं	रा	ऽ	म	र
नि	ध	प	-	गग	मम	धध	पप	प							
टै	ऽ	रे	ऽ	मेऽ	रोऽ	मऽ	नऽ	ऽ							
X				2				0				3			

अंतरा

-	-	-	-	-	-	-	-	-	गम	प	नि	सं	नि	रें	सं
×	×	×	×	×	×	×	×	ऽ	राऽ	म	ना	ऽ	म	ज	प
नि-	ध	नि	सां	निध	निध	प	प	-	स-	ग	म	प	-	नि	सं
लीऽ	ऽ	जै	ऽ	प्राऽ	ऽऽ	णी	ऽऽ	ऽ	कोऽ	टि	क	पा	ऽ	प	क
निनि	नि	ध	प	मे	प	म	ग	-	पप	नि	सं	गं	रें	सं	–
टैऽ	ऽ	रे	ऽ	मे	रो	म	न	ऽ	जन	म	ज	न्म	के	ऽ	ऽ
नि	ध	नि	सं	नि	ध	प	पप	प	स	ग	म	प	-	नि	सं
ख	त	जू	पु	रा	ऽ	ने	ऽऽ	ऽ	ना	ऽ	म	ले	ऽ	त	फऽ
नि	ध	प	प	पनि	धप	मग	रेस	स							
टै	ऽ	रे	ऽ	मेऽ	रोऽ	मऽ	नऽ	ऽ							
X				2				0				3			

नोट—शेष अंतरे इसी प्रकार गाए-बजाए जाएंगे!

मीराबाई-भजन

     मोहे लागी लगन गुरु चरनन की।
1. चरण बिना कछुवै नहिं भावे,
    जगमाया सब सपनन की।
    मोहे लागी लगन...
2. भव सागर सब सूख गयो है।
    फिकर नहि मोहि तरनन की।
    मोहे लागी लगन...
3. 'मीरा' के प्रभु गिरधर नागर।
    आस वही गुरु शरनन की।
    मोहे लागी लगन...

स्थायी (ताल दादरा)

-	-	-	प	प	नि	ध	प	म	ग	रे	ग
ऽ	ऽ	ऽ	मो	हे	ऽ	ला	ऽ	ऽ	गी	ऽ	ल
म	म	ग	प	म	-	-	-	ध	नि	ध	नि
ग	न	ऽ	गु	रु	ऽ	ऽ	ऽ	च	र	न	न
ध	प	म	म	प	नि	ध	प	म	ग	(रे)	ग
की	ऽ	ऽ	मो	हे	ऽ	ला	ऽ	ऽ	गी	ऽऽ	ल
म	म	ग	प	म	-	-	-	ध	नि	रें	सं
ग	न	ऽ	गु	रु	ऽ	ऽ	ऽ	च	र	न	न
ध	प	म									
की	ऽ	ऽ									
X			0			X			0		

अंतरा

-	-	-	-	-	-	-	-	ध	प	रे	ग
ऽ	ऽ	ऽ	ऽ	ऽ	ऽ	ऽ	ऽ	भ	व	सा	ऽ
म	म	ग	प	म	-	-	-	ध	नि	रें	सं
ग	र	ऽ	स	ब	ऽ	ऽ	ऽ	सू	ऽ	ख	ग
ध	ध	प	म	-	-	-	-	म	ध	नि	सं
यो	ऽ	ऽ	है	ऽ	ऽ	ऽ	ऽ	फि	क	र	न
नि	सं	सं	नि	ध	-	प	म	ध	नि	ध	नि
हिं	ऽ	ऽ	मो	हे	ऽ	ऽ	ऽ	त	र	न	न
ध	प	प									
की	ऽ	ऽ									
X			0			X			0		

नोट—शेष अंतरे इसी प्रकार गाए-बजाएं जाएंगे।

मीराबाई-भजन

नटवर नागर नंदा, भजो रे मन गोविन्दा,
श्याम सुन्दर मुख चंदा, भजो रे मन गोविंदा।
नटवर नागर नंदा...

1. तू ही नटवर, तू ही नागर,
   तू ही बाल मुकुंदा।
   भजो रे मन गोविंदा

2. सब देवन में कृष्ण बड़े हैं,
   ज्यूं तारा बिच चंदा।
   भजोरे मन गोविंदा...

3. सब सखियन में राधा जी बड़ी हैं,
   ज्यूं नदिया बिच गंगा।
   भजो रे मन गोविंदा...

4. ध्रुब तारे, प्रहलाद उबारे,
   नरसिंह रूप धरंता।
   भजो रे मन गोविंदा...

5. बृन्दावन में रास रचायो,
   नाचत बाल मुकुंदा।
   भजो रे मन गोविंदा...

6. 'मीरा' के प्रभु गिरधर नागर,
   काटो जम के फंदा।
   भजो रे मन गोविंदा...

स्थायी (दादरा ताल)

-	-	स	प	प	प	प	प	प	ध	प	म
×	×	न	ट	व	र	ना	ऽ	ऽ	ग	र	ऽ
ग	-	रे	-	-	रे	रे	रे	-	ग	म	-
नं	ऽ	दा	ऽ	ऽ	भ	जो	रे	ऽ	म	न	ऽ
-	-	प	ग	रे	-	स	-	-	-	-	-
ऽ	ऽ	गो	ऽ	विं	ऽ	दा	ऽ	ऽ	ऽ	ऽ	ऽ
-	-	स	ध	ध	ध	ध	-	नि	सं	-	नि
ऽ	ऽ	श्या	ऽ	म	सुं	द	र	ऽ	म	ख	ऽ
ध	ध	प	-	प	म	ध	-	ध	नि	सं	-
च	ऽ	दा	ऽ	ऽ	भ	जो	रे	ऽ	म	न	ऽ
-	-	नि	-	ध	-	प	-	-	म	ग	-
ऽ	ऽ	गो	ऽ	विं	ऽ	दा	ऽ	ऽ	ऽ	ऽ	ऽ
प	-										
ऽ	ऽ										
X			0			X			0		

अंतरा

-	-	म	प	म	ग	म	म	प	प	प	-
×	×	तु	ऽ	ही	ऽ	न	ट	ऽ	व	र	ऽ
-	-	ध	-	नी	सं	नि	सं	नि	ध	प	-
ऽ	ऽ	तु	ऽ	ही	ऽ	ना	ऽ	ऽ	ग	र	ऽ
-	-	स	प	प	प	प	-	-	ध	प	म
ऽ	ऽ	तु	ऽ	ही	ऽ	बा	ऽ	ऽ	ल	मुं	ऽ
ग	-	रे	-	-	रे	रे	रे	-	ग	म	-
कुं	ऽ	दा	ऽ	ऽ	भ	जो	रे	ऽ	म	न	ऽ
-	-	प	ग	रे	स	स	-	-	-	-	-
ऽ	ऽ	गो	ऽ	बिं	ऽ	दा	ऽ	ऽ	ऽ	ऽ	ऽ
-	-										
ऽ	ऽ										
X			0			X			0		

नोट–शेष अंतरे इसी प्रकार गाए-बजाए जाएंगे।

संत तुलसीदास-भजन

रघुबर तुमको मेरी लाज।—2
1. सदा-सदा मैं शरण तिहारी,
   तुम हो गरीब निवाज॥
   रघुबर तुमको...
2. पतित उधारन बिरद तिहारो,
   श्रवनन सुनी आवाज़।
   हौं तो पतित पुरातन कहिए,
   पार उतारो जहाज़।
   रघुबर तुमको...
3. अध खंडन दुख भंजन जन के,
   यही तिहारो काज।
   "तुलसीदास" पर किरपा कीजै,
   भक्ति दान देहु आज।
   रघुबर तुमको मेरी लाज़।

स्थायी (कहरवा ताल)

-	-	-	ग	म	प	ध	-	नि	सं	नि	सं	नि	-	ध	ध
ऽ	ऽ	ऽ	र	घु	व	र	ऽ	तु	ऽ	म	ऽ	को	ऽ	ऽ	ऽ
प	-	-	म	-	ग	-	-	म	-	-	-	म	-	-	-
ऽ	ऽ	ऽ	मे	ऽ	री	ऽ	ऽ	ला	ऽ	ऽ	ऽ	ज	ऽ	ऽ	ऽ
-	-	-	सां	सां	सां	सां	-	प	-	नी	-	ध	-	प	-
ऽ	ऽ	ऽ	र	घु	ब	र	ऽ	तु	ऽ	म	ऽ	को	ऽ	ऽ	ऽ
-	-	-	म	-	ग	-	-	म	-	-	-	म	-	-	-
ऽ	ऽ	ऽ	मे	ऽ	री	ऽ	ऽ	ला	ऽ	ऽ	ऽ	ज	ऽ	ऽ	ऽ
-	-	-													
ऽ	ऽ	ऽ													
X				0				X				0			

अंतरा

-	-	-	म	म	म	-	म	ग	प	म	ग	स	-	ध	-
ऽ	ऽ	ऽ	प	ति	त	ऽ	उ	धा	ऽ	ऽ	ऽ	र	ऽ	न	ऽ
-	-	-	स	स	ग	-	म	ध	प	-	-	प	-	-	-
ऽ	ऽ	ऽ	वि	र	द	ऽ	ति	हा	ऽ	ऽ	ऽ	रो	ऽ	ऽ	ऽ
-	-	-	ग	प	नि	ति	-	नि	-	नि	-	-	-	नि	-
ऽ	ऽ	ऽ	श्र	व	न	न	ऽ	सु	ऽ	नी	ऽ	ऽ	ऽ	आ	ऽ
ध	-	-	-	ध	-	-	-	प	-	-	-	म	-	-	-
वा	ऽ	ऽ	ऽ	ऽ	ऽ	ऽ	ऽ	ऽ	ऽ	ऽ	ऽ	ऽ	ऽ	ऽ	ऽ
-	-	-	म	प	नि	-	-	सां	-	सां	-	रें	-	सां	-
ऽ	ऽ	ऽ	हूँ	ऽ	तो	ऽ	ऽ	प	ऽ	ति	ऽ	त	ऽ	पु	ऽ
-	-	-	सां	गं	रें	गं	-	नि	-	सां	-	नि	-	ध	-
ऽ	ऽ	ऽ	रा	ऽ	त	न	ऽ	क	ऽ	हि	ऽ	ए	ऽ	ऽ	ऽ
-	-	-	प	ध	ध	-	नि	प	-	ध	-	नि	रें	सां	रें
ऽ	ऽ	ऽ	पा	ऽ	र	ऽ	उ	ता	ऽ	ऽ	ऽ	रो	ऽ	ज	ऽ
नि	-	-	-	ध	-	नि	-	प	-	ध	-	म	-	ग	-
हा	ऽ	ऽ	ऽ	ऽ	ऽ	ज	ऽ	र	ऽ	घु	ऽ	ब	ऽ	र	ऽ
-	-	-													
ऽ	ऽ	ऽ													
X				0				X				0			

नोट–शेष अंतरे इसी प्रकार गाए-बजाएं जाएंगे।

संत तुलसीदास-भजन

श्री राम चंद्र कृपालु भजु मन,
हरण-भव-भय दारुणम्।
नव कंज लोचन कंज मुखकर
कंज पद कंजारुणम्।

1. कंदर्प अगणित अमित छवि,
नवनील नीरद सुन्दरम्।
पटपीत मानहु तड़ित रुचि-सुचि,
नौमि जनक सुतावरम्।
श्री राम चंद्र...

2. भजु दीन बंधु दिनेश दानव,
दैत्य वंश निकन्दनम्।
रघुनन्द आनन्द कन्द कौशल,
चन्द दसरथ नन्दनम्।
श्री राम चंद्र...

3. सिर मुकुट कुंडल तिलक,
चारु उदारु अंग विभूषणम्।
आजानु भुज सर चाप धर,
संग्राम जित खरदूषणम्।
श्री राम चंद्र...

4. इति बदति तुलसीदास,
शंकर शेष मुनि मन रंजनम्।
मम हृदय कुंज निवास कुरु,
कामादि खल दल गंजनम्।
श्री राम चंद्र...

स्थायी (ताल रूपक, राग यमन)

-	-	-	-	-	नि़	रे	ग	-	ग	ग	-	म॑	ग
×	×	×	×	×	श्री	ऽ	रा	ऽ	म	चं	ऽ	द्र	क्रि
रे	ग	रे	नि़	सा	नि़	ध़	नि़	रे	रे	ग	रे	ग	प
पा	ऽ	लु	भ	जु	म	न	ह	र	ण	भ	व	भ	य
म॑	ग	रे	सा	सा	नि़	रे	ग	-	ग	ग	-	म॑	ग
दा	ऽ	रु	ण	म	न	व	कं	ऽ	ज	लो	ऽ	च	न
रे	ग	रे	नि़	सा	नि़	ध	नि़	रे	रे	ग	रे	ग	प
कं	ऽ	ज	मु	ख	क	र	कं	ऽ	ज	प	द	कं	ऽ
म॑	ग	रे	सा	सा	नि़	रे	ग	-	-	ग	ग	ग	मेप
जा	ऽ	रु	ण	म्	श्री	ऽ	रा	ऽ	ऽ	ऽ	म	श्री	ऽऽ
रे	-	-	-	रे	नि़	रे	म॑	-	-	ग	रे	स	नि़
रा	ऽ	ऽ	ऽ	म	श्री	ऽ	रा	ऽ	ऽ	ऽ	म्	श्री	ऽ
स	-	-	-	स									
रा	ऽ	ऽ	ऽ	म्									
X			2		3		X			2		3	

अंतरा

-	-	-	-	-	म॑	रे	प	-	प	प	प	म॑	रे
×	×	×	×	×	कं	ऽ	द	ऽ	र्प	अं	ग	णि	त
प	प	प	प	प	प	-	म॑	ध	ध	म॑	ध	नि	सं
अ	मि	त	छ	बि	न	व	नी	ऽ	ल	नी	ऽ	र	द
ध	नि	ध	प	प	प	प	सं	-	नि	ध	-	प	प
सुं	ऽ	द	र	म	प	ट	पी	ऽ	त	मा	ऽ	न	हु
म॑	प	म॑	ग	म॑	ग	रे	नि़	रे	रे	ग	ग	म	ग
त	ड़ि	त	रु	चि	सु	चि	नौ	ऽ	मि	ज	न	क	सु
रे	ग	रे	स	स									
ता	ऽ	व	र	म									
X			2		3		X			2		3	

नोट–शेष अंतरे इसी प्रकार गाए-बजाएं जाएंगे।

संत तुलसीदास-भजन

जाउं कहां तजि चरण तुम्हारे
1. काको नाम पतित पावन जग,
   केहि अति दीन पियारे।
   जाउं कहां तजि...
2. कौन देव बराइ बिरद-हित,
   हठि-हठि अधम उधारे
   जाउं कहां तजि...
3. खग, मृग, व्याध, पषान, विटप जड़,
   जवन-कवन सुर तारे।
   जाउं कहां तजि...
4. देव, दनुज, मुनि, नाग मनुज सब,
   माया विवश विचारे।
   जाउं कहां तजि...
5. तिनके हाथ दास तुलसी प्रभु,
   कहा अपन पौ हारे।
   जाउं कहां तजि चरण तुम्हारे।

स्थायी (तीनताल)
(राग भूपाली)

-	-	-	-	-	-	-	-	-	सं	ध	प	ग	रे	स	रे
×	×	×	×	×	×	×	×	×	जा	उं	क	हां	ऽ	त	जि
स	ध़	स	रे	ग	रे	ग	-	-	ग	ग	रे	ग	प	ध	सां
च	र	ण	तु	म्हा	ऽ	रे	ऽ	ऽ	का	को	ऽ	ना	ऽ	म	प
ध	प	ग	रे	ग	रे	स	स	-	प-	प-	ग	रे	ग	प	ध
ति	त	पा	ऽ	व	न	ज	ग	ऽ	केऽ	हिऽ	अ	ति	दी	ऽ	न्ह
सं	ध	प	ग	रे	ग	रे	स	स							
पि	या	ऽ	ऽ	ऽ	रे	ऽ	ऽ	ऽ							
X				2				0				3			

अंतरा

-	-	-	-	-	-	-	-	-	प	प	ग	-	प	प	सं
×	×	×	×	×	×	×	×	×	कौ	ऽ	ने	ऽ	दे	ऽ	व
ध	सं	-	सं	सं	ध	रें	सं	सं	सं	सं	ध	ध	सं	सं	रें
ब	ड़ा	ऽ	ई	वि	र	द	हि	त	ह	ठि	ह	ठि	अ	ध	म
रें	सं	सं	ध	सं	ध	प	प	प	गं	गं	गं	पं	रें	रें	सं
उ	धा	ऽ	ऽ	ऽ	रे	ऽ	ऽ	ऽ	ख	ग	मृ	ग	ब्या	ऽ	ध
सं	ध	ध	सं	रें	सं	सं	ध	प	ग	ग	प	प	ध	सं	ध
पा	षा	ऽ	ण	वि	ट	प	ज	ड़	ज	व	न	क	व	न	सु
प	ग	प	ध	प	ग	रे	स	स							
र	ता	ऽ	ऽ	ऽ	रे	ऽ	ऽ	ऽ							
X				2				0				3			

नोट–शेष अंतरे इसी प्रकार गाए-बजाए जाएंगे।

संत तुलसीदास-भजन

    ममता तू न गई मेरे मन ते,।
1. पाके केश जनम के साथी,
   लाज गई लोकन ते।
   तन थाके कर कंपन लागे,
   ज्योति गई नैनन ते।
   ममता तू न...
2. श्रवनन वचन न सुनत काहू के,
   बल गए सब इन्द्रिन ते।
   टूटे दसन बचन नहि आवत,
   शोभा गई मुखन ते।
   ममता तू न...
3. कफ पित वात कंठ पर बैठे।
   सुतहिं बुलावत कर ते।
   भाई-बंधु सब परम-पियारे,
   नारी निकारत घर ते।
   ममता तू न...
4. जैसे शशि मंडल बिच स्याही,
   छूटै न कोटि जतन ते।
   "तुलसीदास" बलि जाउं चरन ते,
   लोभ पराए धन ते।
   ममता तू न गई मेरे मन ते...

स्थायी (कहरवा ताल)

-	-	-	म	ध	नि	सं	सं	नि	ध	नि	ध	म	-	ग	-
ऽ	ऽ	ऽ	तु	ऽ	न	ऽ	ग	ई	ऽ	ऽ	ऽ	मे	ऽ	रे	ऽ
म	-	म	-	म	-	-	-	सं	-	रें	-	नि	-	ध	-
म	ऽ	न	ऽ	ते	ऽ	ऽ	ऽ	म	ऽ	म	ऽ	ता	ऽ	ऽ	ऽ
ध	-	-													
ऽ	ऽ	ऽ													
X				0				X				0			

अंतरा

-	-	-	म	-	ध	नि	-	नि	-	-	-	नि	-	नि	-
ऽ	ऽ	ऽ	पा	ऽ	के	ऽ	ऽ	के	ऽ	ऽ	ऽ	श	ऽ	ज	ऽ
-	-	-	नि	सं	नि	ध	-	नि	-	-	सां	सां	-	-	-
ऽ	ऽ	ऽ	न	म	के	ऽ	ऽ	सा	ऽ	ऽ	ऽ	थी	ऽ	ऽ	ऽ
-	-	-	ध	सं	सं	-	सं	सं	-	रें	-	श	-	म	-
ऽ	ऽ	ऽ	ला	ऽ	ज	ऽ	ग	ई	ऽ	ऽ	ऽ	लो	ऽ	ऽ	ऽ
-	-	-	स	ग	रे	सं	-	नि	सं	रें	सं	नि	सं	नि	ध
ऽ	ऽ	ऽ	क	न	ते	ऽ	ऽ	ऽ	ऽ	ऽ	ऽ	ऽ	ऽ	ऽ	ऽ
-	-	-	नि	नि	नि	ध	-	नि	-	-	-	ध	-	प	-
ऽ	ऽ	ऽ	त	न	या	ऽ	ऽ	के	ऽ	ऽ	ऽ	क	ऽ	र	ऽ
-	-	-	प	ध	नि	-	सं	प	-	नी	-	ध	-	प	प
ऽ	ऽ	ऽ	क	ऽ	प	ऽ	न	ला	ऽ	ऽ	ऽ	गे	ऽ	ऽ	ऽ
-	-	-	ग	प	प	-	प	प	-	ध	-	नि	-	सां	-
ऽ	ऽ	ऽ	जो	ऽ	ति	ऽ	ग	ई	ऽ	ऽ	ऽ	नै	ऽ	ऽ	ऽ
प	-	नि	-	ध	-	प	-	प	नि	ध	प	म	ग	रे	सा
न	ऽ	न	ऽ	ते	ऽ	ऽ	ऽ	म	ऽ	म	ऽ	ता	ऽ	ऽ	ऽ
सा	-	-													
ऽ	ऽ	ऽ													
X				0				X				0			

नोट–शेष अंतरे इसी प्रकार गाए-बजाए जाएंगे।

तुलसीदास-भजन

बैठी सगुन मनावति माता-2

1. कब ऐहैं मेरे बाल कुशल घर,
कहहु काग फुर बाता।
बैठी सगुन....

2. दूध भात की दोनी दैहौं, सोने चोंच मढ़ैहौं-2
जब सिय सहित बिलोकि नयन भरि,
राम लखन उर लैहो।
बैठी सगुन.....

3. अवध समीप जानि जननी जिय, अति आतुर अकुलानी-2
गनक बोलाई पांय परि पूँछति-2,
प्रेम-मगन मृदु बानी।
बैठी सगुन......

4. तेहि अवसर कोउ भरत निकट ते, समाचार लै आयो,
प्रभु आगमन सुनत 'तुलसी' मानो,
मीन मरत जल पायो॥
बैठी सगुन.......

स्थायी (ताल कहरवा)

-	**-**	**-**	**ध**	**रें**	**सं**	**-**	**सं**	**ध**	**प**	**ध**	**सां**	**ध**	**-**	**म**	**-**
ऽ	ऽ	ऽ	स	गु	न	ऽ	म	ना	ऽ	ऽ	ऽ	व	ऽ	ति	ऽ
म	**-**	**-**	**-**	**म**	**-**	**-**	**-**	**ध**	**-**	**-**	**रें**	**सं**	**-**	**-**	**ध**
मा	ऽ	ऽ	ऽ	ता	ऽ	ऽ	ऽ	हो	ऽ	ऽ	ऽ	बै	ऽ	ठी	ऽ
प	**-**	**-**	**ध**	**रें**	**सं**	**-**	**सं**	**ध**	**प**	**ध**	**सां**	**ध**	**-**	**म**	**-**
ऽ	ऽ	ऽ	स	गु	न	ऽ	म	ना	ऽ	ऽ	ऽ	व	ऽ	ति	ऽ
म	**-**	**-**	**-**	**म**	**-**	**-**	**-**	**म**	**-**	**-**	**-**	**ध**	**प**	**म**	**रे**
मा	ऽ	ऽ	ऽ	ता	ऽ	ऽ	ऽ	ऽ	ऽ	ऽ	ऽ	क	ऽ	ब	ऽ
रे	**म**	**रे**	**ध**	**ध**	**-**	**ध**	**-**	**-**	**-**	**-**	**प**	**-**	**ध**	**सां**	**ध**
से	ऽ	है	ऽ	मो	ऽ	रे	ऽ	ऽ	ऽ	ऽ	बा	ऽ	ल	ऽ	कु

प	-	**प**	-	**म**	-	**म**	-	**म**	-	-	-	**ध**	-	**सां**	-
श	ऽ	ल	ऽ	घ	ऽ	र	ऽ	ऽ	ऽ	ऽ	ऽ	क	ऽ	ब	ऽ
रें	**गं**	**मं**	-	**गं**	-	**रें**	-	**नि**	-	**सां**	**रें**	**सां**	-	**नि**	-
हूँ	ऽ	ऽ	ऽ	का	ऽ	ग	ऽ	फु	ऽ	र	ऽ	बा	ऽ	ऽ	ऽ
प	-	**प**	-	**ध**	-	-	-	**नि**	-	-	-	**सां**	-	**सां**	-
ता	ऽ	ऽ	ऽ	ऽ	ऽ	ऽ	ऽ	ऽ	ऽ	ऽ		वै	ऽ	ठी	ऽ
ध	-	-													
ऽ	ऽ	ऽ													
X				0				X				0			

अंतरा

-	-	-	**ध**	-	**ध**	-	**प**	**ध**	-	-	**ध**	**ध**	-	-	-
ऽ	ऽ	ऽ	दू	ऽ	ध	रे	सां	ऽ	ऽ	ऽ	त	की	ऽ	ऽ	ऽ
-	-	-	**प**	**प**	**ध**	**रें**	**सां**	**ध**	-	-	-	**ध**	**प**	**म**	**प**
ऽ	ऽ	ऽ	दो	ह	नी	ऽ	ऽ	द	ऽ	ऽ	ऽ	हो	ऽ	ऽ	ऽ
नी	-	-	**नि**	-	**नी**	-	-	**नि**	-	**रें**	-	**गं**	-	**मं**	-
ऽ	ऽ	ऽ	सो	ऽ	ने	ऽ	ऽ	चो	ऽ	ऽ	ऽ	च	ऽ	म	ऽ
गं	**रें**	**गं**	**रें**	**सां**	-	-	-	**सां**	**नि**	**ध**	**प**	**ध**	**नि**	**सां**	-
ढ	ई	हों	ऽ	ऽ	ऽ	ऽ	ऽ	ऽ	ऽ	ऽ	ऽ	ऽ	ऽ	ऽ	ऽ
-	-	-	**ध**	**नि**	**रें**	**रें**	-	**रें**	-	**रें**	-	**रें**	-	**रें**	**नि**
ऽ	ऽ	ऽ	ज	ब	सि	या	ऽ	स	ऽ	हि	ऽ	त	ऽ	वि	ऽ
-	-	-	**नि**	**रें**	**रें**	-	**रें**	**रें**	-	**गं**	**मं**	**गं**	-	**सां**	-
ऽ	ऽ	ऽ	लो	ऽ	कि	ऽ	न	य	ऽ	न	ऽ	भ	ऽ	रि	ऽ
-	-	-	**रें**	**मं**	**गं**	-	**रें**	**सां**	-	**नि**	**प**	**नि**	-	**ध**	-
ऽ	ऽ	ऽ	रा	ऽ	म	ऽ	ल	ख	ऽ	न	ऽ	उ	ऽ	र	ऽ
ध	**ध**	**ध**	-	**ध**	-	-	-	**सां**	**नि**	**ध**	**प**	**ध**	**नि**	**सां**	-
ल	इ	हों	ऽ	ऽ	ऽ	ऽ	ऽ	ऽ	ऽ	ऽ	ऽ	ऽ	ऽ	ऽ	ऽ
सां	-	-													
ऽ	ऽ	ऽ													
X				0				X				0			

नोट–शेष अंतरे इसी प्रकार गाए-बजाएं जाएंगे।

संत तुलसीदास-भजन

(गणपति वंदना)

गाइए, गणपति-जगवंदन,
शंकर सुवन भवानी नन्दन।
गाइए गणपति...

1. सिद्धि सदन गज बदन विनायक,
   कृपा सिंधु सुन्दर सब लायक।
   गाइए गणपति...

2. मोदक प्रिय मुद मंगल दाता,
   विद्या वारिधि बुद्धि विधाता।
   गाइए गणपति...

3. मांगत 'तुलसीदास' कर जोरे,
   बसहुं राम हिय मानस मोरे।
   गाइए गणपति...

स्थायी (तीन ताल, राग भूपाली)

-	**-**	**-**	**-**	**-**	**-**	**-**	**-**	**सं**	**-**	**ध**	**प**	**ग**	**रे**	**स**	**रे**
ऽ	ऽ	ऽ	ऽ	ऽ	ऽ	ऽ	ऽ	गा	ऽ	ई	ए	ग	ण	प	ति
ग	**ग**	**ग**	**रे**	**ग**	**प**	**ध**	**सं**	**ग**	**ग**	**ग**	**रे**	**ग**	**प**	**ध**	**सं**
ज	ग	बं	ऽ	द	न	ऽ	ऽ	शं	ऽ	क	र	सु	व	न	भ
ध	**प**	**ग**	**रे**	**ग**	**रे**	**स**	**स**	**प**	**-**	**ग**	**ग**	**प**	**प**	**सं**	**ध**
वा	ऽ	नी	ऽ	नं	ऽ	द	न	सि	ऽ	द्धी	स	द	न	ग	ज
सं	**सं**	**सं**	**सं**	**ध**	**रें**	**सं**	**सं**	**ध**	**गं**	**रें**	**सां**	**ध**	**ध**	**प**	**ध**
ब	द	न	बि	ना	ऽ	य	क	कृ	पा	ऽ	सिं	ऽ	धुं	सुं	ऽ
सं	**सं**	**ध**	**प**	**ग**	**रे**	**स**	**स**								
द	र	स	ब	ला	ऽ	य	क								
X				2				0				3			

अंतरा

-	**-**	**-**	**-**	**-**	**-**	**-**	**-**	**प**	**ग**	**ग**	**ग**	**प**	**प**	**सं**	**ध**
ऽ	ऽ	ऽ	ऽ	ऽ	ऽ	ऽ	ऽ	मॉ	ऽ	ग	त	तु	ल	सी	दा
सां	**सं**	**सं**	**सं**	**ध**	**रें**	**सं**	**सं**	**ध**	**गं**	**रें**	**सं**	**ध**	**ध**	**प**	**ध**
ऽ	स	क	र	जो	ऽ	रे	ऽ	ब	स	हुं	रा	ऽ	म	हि	य
सं	**सं**	**ध**	**प**	**ग**	**रे**	**स**	**स**								
मा	ऽ	न	स	मो	ऽ	रे	ऽ								
X				2				0				3			

नोट–शेष अंतरे इसी प्रकार गाए-बजाए जाएंगे।

संत तुलसीदास-भजन

ठुमक चलत रामचंद्र बाजत पैजनियां।
ठुमक चलत रामचंद्र...

1. किलकिलात उठत धाय,
   गिरत भूमि लटपटाय।
   धाय मात गोद लेत,
   दशरथ की रनियां।
   ठुमक चलत रामचंद्र...

2. विद्रुम से अरुण अधर,
   बोलत मृदु बचन मधुर।
   शुभग नासिका के बीच,
   लटकत लटकनियां।
   ठुमक चलत रामचंद्र...

3. मेवा मोदक रसाल,
   मन भावे सो लेहो लाल।
   और लेहो रुचिर पान,
   कंचन झुनझुनियां।
   ठुमक चलत रामचंद्र...

4. 'तुलसीदास' अति आनंद,
   निरखि के मुखार बिंद।
   रघुबर छबि के समान,
   रघुबर मुख बनियां।
   ठुमक चलत रामचंद्र...

स्थायी (ताल दादरा)

ग	**ग**	**ग**	**ग**	**म**	**प**	**ग**	**म**	**ग**	**रे**	**सा**	**रे**
ठु	म	क	च	ल	त	रा	ऽ	म	चं	ऽ	द्र
स	**रे**	**म**	**म**	**म**	**प**	**ध**	**ध**	**ध**	**नी-**	**ध**	**नि**
बा	ऽ	ज	त	पै	ऽ	ज	नि	यांऽ	ऽऽ	ऽ	ऽ
ध	**प**	**ग**	**ग**	**म-**	**प**	**ग-**	**म**	**ग**	**रे**	**सा**	**रे**
ठु	म	क	च	लऽ	त	राऽ	ऽ	म	चं	ऽ	द्र
×			0			×			0		

अंतरा

म	**म**	**म**	**ध**	**ध**	**नी**	**सां**	**सां**	**नी**	**सां**	**-**	**सं**
कि	ल	कि	ला	ऽ	त	उ	ठ	त	धा	ऽ	य
नि	**नि**	**नि**	**सं**	**रें**	**सं**	**ध**	**सां**	**नि**	**ध**	**-**	**म**
गि	र	त	भू	ऽ	मि	ल	ट	प	टा	ऽ	य
नि	**-**	**नि**	**नि**	**-**	**नि**	**ध-**	**नी**	**सां**	**नि**	**ध**	**ध**
धा	ऽ	य	मा	ऽ	त	गोऽ	ऽ	द	ले	ऽ	त
नी	**-**	**नी**	**सां**	**-**	**सां**	**नि**	**सां**	**रें**	**नि**	**ध**	**ध**
धा	ऽ	य	मा	ऽ	त	गो	ऽ	द	ले	ऽ	त
ध	**नि**	**प**	**ध**	**म**	**ग**	**ग**	**प**	**धनि**	**सं-**	**नि**	**ध**
द	श	र	थ	कि	ऽ	र	नि	यांऽ	ऽऽ	ऽ	ऽ
ग	**ग**	**ग**	**ग**	**म**	**प**	**ग**	**म**	**ग**	**रे**	**सा**	**रे**
ठु	म	क	च	ल	त	रा	ऽ	म	चं	ऽ	द्र
स	**रे**	**म**	**म**	**म**	**प**	**ध**	**ध**	**ध**	**नीऽ**	**ध**	**नी**
बा	ऽ	ज	त	पैऽ	ऽ	ज	नि	याऽ	ऽऽ	ऽ	ऽ
X			0			X			0		

नोट—शेष अंतरे इसी प्रकार गाए-बजाए जाएंगे।

संत तुलसीदास-भजन
(श्रीराम जन्म)

भए प्रगट कृपाला, दीन दयाला कौशल्या हितकारी।
हर्षित महतारी, मुनि मन हारी अद्भुत रूप विचारी।

1. लोचन अभिरामा, तनु घनश्यामा निज आयुध भुजचारी।
   भूषन बनमाला, नयन विशाला शोभा सिंधु खरारी।
   भए प्रगट कृपाला...

2. कह दुइ कर जोरी अस्तुति तोरी,
   केहि विधि करहुं अनंता।
   माया गुन ग्याना तीत अमाना, वेद पुराण भनंता।
   भए प्रगट कृपाला...

3. करुणा सुख सागर, सब गुन आगर,
   जेहि गावहि श्रुति संता।
   सो मम हित लागी, जन अनुरागी, भयउ प्रगट श्रीकंता।
   भए प्रगट कृपाला...

4. ब्रह्मांड निकाया निर्मित माया,
   रोम-रोम प्रति वेद कहै।
   मम उर सो बासी, यह उपहासी, सुनत धीर मति थिर न रहै।
   भए प्रगट कृपाला...

5. उपजा जब ग्याना-प्रभु मुस्काना,
   चरित बहुत बिधि कीन्ह चहै।
   कहि कथा सुहाई मातु बुझाई, जेहि प्रकार सुत प्रेम लहै।
   भए प्रगट कृपाला...

6. माता-पुनि बोली, सो मति डोली,
   तजहु तात यह रूपा।
   कीजै शिशु लीला अति प्रिय शीला, यह सुख परम अनूपा।
   भए प्रगट कृपाला...

7. सुनि बचन सुजाना रोदन ठाना,
   होइ बालक सुरभूपा।
   यह चरित जे गावहिं हरि पद पावहिं, ते न परहिं भवकूपा॥
   भए प्रगट कृपाला...

स्थायी (कहरवा)

-	-	-	-	-	-	ग	म	ग	स	ग	ग	म	-	म	-
×	×	×	×	×	×	भ	ए	प्र	ग	ट	कृ	पा	ऽ	ला	ऽ
ग	स	ग	ग	म	-	म	-	प	सां	सं	नि	प	-	म	ग
दी	ऽ	न	द	या	ऽ	ला	ऽ	कौ	ऽ	श	ऽ	ल्या	ऽ	हि	त
म	-	पध	निध	प	-	ग	म	ग	स	ग	ग	म	-	म	-
का	ऽ	ऽऽ	ऽऽ	री	ऽ,	ह	र	षि	त	म	ह	ता	ऽ	री	ऽ
ग	स	ग	ग	म	-	म	-	प	सं	सं	नि	नि	प	म	ग
मु	नि	म	न	हा	ऽ	री	ऽ	अ	द	भु	त	रू	ऽ	प	वि
म	-	पध	निध	प	-										
चा	ऽ	ऽऽ	ऽऽ	री	ऽ										
X				0				X				0			

अंतरा

-	-	-	-	-	-	प	म	प	सं	सं	सं	सं	-	नि	प
×	×	×	×	×	×	लो	ऽ	च	न	अ	भि	रा	ऽ	मा	ऽ
प	गं	रें	गं	रें	सं	सं	-	नि	नि	नि	-	ध	ध	प	म
त	नु	घ	न	श्या	ऽ	मा	ऽ	नि	ज	आ	ऽ	यु	ध	भु	ज
प	-	धनि	धनि	ध	प,	ग	म	ग	स	ग	ग	म	-	म	-
चा	ऽ	ऽऽ	ऽऽ	री	ऽ	भू	ऽ	ष	ण	ब	न	मा	ऽ	ला	ऽ
ग	स	ग	ग	म	-	म	-	प	सां	सां	नि	प	-	म	ग
न	य	न	वि	शा	ऽ	ला	ऽ	शो	ऽ	भा	ऽ	सिं	ऽ	धु	ख
म	-	पध	निध	प	-										
रा	ऽ	ऽऽ	ऽऽ	री	ऽ										
X				0				X				0			

नोट—शेष अंतरे इसी प्रकार गाए-बजाए जाएंगे।

भजन

हे जग त्राता, विश्व विधाता,
हे सुख शांति निकेतन है।

1. दीन के बन्धु, प्रेम के सिंधु,
दुःख दारिद्र बिनाशन है।
हे जग त्राता...

2. नित्य-अखण्ड, अनंत, अनादि,
पूरण ब्रह्म सनातन है।
जग पालक जगपति जगबन्दन,
अनुपम अलख निरंजन है।
हे जग त्राता...

3. प्राण सखा त्रिभुवन प्रतिपालक,
जीवन के अवलंबन है।
हे जग त्राता, विश्व विधाता,
हे सुख शांति निकेतन है।

स्थायी (ताल कहरवा, राग भैरवी)

स	रे	स	स	प	-	प	-	प	ध	नी	सां	प	नी	ध	प
हे	ऽ	ज	ग	त्रा	ऽ	ता	ऽ	वि	ऽ	श्व	वि	धा	ऽ	ता	ऽ
ग	-	रे	नि	सा	रे	ग	म	रे	ग	सा	रे	सा	-	-	-
हे	ऽ	सु	ख	शा	ऽ	न्ति	नि	के	ऽ	त	न	है	ऽ	ऽ	ऽ
स	रे	नि	स	प	-	प	-	प	ध	नी	सां	प	नी	ध	प
दी	ऽ	न	के	बं	ऽ	धू	ऽ	प्रे	ऽ	म	के	सिं	ऽ	धू	ऽ
ग	-	रे	नि	सा	रे	ग	म	रे	ग	सा	रे	सा	-	-	-
दु	ख	दा	ऽ	रि	ऽ	द्र	वि	ना	ऽ	श	न	है	ऽ	ऽ	ऽ
X				0				X				0			

अंतरा

ग	-	म	म	ध	-	नी	-	सां	-	सां	सां	नि	रें	सां	सां
नि	ऽ	त्य	अ	खं	ऽ	ड	अ	नं	ऽ	त	आ	ना	ऽ	दि	ऽ
नि	नि	नि	-	सां	-	सां	सां	सां	रें	नि	सां	ध	प	प	प
पू	ऽ	र	न	ब्र	ऽ	म्ह	स	ना	ऽ	त	न	है	ऽ	ऽ	ऽ
म	-	प	प	प	-	प	प	प	ध	नि	सां	प	ध	प	म
ज	ग	पा	ऽ	ल	क	ज	ग	प	ति	ज	ग	बं	ऽ	द	न
ग	रे	नि	नि	सा	रे	ग	म	रे	ग	सा	रे	सा	-	-	-
अ	नु	प	म	अ	ल	ख	नि	रं	ऽ	ज	न	है	ऽ	ऽ	ऽ
X				0				X				0			

नोट–शेष अंतरे इसी प्रकार गाए-बजाएं जाएंगे।

संत तुलसीदास-भजन

भजुमन-2 राम चरण सुखदाई

1. जिन चरनन से निकली सुरसरि,
   शंकर जटा समाई।
   जटा शंकरी नाम पर्‍यो है।
   त्रिभुवन तारन आई॥
   राम चरण सुखदाई...

2. जिन चरनन की चरणपादुका,
   भरत रहे मन लाई।
   सोई चरण केवट धोई लीने,
   तब हरि नाव चढ़ाई।
   राम चरण सुखदाई...

3. जिन चरनन गौतम ऋषि नारी,
   परसि परम् पद पाई।
   सोई चरन भक्त-मुनि सेवत,
   निज मुख करत बड़ाई।
   राम चरण सुखदाई...

4. शिव सनकादि और ब्रह्मादिक,
   शेष सहज मुख गाई।
   'तुलसीदास' मारुत सुत की प्रभु,
   मुनि-जन करत बड़ाई।
   राम चरन सुखदाई।
   भजुमन-2 राम चरण सुखदाई।

स्थायी (ताल कहरवा, राग भैरवी)

-	-	-	प	ध	प	-	म	ग	रे	ग	-	ग	रे	-	ग
ऽ	ऽ	ऽ	रा	ऽ	म	ऽ	च	र	ऽ	न	ऽ	ऽ	सु	ऽ	ख
स	-	-	-	स	-	-	-	प	-	ध	-	सं	-	सं	-
दा	ऽ	ऽ	ऽ	ई	ऽ	ऽ	ऽ	भ	ऽ	जु	ऽ	म	ऽ	न	ऽ
सं	-	-	प	ध	प	-	म	ग	रे	ग	-	-	स	-	रे
ऽ	ऽ	ऽ	रा	ऽ	म	ऽ	च	र	ऽ	न	ऽ	ऽ	सु	ऽ	ख
म	-	-	-	म	-	-	-	प	ध	नि	ध	प	म	ग	-
दा	ऽ	ऽ	ऽ	ई	ऽ	ऽ	ऽ	भ	ऽ	जु	ऽ	म	ऽ	न	ऽ
ग	-	-													
ऽ	ऽ	ऽ													
X				0				X				0			

अंतरा

-	-	-	ग	ग	म	म	-	ध	-	ध	-	नि	-	ध	-
ऽ	ऽ	ऽ	जि	न	च	र	ऽ	न	ऽ	न	ऽ	से	ऽ	ऽ	ऽ
ध	-	-	सं	सं	सं	-	-	नि	-	रें	-	सं	-	सं	-
ऽ	ऽ	ऽ	नि	क	सी	ऽ	ऽ	सु	ऽ	र	ऽ	स	ऽ	रि	ऽ
सं	-	-	नि	-	नि	नि	-	सं	-	नि	-	रें	-	सं	-
ऽ	ऽ	ऽ	श	ऽ	क	र	ऽ	ज	ऽ	टा	ऽ	ऽ	ऽ	स	ऽ
ध	-	-	-	प	-	-	-	म	प	ध	प	म	-	ग	-
मा	ऽ	ऽ	ऽ	ई	ऽ	ऽ	ऽ	ऽ	ऽ	ऽ	ऽ	ऽ	ऽ	ऽ	ऽ
ग	-	-	गप	प	प	ध	-	-	नि	-	सं	-	-	-	-
ऽ	ऽ	ऽ	जटा	ऽ	शं	ऽ	ऽ	ऽ	क	ऽ	री	ऽ	ऽ	ऽ	ऽ
सं	-	-	नि-	नि	सं	सं	सं	रें	सं	नि	ध	-	-	-	-
ऽ	ऽ	ऽ	नाऽ	ऽ	म	प	रयो	ऽ	ऽ	ऽ	है	ऽ	ऽ	ऽ	ऽ
प	-	-	ग	प	प	प	-	प	-	ध	-	नि	-	सं	-
ऽ	ऽ	ऽ	त्रि	भु	व	न	ऽ	ता	ऽ	ऽ	ऽ	र	ऽ	न	ऽ
ध	-	नि	-	नि	ध	प	-	ग	-	म	-	रे	-	स	-
आ	ऽ	ऽ	ऽ	ई	ऽ	ऽ	ऽ	भ	ऽ	जु	ऽ	म	ऽ	न	ऽ
स	-	-													
ऽ	ऽ	ऽ													
X				0				X				0			

नोट—शेष अंतरे इसी प्रकार से गाए-बजाए जाएंगे।

सरस्वती-वंदना-भजन

सरस्वती हे हंस वाहिनी।
वीण धरा मां आओ॥
जन-जन में जो प्रीत जगा दे।
वह संगीत सुनावो॥
सरस्वती हे हंस वाहिनी!...

1. जो शत्रू को मीत बना दे,
   जो भटकों को राह दिखा दे।
   जो वाणी में अमृत भर दे,
   कुदृष्टी-सुदृष्टी कर दे।
   हिंसा की मीनार हिला दे,
   समता का विश्वास दिला दे।'
   सोऐ हुए दिलों को फिर से, तुम ही आन जगाओ।
   सरस्वती हे हंस वाहिनी...

2. रुक जाए अज्ञान की धारा,
   ज्ञान वान होवे जग सारा।
   प्रेम की ज्योति ऐसी फैले,
   निर्मल हो जाए मन मैले।
   कोई डरे न कोई डराए।
   अपनों जैसे लगे पराए।
   हर प्राणी के मन की वीणा, के फिर तार हिलाओ।
   सरस्वती हे हंसवाहिनी....

स्थायी (ताल तीनताल व कहरवा, राग हिंडोल)

सं	**सं**	**-**	**ध**	**नि**	**-**	**ध**	**-**	**म॑**	**-**	**ग**	**म॑**	**ग**	**स**	**स**	**-**
स	र	ऽ	स्व	ती	ऽ	हे	ऽ	हं	ऽ	स	बा	ऽ	हि	नी	ऽ
ग	**-**	**ग**	**ग**	**म॑**	**ध**	**म॑**	**ध**	**सां**	**नि**	**ध**	**म॑**	**ग**	**म॑**	**गम॑**	**धानी**
वी	ऽ	ण	ध	रा	ऽ	मा	ऽ	आ	ऽ	ऽ	ऽ	वो	ऽ	ऽऽ	ऽऽ
सं	**सं**	**सं**	**ध**	**नि**	**-**	**ध**	**-**	**म॑**	**-**	**ग**	**म॑**	**ग**	**स**	**स**	**-**
ज	न	ज	न	मे	ऽ	जो	ऽ	प्री	ऽ	त	ज	गा	ऽ	दे	ऽ
ग	**-**	**ग**	**-**	**म॑**	**ध**	**म॑**	**ध**	**सां**	**नि**	**ध**	**म॑**	**ग**	**म॑**	**गम॑**	**धनि**
वो	ऽ	सं	ऽ	गी	ऽ	त	सु	ना	ऽ	ऽ	ऽ	वो	ऽ	ऽऽ	ऽऽ
X				2				0				3			

अंतरा (कहरवाताल)

ग	**-**	**ग**	**-**	**म॑**	**-**	**म॑**	**-**	**ग**	**-**	**म॑**	**ध**	**म॑**	**-**	**ग**	**-**
जो	ऽ	श	ऽ	त्रू	ऽ	को	ऽ	मी	ऽ	त	ब	ना	ऽ	दे	ऽ
ग	**-**	**ग**	**-**	**म॑**	**-**	**म॑**	**-**	**ग**	**-**	**म॑**	**ध**	**म॑**	**-**	**ग**	**-**
जो	ऽ	भ	ट	कों	ऽ	को	ऽ	रा	ऽ	ह	दि	खा	ऽ	दे	ऽ
ग	**-**	**म॑**	**ध**	**नी**	**-**	**नी**	**-**	**सां**	**नि**	**ध**	**म॑**	**ध**	**नि**	**सं**	**-**
जो	ऽ	वा	ऽ	णी	ऽ	में	ऽ	अ	म	रि	त	भ	र	दे	ऽ
ग	**-**	**म॑**	**ध**	**नी**	**-**	**नी**	**-**	**सां**	**नि**	**ध**	**म॑**	**ध**	**नि**	**सं**	**-**
कु	ऽ	द्रि	ऽ	टी	ऽ	सु	ऽ	द्री	ऽ	टी	ऽ	क	र	दे	ऽ
ध	**-**	**नि**	**सं**	**गं**	**-**	**गं**	**-**	**रें**	**म॑**	**गं**	**रें**	**सां**	**-**	**नि**	**ध**
हिं	ऽ	सा	ऽ	की	ऽ	मी	ऽ	ना	ऽ	र	हि	ला	ऽ	दे	ऽ
नि	**नि**	**नि**	**ध**	**नि**	**-**	**ध**	**ध**	**म॑**	**ध**	**म॑**	**ग**	**म॑**	**-**	**ग**	**-**
स	म	ता	ऽ	का	ऽ	वि	स	वा	ऽ	स	दि	ला	ऽ	दे	ऽ
सं	**-**	**सं**	**ध**	**नि**	**नि**	**ध**	**ध**	**म॑**	**-**	**ग**	**म॑**	**ग**	**स**	**स**	**-**
सो	ऽ	ये	ऽ	हु	ए	ऽ	दि	लों	ऽ	में	ऽ	फि	र	से	ऽ
ग	**-**	**ग**	**-**	**म॑**	**ध**	**म॑**	**ध**	**सां**	**नि**	**ध**	**म॑**	**ग**	**म॑**	**गम॑**	**धनि**
तु	म	ही	ऽ	आ	ऽ	न	ज	गा	ऽ	ऽ	ऽ	वो	ऽ	ऽऽ	ऽऽ
X				2				0				3			

नोट–शेष अंतरे इसी प्रकार से गाए-बजाए जाएंगे।

हरिनाम का-भजन

     आएगा जब रे बुलावा हरि का,
     छोड़ के सब कुछ जाना पड़ेगा।
     नाम हरि का साथ जाएगा,
     और तू कुछ न ले जाएगा-2।
     आएगा जब रे...

1. राग द्वेष में हरि विसरायो,
    भूल के निज को जनम गंवायो-2।
    आएगा जब रे...

2. सुमिरन हरि की सांची कमाई,
    झूठी जग की सब है समाई-2।
    आएगा जब रे...

3. आरति कर तू हरि की ऐसी,
    भक्ति मिले मीरा की जैसी-2।
    आएगा जब रे...

4. हाथ तेरे जीवन की बाजी,
    भक्ति से कर तू हरि को राजी-2।
    आएगा जब रे बुलावा हरि का,
    छोड़ के सब-कुछ जाना पड़ेगा।

स्थायी (ताल दादरा)

प	-	प	-	प	-	ध	सं	सं	-	-	सं
आ	ऽ	ए	ऽ	गा	ऽ	ज	ब	रे	ऽ	ऽ	बु
नि	-	ध	-	-	प	ध	-	-	प	म	-
ला	ऽ	वा	ऽ	ऽ	ह	री	ऽ	ऽ	का	ऽ	ऽ
म	ध	ध	ध	ध	-	नि	नि	-	सं	रें	-
छो	ऽ	ऽ	ड़	के	ऽ	स	ब	ऽ	कु	छ	ऽ
नि	सं	नि	ध	-	प	प	-	-	प	-	-
जा	ऽ	ऽ	ना	ऽ	प	ड़े	ऽ	ऽ	गा	ऽ	ऽ
गं	-	-	मं	-	पं	गं	मं	गं	रें	सं	-
ना	ऽ	ऽ	म	ऽ	ह	री	ऽ	ऽ	का	ऽ	ऽ
गं	-	गं	मं	धं	पं	गं	मं	गं	रें	सं	-
सा	ऽ	थ	जा	ऽ	ऽ	ए	ऽ	ऽ	गा	ऽ	ऽ
रें	-	-	सं	-	नि	नि	नि	-	सं	-	रें
औ	ऽ	ऽ	र	ऽ	तू	कु	छ	ऽ	ना	ऽ	ऽ
गं	रें	गं	रें	-	सां	सां	-	-	सां	-	-
ले	ऽ	ऽ	जा	ऽ	ऽ	ए	ऽ	ऽ	गा	ऽ	ऽ
X			0			X			0		

अंतरा

-	-	गं	-	गं	गं	मं	पं	पं	-	-	-
ऽ	ऽ	रा	ऽ	ग	द्वे	ऽ	ष	ऽ	में	ऽ	ऽ
-	-	मं	पं	मं	ग	मं	-	पं	पं	-	-
ऽ	ऽ	ह	रि	वि	स	रा	ऽ	ऽ	यो	ऽ	ऽ
-	-	पं	मं	गं	रें	गं	गं	-	मं	पं	-
ऽ	ऽ	भू	ऽ	ल	के	नि	ज	ऽ	को	ऽ	ऽ
-	-	मं	गं	रें	सं	सं	-	-	सं	-	-
ऽ	ऽ	ज	न	म	गं	वा	ऽ	ऽ	यो	ऽ	ऽ
X			0			X			0		

नोट—शेष अंतरे इसी प्रकार गाए-बजाए जाएंगे।

भक्त सूरदास-भजन

प्रभु मोरे अवगुण चित न धरो,
समदरसी प्रभु नाम तिहारो,
चाहे तो पार करो।
अवगुण चित न धरो...

1. इक लोहा पूजा में राखत,
इक घर बधिक परो।
पारस गुण अवगुण नहिं जानत,
कंचन करत खरो।
अवगुण चित न धरो...

2. इक नदिया एक नार कहावत,
मैलो ही नीर भर्यो।
जब मिलि दोनों एक बरन भई,
'सुरसरि' नाम पर्यो।
अवगुण चित न धरो...
प्रभु मोरे

3. एक जीव एक ब्रह्म कहावत,
सूर श्याम झगरो।
अब कि बेर मोहिं पार उतारो,
नहिं पन जात टरो।
अवगुण चित न धरो...

स्थायी (तीनताल)

-	-	-	-	-	-	-	-	-	म॑ध	म॑	ग	म॑	ध	नि	सं
ऽ	ऽ	ऽ	ऽ	ऽ	ऽ	ऽ	ऽ	ऽ	अव	गु	ण	चि	त	न	ध
रें	सं	-	-	नि	ध	म॑	ग	म॑-	ध-	म॑-	ग-	म॑	ध	नि	सं
रो	ऽ	ऽ	ऽ	प्र	भु	मो	रे	अऽ	वऽ	गुऽ	णऽ	चि	त	न	ध
रें	सं	-	-	रें	नि	म॑	ग	-	म॑ध	सं	सं	सं	-	रें	सं
रो	ऽ	ऽ	ऽ	प्र	भु	मो	रे	ऽ	सम	द	र	सी	ऽ	प्र	भु
नि	-	सं	रें	नि	ध	नि	ध	-	धनि	रें	गं	म॑	गं	रें	सं
ना	ऽ	म	ति	हा	ऽ	रो	ऽ	ऽ	चाऽ	हे	तो	पा	ऽ	र	क
नि	-	ध	-	म	-	ग	-	-							
रो	ऽ	ऽ	ऽ	ऽ	ऽ	ऽ	ऽ	ऽ							
X				2				0				3			

अंतरा

-	-	-	-	-	-	-	-	म॑	ग	रे	स	स	-	नि़	स
ऽ	ऽ	ऽ	ऽ	ऽ	ऽ	ऽ	ऽ	इ	क	लो	ऽ	हा	ऽ	पू	ऽ
ग	-	ग	-	म॑ध	म॑म॑	ग	ग	ग	म॑	ध	नि	सं	नि	म॑	ध
जा	ऽ	मे	ऽ	राऽ	ऽऽ	ख	त	ए	क	घ	र	ब	धि	क	प
सं	-	सं	-	नि	रें	सं	सं	ध	नि	रें	म॑	-	म॑	म॑	–
रो	ऽ	ऽ	ऽ	ऽ	ऽ	ऽ	ऽ	य	ही	ऽ	भे	ऽ	द	पा	ऽ
गं	गं	रें	रें	सं	-	नि	ध	म॑	नि	नि	नि	नि	नि	नि	सं
र	स	न	हि	जा	ऽ	न	त	कं	ऽ	च	न	क	र	त	ख
नि	-	ध	-	म॑	-	ग	ग	-							
रो	ऽ	ऽ	ऽ	ऽ	ऽ	ऽ	ऽ	ऽ							
X				2				0				3			

नोट–शेष अंतरे इसी प्रकार गाए-बजाए जाएंगे।

समर्पण-भजन

दोहा

राम नाम सोहि जानिए, जो रमता सकल जहान,
घट-घट में जो रम रहा, उसको राम पहचान।

तेरा राम जी करेंगे बेड़ा पार,
उदास मन काहे को करे रे।
काहे को करे रे, काहे को डरे।
तेरा राम जी... ...

1. नैया तेरी राम हवाले,
   लहर-लहर हरि आप संभाले,
   हरि, आप ही उठावे तेरा भार।
   उदास मन काहे को करे।
   तेरा राम जी...

2. काबू में मझधार उसी के,
   हाथों में पतवार उसी के।
   तेरी हार भी नहीं है तेरी हार,
   उदास मन काहे को करे।
   तेरा राम जी...

3. सहज किनारा मिल जाएगा,
   परम सहारा मिल जाएगा।
   डोरी सौंप के तू देख इक बार,
   उदास मन काहे को करे।
   तेरा राम जी...

स्थायी (ताल कहरवा)

-	-	-	-	प	-	प	-	प	-	गं	-	गं	गं	गं	रें
ऽ	ऽ	ऽ	ऽ	ते	ऽ	रा	ऽ	ऽ	ऽ	रा	ऽ	म	जी	ऽ	क
सं	-	नि	-	सं	रें	सं	-	नि	ध	नि	-	ध	-	प	-
रे	ऽ	गे	ऽ	वें	ऽ	ड़ा	ऽ	पा	ऽ	ऽ	ऽ	र	ऽ	उ	ऽ
ग	-	प	-	ध	-	सं	-	-	-	नि	ध	नि	ध	-	प
दा	ऽ	स	ऽ	म	ऽ	न	ऽ	ऽ	ऽ	का	ऽ	हे	को	ऽ	ड
प	-	-	-	प	-	-	-	-	-	गं	-	गं	रें	-	सं
रे	ऽ	ऽ	ऽ	ऽ	ऽ	ऽ	ऽ	ऽ	ऽ	का	ऽ	हे	को	ऽ	ड
सं	रें	रें	गं	गं	-	-	-	गं	-	रें	मं	गं	रें	-	सं
रे	ऽ	ऽ	ऽ	रे	ऽ	ऽ	ऽ	ऽ	ऽ	का	ऽ	हे	को	ऽ	ड
सं	ऽ	ऽ	ऽ												
रे	ऽ	ऽ	ऽ												
X				0				X				0			

अंतरा

-	-	-	-	रें	गं	रें	सां	सं	रें	रें	मं	मं	-	-	-
ऽ	ऽ	ऽ	ऽ	नै	ऽ	या	ऽ	ते	ऽ	ऽ	ऽ	री	ऽ	ऽ	ऽ
मं	-	गं	रें	-	मं	-	गं	रें	-	सं	नि	सं	नि	रें	-
ऽ	ऽ	प्र	भु	ऽ	के	ऽ	ह़	वा	ऽ	ऽ	ऽ	ले	ऽ	ऽ	ऽ
रे	-	रें	रें	-	सं	-	स	ध	-	प	-	ध	सं	सं	-
ऽ	ऽ	ल	ह	ऽ	र	ऽ	ल	ह	ऽ	र	ऽ	ह	ऽ	रि	ऽ
-	-	नि	ध	नि	ध	प	प	प	-	-	-	प	-	-	-
ऽ	ऽ	आ	ऽ	ऽ	प	ऽ	सं	भा	ऽ	ऽ	ऽ	ले	ऽ	ऽ	ऽ
प	-	-	-	प	-	प	-	प	-	गं	-	गं	गं	-	रें
ऽ	ऽ	ऽ	ऽ	ह	ऽ	रि	ऽ	ऽ	ऽ	आ	ऽ	प	ही	ऽ	उ
सं	-	नि	-	सं	रें	सां	-	नि	ध	नी	-	ध	प	प	-
ठा	ऽ	वे	ऽ	ते	ऽ	रा	ऽ	भ	ऽ	ऽ	ऽ	र	ऽ	उ	ऽ
ग	-	प	-	ध	-	सं	-	-	-	नि	ध	नि	ध	-	प
दा	ऽ	स	ऽ	म	ऽ	न	ऽ	ऽ	ऽ	का	ऽ	हे	को	ऽ	क
प	-	-	-												
रे	ऽ	ऽ	ऽ												
X				0				X				0			

नोट—शेष अंतरे इसी प्रकार गाए-बजाए जाएंगे।

आरती कृष्णजी

आरती कुंज बिहारी की,
श्री गिरधर कृष्ण मुरारी की।

1. गले में बैजंती माला,
बजावे मुरली मधुर बाला।
श्रवण में कुंडल झलकाला,
नंद के नंद श्री आनंद कंद।
राधिका रमण बिहारी की,
श्री गिरधर कृष्ण मुरारी की।
आरती कुंज बिहारी...

2. गगन सम अंग कांति काली,
राधिका चमक रही आली।
लतन में ठाढ़े बनमाली,
चन्द्र सी अलग, चंद्र सी झलक।
ललित छवि श्यामा प्यारी की,
श्री गिरधर कृष्ण मुरारी की।
आरती कुंज बिहारी...

3. जहां ये प्रकट भई गंगा,
कलुष कलि हारी श्री गंगा।
मरण पर होत मोह भंगा,
बसी शिव शशि, जटा के बीच।
चरण छबि श्री बनवारी की,
श्री गिरधर कृष्ण मुरारी की।
आरती कुंज बिहारी...

स्थायी (ताल कहरवा)

-	-	-	प	-	प	प	म	प	ध	नि	ध	प	-	म	ग
ऽ	ऽ	ऽ	आ	ऽ	र	ती	ऽ	कुं	ऽ	ज	वि	हा	ऽ	री	ऽ
रे	-	-	रे	ग	म	प	प	ग	-	ग	म	ग	रे	स	ऩि
की	ऽ	ऽ	श्री	गि	र	ध	र	कृ	ऽ	ष्ण	मु	रा	ऽ	री	ऽ
स	-	-													
की	ऽ	ऽ													
X				0				X				0			

अंतरा

-	-	-	नि	ध	-	प	-	प	नी	ध	प	ध	प	ग	म
ऽ	ऽ	ऽ	ग	ले	ऽ	मे	ऽ	बै	ऽ	जं	ऽ	ती	ऽ	मा	ऽ
प	-	-	नि	ध	-	प	-	प	नी	ध	प	ध	प	ग	म
ला	ऽ	ऽ	ब	जा	ऽ	वे	ऽ	मु	र	ली	म	घु	र	बा	ऽ
प	-	-	नि	ध	ध	प	-	प	नी	ध	प	ध	प	ग	म
ला	ऽ	ऽ	श्र	व	ण	में	ऽ	कुं	ऽ	ड	ल	झ	ल	का	ऽ
प	-	-	प	-	प	ध	-	प	-	प	प	प	-	ध	ध
ला	ऽ	ऽ	नं	ऽ	द	के	ऽ	नं	ऽ	द	श्री	आ	ऽ	नं	द
प	-	प	रे	प	प	प	-	प	सं	नि	ध	प	-	म	ग
कं	ऽ	द	रा	ऽ	धि	का	ऽ	र	म	ण	वि	हा	ऽ	री	ऽ
रे	-	-	रे	ग	म	प	प	ग	-	ग	म	ग	रे	स	ऩि
की	ऽ	ऽ	श्री	गि	र	ध	र	कृ	ऽ	ष्ण	मु	रा	ऽ	री	ऽ
स	-	-													
की	ऽ	ऽ													
X				0				X				0			

नोट–शेष अंतरे इसी प्रकार गाए-बजाए जाएंगे।

भजन-प्रभु कृपा पर

प्रभु हम पे दया करना,
प्रभु हम पे कृपा करना।
बैकुंठ तो यही है,
हृदय में रहा करना।
प्रभु हम पे...

1. तुम ही ने राग बनकर,
   बीणा के तार बनकर।
   प्रकटोगे नाथ मेरे,
   हृदय में प्यार बनकर।
   हर रागिनी की धुन पर,
   स्वर बन के उठा करना।
   प्रभु हम पे...

2. नाचेंगे मोर बनकर,
   हे श्याम तेरे द्वारे,
   घनश्याम छाए रहना,
   बन करके मेघ कारे,
   अमृत की धार बनकर,
   प्यासों पर दया करना।
   प्रभु हम पे...

3. तेरे वियोग में हम,
   दिन रात हैं उदासी,
   अपनी शरण में ले लो,
   हे नाथ ब्रज के वासी-2।
   तुम शब्द बनकर, हरदम
   प्राणों में रहा करना।
   प्रभु हम पे दया करना,
   प्रभु हम पे कृपा करना।

स्थायी (ताल कहरवा)

-	-	-	-	-	-	प	प	नि	ध	प	प	नि	ध	प	प
ऽ	ऽ	ऽ	ऽ	ऽ	ऽ	प्र	भु	ह	म	पे	द	या	ऽ	क	र
म॑	-	-	-	-	-	प	ध	सं	नि	प	ध	नि	-	ध	प
ना	ऽ	ऽ	ऽ	ऽ	ऽ	प्र	भु	ह	म	पे	कृ	पा	ऽ	क	र
प	-	-	-	-	-	प	रें	रें	रें	रें	रें	रें	गं	मं	ग
ना	ऽ	ऽ	ऽ	ऽ	ऽ	बै	ऽ	कुं	ऽ	ठ	तो	ऽ	य	ही	ऽ
रें	-	-	-	-	-	रें	सं	रें	मं	गं	रें	सं	-	नि	ध
है	ऽ	ऽ	ऽ	ऽ	ऽ	ह	ऽ	द	य	में	र	हा	ऽ	क	र
सं	नि	ध	नि	प	-										
ना	ऽ	ऽ	ऽ	ऽ	ऽ										
X				0				X				0			

अंतरा

-	-	-	-	-	-	प	रें	रें	-	रें	रें	सं	रें	नि	सं
ऽ	ऽ	ऽ	ऽ	ऽ	ऽ	तु	म	ही	ऽ	ने	रा	ऽ	ग	ब	न
रें	रें	-	-	-	-	गं	-	मं॑	-	गं	रें	-	सं	मं॑	रें
क	र	ऽ	ऽ	ऽ	ऽ	वीं	ऽ	णा	ऽ	के	ता	ऽ	र	ब	न
नि	नि	ध	नि	ध	प,	प	रें	रें	-	रें	रें	सं	रें	नि	सं
क	र	ऽ	ऽ	ऽ	ऽ	प्र	ग	टो	ऽ	गे	ना	ऽ	थ	मे	ऽ
रें	-	रें	-	रें	रें	गं	-	मं	मं	गं	रें	-सां	मं	रें	नि
रे	ऽ	ऽ	ऽ	ऽ	ऽ	ह	र	द	य	में	प्या	ऽ	र	ब	न
नि	ध	नि	ध	प	-	प	प	नि	ध	प	प	नि	ध	प	प
क	र	ऽ	ऽ	ऽ	ऽ	ह	र	रा	ऽ	ग	नी	की	ऽ	धु	न
म॑	-	-	-	-	-	प	ध	सं	नि	प	ध	नि	-	ध	प
पे	ऽ	ऽ	ऽ	ऽ	ऽ	स्व	र	ब	न	के	उ	ठा	ऽ	क	र
प	-	-	-	-	-										
ना	ऽ	ऽ	ऽ	ऽ	ऽ										
X				0				X				0			

नोट–शेष अंतरे इसी प्रकार गाए-बजाए जाएंगे।

भक्त सूरदास-भजन

कैसा बैठा रे आलस में प्राणी,
तोसे राम कहूयो नहिं जाए रे,
तोसे श्याम कहूयो नहिं जाए रे।
कैसे बैठा रे....................

1. भोर भयो मल-मल मुख धोए,
दिन चढ़ते ही उदर टटोये-2।
बातन-बातन सब दिन खोयो,
सांझ भई पलंगा पर सोयो-2
सोवत-सोवत उमर बीत गई,
काल शीश मंडराये रे।
तोसे राम कहूयो नहिं जाए रे।
कैसे बैठ्या रे......

2. लख चौरासी में भरमायो,
बड़े भाग से नर तन पायो।
अब की चूक न जाना भाई,
लुट न जाए, फिर ये कमाई।
''सूरश्याम'' समय फिर ऐसो,
बार-बार नहिं आए रे।
तो से राम कहूयो नहिं जाए रे।
कैसा बैठा रे....................

स्थायी (ताल दादरा)

-	**-**	**-**	**ग**	**ग**	**-**	**म**	**प**	**प**	**-**	**प**	**-**
ऽ	ऽ	ऽ	कै	सा	ऽ	ऽ	ऽ	बै	ऽ	ठा	ऽ
प	**-**	**-**	**ध॒**	**प**	**म**	**म**	**म**	**-**	**ध॒**	**प**	**-**
रे	ऽ	ऽ	आ	ऽ	ऽ	ल	स	ऽ	में	ऽ	ऽ
म	**ग**	**-**	**रे**	**स**	**-**	**ग**	**म**	**रे**	**रे**	**स**	**नि़॒**
प्रा	ऽ	ऽ	णी	ऽ	ऽ	कृ	ऽ	ष्ण	क	हूयो	ऽ
स	**रे**	**-**	**ग**	**-**	**-**	**म**	**रे**	**-**	**स**	**नि़**	**-**
न	हिं	ऽ	जा	ऽ	ऽ	ए	ऽ	ऽ	रे	ऽ	ऽ

रे	**रे**	-	-	-	**ग**	**म**	**ग**	**रे**	**स**	**नि़**	-
तो	से	ऽ	ऽ	ऽ	रा	ऽ	म	क	हूयो	ऽ	ऽ
स	**रे**	-	**ग**	**रे**	**रे**	**स**	-	-	**स**	-	-
न	हिं	ऽ	जा	ऽ	ऽ	ए	ऽ	ऽ	रे	ऽ	ऽ
स	-	-									
ऽ	ऽ	ऽ									
X			0			X			0		

अंतरा

-	-	**सं**	**नि**	**ध**	**नि**	**ध**	**प**	-	**प**	**प**	-
ऽ	ऽ	भो	ऽ	र	भ	यो	ऽ	ऽ	म	ल	ऽ
-	-	**सं**	**नि**	**ध**	**नि**	**ध**	**प**	-	**प**	-	-
ऽ	ऽ	म	ल	मु	ख	धो	ऽ	ऽ	ये	ऽ	ऽ
-	-	**नि**	**नि**	**नि**	**नि**	**ध**	-	-	**प**	**म**	-
ऽ	ऽ	दि	न	च	ढ़	ते	ऽ	ऽ	ही	ऽ	ऽ
-	-	**प**	**प**	**ध**	**सं**	**ध**	-	-	**प**	-	-
ऽ	ऽ	उ	द	र	ट	टो	ऽ	ऽ	ये	ऽ	ऽ
-	-	**सं**	**नि**	**ध**	**नि**	**ध**	**प**	-	**प**	**प**	-
ऽ	ऽ	बा	ऽ	त	न	बा	ऽ	ऽ	त	न	ऽ
-	-	**सं**	**नि**	**ध**	**नि**	**ध**	**प**	-	**प**	-	-
ऽ	ऽ	स	ब	दि	न	खो	ऽ	ऽ	यो	ऽ	ऽ
-	-	**नि**	**नि**	**नि**	**नि**	**ध**	-	-	**प**	**म**	-
ऽ	ऽ	सां	ऽ	झ	भ	ई	ऽ	ऽ	प	लं	ऽ
-	-	**प**	-	**ध**	**सं**	**ध**	-	-	**प**	-	-
ऽ	ऽ	गा	ऽ	प	र	सो	ऽ	ऽ	यो	ऽ	ऽ
-	-	**नि**	-	**सं**	**रें**	**नि**	**सं**	**नि**	**ध**	**प**	-
ऽ	ऽ	सो	ऽ	व	त	सो	ऽ	ऽ	व	त	ऽ
-	-	**प**	**प**	**ध**	**प**	**म**	**ग**	-	**रे**	**स**	-
ऽ	ऽ	उ	म	र	बी	ऽ	त	ऽ	ग	ई	ऽ
-	-	**ग**	**म**	**ग**	**रे**	**स**	**नि़**	**नि़**	**स**	**रे**	**रे**
ऽ	ऽ	का	ऽ	ल	शी	ऽ	श	ऽ	म	ड़	ऽ
ग	-	**ग**	**म**	**रे**	**रे**	**स**	**नि़**	-			
ऽ	ऽ	रा	ऽ	ए	ऽ	रे	ऽ	ऽ			
X			0			X			0		

नोट–शेष अंतरे इसी प्रकार गाए-बजाए जाएंगे।

भक्त सूरदास-भजन

मैया मोरी मैं नहिं माखन खायो-2

1. भोर भयो गउवन के पीछे,
   तूने मधुबन मोहिं पठायो।
   मैं नहिं माखन खायो
   चार प्रहर वंशी-वन भटक्यो,
   सांझ भये घर आयो।
   मैया, मैं नहिं माखन खायो
2. तू ही निरख नान्हे कर अपने,
   मैं कैसे करि पायो।
   ग्वाल-बाल सब बैर परे हैं,
   बरबस मुख लिपटायो।
   मैया मैं नहि माखन खायो
3. यह लै अपनी लकुटि कमरिया,
   तूने बहुतहि नाच नचायो।
   'सूरदास' तब हंसी जसोदा,
   लै उर कंठ लगायो।
   मैया, मैं नहि माखन खायो

स्थायी (ताल कहरवा)

-	-	-	सं	-	नि	नि	-	ध	-	म	प	-	ध	-	नि
ऽ	ऽ	ऽ	मै	ऽ	न	हि	ऽ	मा	ऽ	ऽ	ऽ	ऽ	ख	ऽ	न
ध	-	-	प	म	-	-	-	म	-	प	-	म	-	ग	-
खा	ऽ	ऽ	ऽ	यो	ऽ	ऽ	ऽ	मै	ऽ	या	ऽ	मो	ऽ	री	ऽ
ग	-	-	सं	-	नि	नि	-	प	ध	म	प	-	ध	-	नि
ऽ	ऽ	ऽ	मै	ऽ	न	हि	ऽ	मा	ऽ	ऽ	ऽ	ऽ	ख	ऽ	न
ध	-	-	प	म	-	म	म	म	-	प	-	म	-	ग	-
खा	ऽ	ऽ	ऽ	यो	ऽ	सु	न	मै	ऽ	या	ऽ	मो	ऽ	री	ऽ
ग	-	-													
ऽ	ऽ	ऽ													
X				0				X				0			

अंतरा

-	-	-	प-	-	नि	नि	नि	सं	-	-	-	सं	-	-	-
ऽ	ऽ	ऽ	भो	ऽ	र	ऽ	भ	यो	ऽ	ऽ	ऽ	ग	ऽ	उ	ऽ
सं	-	-	नि	नि	-	सं	-	नि	रें	सं	रें	नि	ध	प	प
ऽ	ऽ	ऽ	व	न	ऽ	के	ऽ	पा	ऽ	ऽ	ऽ	छे	ऽ	ऽ	ऽ
प	-	-	मं	मं	मं	मं	-	सं	सं	सं	सं	सं	-	सं	रें
ऽ	ऽ	ऽ	म	धु	ब	न	ऽ	मो	ऽ	ऽ	ऽ	ही	ऽ	पा	ऽ
ध	-	नि	-	ध	ध	प	-	प	-	-	-	प	-	-	-
ठा	ऽ	ऽ	ऽ	यो	ऽ	ऽ	ऽ	ऽ	ऽ	ऽ	ऽ	ऽ	ऽ	ऽ	ऽ
प	-	-	रें	-	-	रें	-	सं	रें	सं	नि	-	नि	-	-
ऽ	ऽ	ऽ	चा	ऽ	ऽ	र	ऽ	प्र	ह	ऽ	र	ऽ	व	ऽ	ऽ
नि	-	-	नि	रें	सं	रें	-	ध	-	सं	-	नि	-	ध	-
ऽ	ऽ	ऽ	शी	ऽ	ब	न	ऽ	भ	ऽ	ट	ऽ	क्यों	ऽ	ऽ	ऽ
ध	-	-	सं	मं	मं	मं	मं	प	ध	-	-	नि	ध	सं	सं
ऽ	ऽ	ऽ	साँ	ऽ	झ	ऽ	प	रे	ऽ	ऽ	ऽ	घ	ऽ	र	ऽ
नि	ध	-	प	म	म	म	म	म	-	प	-	म	-	ग	-
आ	ऽ	ऽ	यो	ऽ	ऽ	सु	न	मै	ऽ	या	ऽ	मो	ऽ	री	ऽ
ग	-	-													
ऽ	ऽ	ऽ													
X				0				X				0			

नोट–शेष अंतरे इसी प्रकार गाए-बजाए जाएंगे।

कबीरदास-भजन

    भजो रे भैया राम गोविंद हरी-2
1. जप-तप साधन कहु नहिं लागत,
   खरचत नहिं गठरी।
   भजो रे भैया...
2. संतति संपति सुख के कारण,
   जासो भूल परी।
   भजो रे भैया...
3. कहत कबीर राम नहिं जा मुख,
   वा मुख धूल भरी...
   भजो रे भैया राम गोविंद हरी।

स्थायी (ताल कहरवा)

-	-	-	प	सं	नि	-	सं	नि	-	ध	प	-	म	-	ग
ऽ	ऽ	ऽ	रा	ऽ	म	ऽ	गों	विं	ऽ	ऽ	ऽ	ऽ	द	ऽ	ह
म	-	-	-	म	-	स	-	रे	म	म	-	प	ध	ध	-
रे	ऽ	ऽ	ऽ	ऽ	ऽ	भ	ऽ	जो	ऽ	रे	ऽ	भै	ऽ	या	ऽ
ध	-	-	प	सं	नि	-	सं	नि	ध	प	ध	प	म	-	ग
ऽ	ऽ	ऽ	रा	ऽ	म	ऽ	गो	वि	ऽ	ऽ	ऽ	ऽ	द	ऽ	ह
म	-	-	-	म	म	सं	-	नि	सं	सं	नि	ध	प	म	ग
रे	ऽ	ऽ	ऽ	ऽ	ऽ	भ	ऽ	जो	ऽ	रे	ऽ	मै	ऽ	या	ऽ
ग	-	-	ग	म	रे	ग	-	म	-	-	ग	प	-	म	-
ऽ	ऽ	ऽ	ज	प	त	प	ऽ	सा	ऽ	ऽ	ऽ	ध	ऽ	न	ऽ
म	-	-	ध	प	-	ध	नि	-	ध	प	ध	प	म	-	म
ऽ	ऽ	ऽ	क	छु	ऽ	न	हि	ऽ	ला	ऽ	ऽ	ऽ	ग	ऽ	त
म	-	-	सं	सं	-	सं	सं	-	प	-	ध	-	नि	रें	सां
ऽ	ऽ	ऽ	ख	र	ऽ	च	त	ऽ	न	ऽ	हि	ऽ	ग	ऽ	ठ
रें	नि	ध	प	ध	म	-	स	-	रे	म	म	-	प	ध	ध
ऽ	री	ऽ	ऽ	ऽ	ऽ	ऽ	भ	ऽ	जो	ऽ	रे	ऽ	भै	ऽ	या
ध	-	-													
ऽ	ऽ	ऽ													
X				0				X				0			

अंतरा

-	-	-	ग	स	ग	ग	-	म	-	म	ग	प	म	म	-
ऽ	ऽ	ऽ	सं	ऽ	त	त	ऽ	सं	ऽ	ऽ	ऽ	प	ऽ	ति	ऽ
म	-	-	ध	प	ध	नि	-	ध	-	-	प	म	-	म	-
ऽ	ऽ	ऽ	सु	ख	के	ऽ	ऽ	का	ऽ	ऽ	ऽ	र	ऽ	न	ऽ
म	-	-	सं	-	सं	-	-	प	-	ध	-	नि	-	सं	-
ऽ	ऽ	ऽ	जा	ऽ	सो	ऽ	ऽ	भू	ऽ	ऽ	ऽ	ल	ऽ	प	ऽ
नि	ध	प	ध	म	-	स	-	रे	म	म	-	प	ध	ध	-
री	ऽ	ऽ	ऽ	ऽ	ऽ	भ	ऽ	जो	ऽ	रे	ऽ	भै	ऽ	या	ऽ
ध	-	-													
ऽ	ऽ	ऽ													
X				0				X				0			

नोट–शेष अंतरे इसी प्रकार गाए-बजाए जाएंगे।

संत कबीर के दोहे

1. माटी कहे कुम्हार से, तू क्यों रूंदे मोहे,
   एक दिन ऐसा होएगा, मैं रूंदूंगी तोहे।
2. चलती चाकी देख के, दिया कबीरा रोय,
   दो पाटन के बीच में, साबुत बचा न कोय।
3. आये हैं सो जाएंगे, राजा रंक फकीर,
   इक सिंहासन चढ़ि चले, एक बंधे जंजीर।
4. दुर्बल को न सताइए, जाकी मोटी हाय,
   मुई खाल की श्वांस सो, लौह भस्म हो जाए।
5. बड़ा हुआ तो क्या हुआ, जैसे पेड़ खजूर,
   पंथी को छाया नहीं, फल लागे अति दूर।
6. कबिरा यह जग आय के, सबसे मिलिए धाय,
   ना जाने किस भेष में, नारायण मिल जाय।
7. हाड़ जरै ज्यों लाकड़ी, केश जरै ज्यों घास,
   सब जग जलता देख के, भये कबीर उदास।
8. मांटी कहे कुम्हार से, तू क्यों रूंदे मोहे,
   एक दिन ऐसा होएगा, मैं रूंदूंगी तोहे।

स्थायी (ताल कहरवा)

स	**-**	**रे**	**म**	**म**	**म**	**प**	**ध**	**ध**	**प**	**-**	**म**	**म**	**म**	**प**	**ध**
मा	ऽ	टी	ऽ	क	हे	ऽ	कु	म्हा	ऽ	ऽ	र	से	ऽ	ऽ	ऽ
म	**ध**	**ध**	**ध**	**सां**	**सां**	**ध**	**प**	**प**	**-**	**-**	**-**	**म**	**ग**	**रे**	**स**
तू	ऽ	क्यों	ऽ	रूं	ऽ	दे	ऽ	मो	ऽ	ऽ	ऽ	हे	ऽ	ऽ	ऽ
स	**प**	**प**	**प**	**प**	**-**	**प**	**म**	**-**	**प**	**ध**	**प**	**म**	**ग**	**रे**	**-**
ए	क	दि	न	ऐ	ऽ	सा	ऽ	ऽ	हो	ऽ	य	गा	ऽ	ऽ	ऽ
रे	**-**	**ग**	**-**	**म**	**ध**	**प**	**म**	**म**	**-**	**-**	**ग**	**प**	**म**	**ग**	**रे**
मैं	ऽ	रूं	ऽ	दूं	ऽ	गी	ऽ	तो	ऽ	ऽ	ऽ	हे	ऽ	ऽ	ऽ
रे	**ग**	**म**	**ध**	**नि**	**ध**	**प**	**म**	**म**	**-**	**-**	**-**	**म**	**-**	**-**	**-**
मैं	ऽ	रूं	ऽ	दूं	ऽ	गी	ऽ	तो	ऽ	ऽ	ऽ	हे	ऽ	ऽ	ऽ
X				0				X				0			

अंतरा

म	**म**	**म**	**म**	**ध**	**-**	**ध**	**म**	**ध**	**नि**	**सं**	**नि**	**सं**	**-**	**-**	**-**
च	ल	ती	ऽ	चा	ऽ	की	ऽ	दे	ऽ	ऽ	ख	के	ऽ	ऽ	ऽ
प	**सं**	**-**	**सं**	**सं**	**-**	**सं**	**रे**	**नि**	**-**	**-**	**-**	**ध**	**ध**	**प**	**म**
दि	या	ऽ	क	बी	ऽ	रा	ऽ	रो	ऽ	ऽ	ऽ	य	ऽ	ऽ	ऽ
प	**नी**	**नी**	**-**	**नि**	**नि**	**नि**	**-**	**-**	**सं**	**रें**	**सं**	**नि**	**ध**	**प**	**-**
दो	ऽ	पा	ऽ	ट	न	के	ऽ	ऽ	बी	ऽ	च	में	ऽ	ऽ	ऽ
ग	**प**	**प**	**ध**	**नि**	**ध**	**प**	**म**	**म**	**-**	**-**	**-**	**म**	**-**	**-**	**-**
सा	ऽ	बु	त	ब	चा	ऽ	न	को	ऽ	ऽ	ऽ	य	ऽ	ऽ	ऽ
स	**म**	**म**	**म**	**ध**	**-**	**ध**	**म**	**ध**	**नि**	**सं**	**नि**	**सं**	**-**	**-**	**-**
आ	ऽ	ये	हैं	ऽ	सो	ऽ	ऽ	जा	ऽ	एं	गे	ऽ	ऽ	ऽ	ऽ
प	**सं**	**सं**	**सं**	**रें**	**सं**	**नि**	**नि**	**-**	**-**	**-**	**ध**	**-**	**प**	**म**	**-**
रा	ऽ	जा	रं	ऽ	क	फ	की	ऽ	ऽ	ऽ	र	ऽ	ऽ	ऽ	ऽ
प	**नि**	**नि**	**नि**	**नि**	**नि**	**नि**	**-**	**सं**	**रें**	**रें**	**सं**	**ध**	**प**	**प**	**-**
इ	क	सिं	हा	ऽ	स	न	ऽ	च	ढ़ि	ऽ	च	ले	ऽ	ऽ	ऽ
प	**प**	**ध**	**नि**	**ध**	**प**	**म**	**म**	**-**	**-**	**-**	**म**	**-**	**-**	**-**	**-**
ए	क	बं	धे	ऽ	जं	ऽ	जी	ऽ	ऽ	ऽ	र	ऽ	ऽ	ऽ	ऽ
X				0				X				0			

नोट शेष अंतरे इसी प्रकार गाए-बजाए जाएंगे।

कबीरदास-भजन

राम सुमिर के रहम करे ना,
फिर कैसे सुख पाएगा।
कृष्ण सुमिर के करम करे ना,
यूं ही जग से जाएगा।
राम सुमिर के...

1. ओ भगवान को भजने वाले,
क्या भगवान को जाना है।
पास-पड़ोस दुखी दीनों में,
क्या उसको पहचाना है।
जब तक तेरी खुदी न टूटे,
खुदा नजर ना आएगा।
राम सुमिर के...

2. ये संसार करम की खेती,
जो बोए वो ही पाएगा।
प्रेम-प्यार से सींच ले जीवन,
ये अवसर फिर न आएगा।
चार दिनों का जीवन है ये,
कब-तक ठोकर खाएगा।
राम सुमिर के...

3. शरण बिना जाप है निष्फल,
निष्फल है जीवन तेरा।
जनम-मरण का साथ न छूटे,
कहें कबीर दुख नित घेरा 2।
पाप गठरिया भारी हो गई,
कैसे बोझ उठाएगा।
राम सुमिर के...

स्थायी (ताल कहरवा)

-	**-**	**-**	**प**	**-**	**प**	**-**	**प**	**सं**	**-**	**सं**	**-**	**नि**	**-**	**-**	**-**
ऽ	ऽ	ऽ	रा	ऽ	म	ऽ	सु	मि	ऽ	र	ऽ	के	ऽ	ऽ	ऽ
नि	**-**	**-**	**प**	**ध**	**प**	**म**	**म**	**नि**	**-**	**-**	**-**	**नि**	**-**	**-**	**-**
ऽ	ऽ	ऽ	रे	ह	म	ऽ	क	रे	ऽ	ऽ	ऽ	ना	ऽ	ऽ	ऽ
नि	**-**	**-**	**ग**	**ग**	**प**	**-**	**-**	**प**	**-**	**-**	**-**	**ध**	**-**	**सं**	**-**
ऽ	ऽ	ऽ	फि	र	कै	ऽ	ऽ	से	ऽ	ऽ	ऽ	सु	ऽ	ख	ऽ
सं	**-**	**-**	**ध**	**नि**	**ध**	**प**	**-**	**सं**	**-**	**सं**	**-**	**नि**	**-**	**-**	**-**
ऽ	ऽ	ऽ	पा	ऽ	ए	ऽ	ऽ	गा	ऽ	ऽ	ऽ	ऽ	ऽ	ऽ	ऽ
प	**-**	**-**	**प**	**-**	**प**	**-**	**प**	**सं**	**-**	**सं**	**-**	**नि**	**-**	**-**	**-**
ऽ	ऽ	ऽ	कृ	ऽ	ष्ण	ऽ	सु	मि	ऽ	र	ऽ	के	ऽ	ऽ	ऽ

नि	-	-	प	ध	प	म	म	नि	-	-	-	नि	-	-	-
ऽ	ऽ	ऽ	क	र	म	ऽ	क	रे	ऽ	ऽ	ऽ	ना	ऽ	ऽ	ऽ
नि	-	-	-	ग	-	प	-	-	प	-	प	-	ध	-	सं
ऽ	ऽ	ऽ	ऽ	यूं	ऽ	ही	ऽ	ऽ	ज	ऽ	ग	ऽ	से	ऽ	ऽ
सं	-	-	ध	नि	-	ध	प	-	प	-	-	प	-	-	-
ऽ	ऽ	ऽ	जा	ऽ	ऽ	ए	ऽ	ऽ	गा	ऽ	ऽ	ऽ	ऽ	ऽ	ऽ
प	-	-													
ऽ	ऽ	ऽ													
X				0				X				0			

अंतरा

-	-	-	रें	-	रें	रें	-	नि	-	सं	-	नि	-	ध	-
ऽ	ऽ	ऽ	ओ	ऽ	भ	ग	ऽ	वा	ऽ	ऽ	ऽ	न	ऽ	को	ऽ
ध	-	-	नि	नि	नि	सं	-	सं	-	-	-	सं	-	-	-
ऽ	ऽ	ऽ	भ	ज	ने	ऽ	ऽ	वा	ऽ	ऽ	ऽ	ले	ऽ	ऽ	ऽ
सं	-	-	रें	मं	मं	मं	-	गं	मं	गं	मं	रें	-	सं	-
ऽ	ऽ	ऽ	क्या	ऽ	भ	ग	ऽ	वा	ऽ	ऽ	ऽ	न	ऽ	को	ऽ
सं	-	-	-	सं	-	-	-	सं	-	-	-	सं	-	-	-
जा	ऽ	ऽ	ऽ	ना	ऽ	ऽ	ऽ	है	ऽ	ऽ	ऽ	ऽ	ऽ	ऽ	ऽ
सं	-	-	सं	रें	रें	-	रें	सं	रें	सं	रें	नि	-	ध	-
ऽ	ऽ	ऽ	पा	ऽ	स	ऽ	प	डो	ऽ	ऽ	ऽ	स	ऽ	दु	ऽ
नि	-	नि	सं	सं	-	-	-	सं	-	-	-	सं	-	-	-
खी	ऽ	ऽ	ऽ	दी	ऽ	ऽ	ऽ	नो	ऽ	ऽ	ऽ	में	ऽ	ऽ	ऽ
सं	-	-	रें	मं	मं	मं	-	गं	मं	गं	मं	रें	-	सं	-
ऽ	ऽ	ऽ	क्या	ऽ	उ	स	ऽ	को	ऽ	ऽ	ऽ	प	ऽ	ह	ऽ
सं	-	-	-	सं	-	-	-	सं	-	-	-	सं	-	-	-
चा	ऽ	ऽ	ऽ	ना	ऽ	ऽ	ऽ	है	ऽ	ऽ	ऽ	ऽ	ऽ	ऽ	ऽ
रें	पं	पं	षं	पं	-	पं	-	मं	पं	-	मं	गं	रें	रें	-
ज	ब	त	क	ते	ऽ	री	ऽ	खु	दी	ऽ	न	टू	ऽ	टे	ऽ
रें	सं	-	रें	सं	सं	सं	-	नि	-	ध	-	नि	-	ध	प
खु	दा	ऽ	न	ज	र	ना	ऽ	आ	ऽ	ए	ऽ	गा	ऽ	ऽ	ऽ
ध	सं	-	नि	ध	नि	ध	प	प	-	प	-	प	-	-	-
खु	दा	ऽ	न	ज	र	ना	ऽ	आ	ऽ	ए	ऽ	गा	ऽ	ऽ	ऽ
प	-	-													
ऽ	ऽ	ऽ													
X				0				X				0			

नोट शेष अंतरे इसी प्रकार गाए-बजाए जाएंगे।

कबीरदास-भजन

कबीरा जब हम पैदा हुए, जग हंसे हम रोए,
ऐसी करनी कर चलो, हम हंसे जग रोए।
चदरिया झीनी रे झीनी,
राम नाम रस भीनी चदरिया।
झीनी रे झीनी.............

1. अष्ट कमल का चरखा बनाया,
   पांच तत्व की पूनी।
   नौ-दस मास बुनन को लागे,
   मूरख मैली कीन्हीं चदरिया।
   झीनी रे झीनी.............

2. जब मोरी चादर बन घर आई,
   रंगरेज को दीन्हीं।
   ऐसा रंग रंगा रंगरेज ने,
   कि लालो लाल कर दीन्हीं चदरिया।
   झीनी रे झीनी.............

3. चादर ओढ़ शंका मत करिओ,
   ये दो दिन तुमको दीन्हीं।
   मूरख लोग भेद नहीं जाने,
   दिन-दिन मैली कीन्हीं चदरिया।
   झीनी रे झीनी.............

4. ध्रुव, प्रह्लाद, सुदामा ने ओढ़ी,
   शुकदेव ने निर्मल कीन्हीं।
   दास कबीर ने ऐसी ओढ़ी,
   ज्यूं की त्यूं धर दीन्हीं चदरिया।
   झीनी रे झीनी.............
   राम-नाम रस भीनी चदरिया
   झीनी रे झीनी.............

स्थायी (ताल कहरवा)

-	-	-	म	रे	रे	म	-	प	नी	म	प	नि	-	-	-
ऽ	ऽ	ऽ	झी	ऽ	ऽ	नी	ऽ	रे	ऽ	ऽ	ऽ	बी	ऽ	ऽ	ऽ
सं	-	-	-	सं	-	प	-	प	ध	ध	प	म	ग	रे	ग
नी	ऽ	ऽ	ऽ	ऽ	ऽ	च	ऽ	द	ऽ	रि	ऽ	या	ऽ	ऽ	ऽ
स	-	-	म	रे	रे	म	-	प	नी	म	प	नि	-	-	-
ऽ	ऽ	ऽ	झी	ऽ	ऽ	नी	ऽ	रे	ऽ	ऽ	ऽ	बी	ऽ	ऽ	ऽ
सं	-	-	-	सं	-	-	-	सं	-	-	-	सं	-	-	-
नी	ऽ	ऽ	ऽ	ऽ	ऽ	ऽ	ऽ	ऽ	ऽ	ऽ	ऽ	ऽ	ऽ	ऽ	ऽ
सं	-	-	सं	रं	नि	-	नि	ध	-	-	-	प	-	प	-
ऽ	ऽ	ऽ	रा	ऽ	म	ऽ	ना	ऽ	ऽ	ऽ	म	र	ऽ	स	ऽ
म	प	ध	म	-	-	म	ग	रे	ग	म	ग	रे	-	स	-
भी	ऽ	ऽ	नी	ऽ	ऽ	च	ऽ	द	ऽ	रि	ऽ	या	ऽ	ऽ	ऽ
स	-	-													
ऽ	ऽ	ऽ													
X				0				X				0			

अंतरा

-	-	-	स	म	म	-	म	म	-	म	-	म	-	म	ग
ऽ	ऽ	ऽ	अ	ऽ	ष्ट	ऽ	क	म	ऽ	ल	ऽ	का	ऽ	ऽ	ऽ
ग	-	-	म	प	प	-	प	प	-	-	-	ध	प	म	-
ऽ	ऽ	ऽ	च	र	खा	ऽ	ब	ना	ऽ	ऽ	ऽ	या	ऽ	ऽ	ऽ
म	-	-	ध	-	ध	-	नि	ध	-	प	-	ध	-	प	म
ऽ	ऽ	ऽ	पां	ऽ	च	ऽ	त	ऽ	ऽ	ऽ	त्व	की	ऽ	ऽ	ऽ
म	-	-	प	प	-	प	-	ध	प	ध	प	म	ग	रे	स
पू	ऽ	ऽ	ऽ	नी	ऽ	ऽ	ऽ	ऽ	ऽ	ऽ	ऽ	ऽ	ऽ	ऽ	ऽ
स	-	-	प	नी	नी	नी	-	नी	-	-	-	नी	-	नी	-
ऽ	ऽ	ऽ	न	व	द	स	ऽ	मा	ऽ	ऽ	ऽ	स	ऽ	बु	ऽ
नि	-	नि	सं	सं	-	-	रें	सं	-	-	-	सं	-	-	-
न	ऽ	न	ऽ	को	ऽ	ऽ	ऽ	ला	ऽ	ऽ	ऽ	गे	ऽ	ऽ	ऽ
प	-	-	सं	रें	नि	नि	-	ध	-	-	-	प	-	-	-
ऽ	ऽ	ऽ	मू	ऽ	र	ख	ऽ	मै	ऽ	ऽ	ऽ	ली	ऽ	ऽ	ऽ
प	-	-	प	ध	म	-	म	ग	रे	ग	रे	स	नि़	स	-
ऽ	ऽ	ऽ	की	ऽ	ही	ऽ	च	द	ऽ	रि	ऽ	या	ऽ	ऽ	ऽ
स	-	-													
ऽ	ऽ	ऽ													
X				0				X				0			

नोट–शेष अंतरे इसी प्रकार गाए-बजाए जाएंगे।

कबीरदास-भजन

हमका ओढ़ावे चदरिया चलत बेरिया।
1. प्राण राम जब निकसन लागे,
   उलट गई जब नैन पुतरिया।
   चलत बेरिया.............
   हमका ओढ़ावे चदरिया चलत बेरिया,
2. भीतर से जब बाहर लाए,
   छूट गई सब महल अंटरिया।
   चलत बेरिया.............
   हमका ओढ़ावे चदरिया चलत बेरिया,
3. चार जना मिल खाट उठाइन,
   रोवत ले चले डगर-डगरिया।
   चलत बेरिया.............
   हमका ओढ़ावे चदरिया चलत बेरिया,
4. कहत 'कबीर' सुनो भई साधो,
   संग जाए वहि सूखी लकड़िया।
   चलत बेरिया.............
   हमका ओढ़ावे चदरिया चलत बेरिया।

स्थायी (ताल दादरा)

स	**रे**	**स**	**-**	**-**	**स**	**ध**	**-**	**ध**	**-**	**-**	**ध**
ह	म	का	ऽ	ऽ	ओ	ढ़ा	ऽ	वे	ऽ	ऽ	च
प	**ध**	**प**	**म**	**म**	**म**	**ग**	**म**	**ग**	**रे**	**ग**	**रे**
द	रि	या	ऽ	ऽ	च	ल	त	ऽ	बे	ऽ	रि
सा	**-**	**-**	**-**	**-**	**सा**	**स**	**-**	**म**	**-**	**प**	**ध**
या	ऽ	ऽ	ऽ	ऽ	ऽ	ऽ	ऽ	प्रा	ऽ	ण	रा
नि	**-**	**नि**	**सं**	**सं**	**-**	**-**	**-**	**नि**	**नि**	**सं**	**रें**
ऽ	ऽ	म	ज	ब	ऽ	ऽ	ऽ	नि	क	स	न
नि	**सं**	**नि**	**ध**	**प**	**ध**	**प**	**म**	**नि**	**नि**	**सं**	**रे**
ला	ऽ	ऽ	गे	ऽ	ऽ	ऽ	ऽ	उ	ल	ट	ग
नि	**सं**	**नि**	**ध**	**प**	**-**	**-**	**-**	**ध**	**-**	**ध**	**ध**
यी	ऽ	ऽ	ज	ब	ऽ	ऽ	ऽ	नै	ऽ	न	पु
प	**ध**	**प**	**म**	**-**	**म**	**ग**	**म**	**ग**	**रे**	**ग**	**रे**
त	रि	या	ऽ	ऽ	च	ल	त	ऽ	बे	ऽ	रि
स	**-**	**-**	**स**	**-**	**-**						
या	ऽ	ऽ	ऽ	ऽ	ऽ						
X			0			X			0		

अंतरा

-	**-**	**म**	**-**	**प**	**ध**	**नि**	**-**	**-**	**सं**	**-**	**-**
ऽ	ऽ	भी	ऽ	त	र	से	ऽ	ऽ	ज	ब	ऽ
-	**-**	**नि**	**-**	**सं**	**रें**	**नि**	**सं**	**नि**	**ध**	**प**	**ध**
ऽ	ऽ	बा	ऽ	ह	र	ला	ऽ	ऽ	ये	ऽ	ऽ
प	**म**	**नि**	**-**	**सं**	**रें**	**नि**	**सं**	**नि**	**ध**	**प**	**-**
ऽ	ऽ	छू	ऽ	ट	ग	ई	ऽ	ऽ	स	ब	ऽ
-	**-**	**प**	**ध**	**ध**	**ध**	**प**	**ध**	**प**	**म**	**-**	**म**
ऽ	ऽ	म	ह	ल	अं	ट	रि	या	ऽ	ऽ	च
ग	**म**	**ग**	**रे**	**ग**	**रे**	**स**	**-**	**-**	**-**	**-**	**-**
ल	त	ऽ	बे	ऽ	रि	या	ऽ	ऽ	ऽ	ऽ	ऽ
X			0			X			0		

नोट–शेष अंतरे इसी प्रकार से गाए-बजाए जाएंगे।

कबीरदास-भजन

    रहना नहिं देश बिराना है।
1. यह संसार कागज की पुड़िया,
    बूंद पड़े गलि जाना है।
    रहना नहिं देश.............
2. यह संसार कांटों की झाड़ी,
    उलझ-पुलझ मरि जाना है।
    रहना नहिं देश.............
3. यह संसार झाड़ अरु झांखर,
    आग लगे बरि जाना है।
    रहना नहिं देश.............
4. कहत कबीर सुनो भई साधो,
    सतगुरु नाम ठिकाना है।
    रहना नहिं देश.............

स्थायी (तीन ताल कहरवा)

-	**-**	**-**	**-**	**-**	**-**	**ग**	**प**	**धनि**	**सां**	**ध**	**प**	**ग**	**रे**	**स**	**ध़**
ऽ	ऽ	ऽ	ऽ	ऽ	ऽ	र	ह	नाऽ	ऽ	न	हिं	दे	ऽ	श	बि
रे	**ग**	**स**	**-**	**स**	**-**	**ग**	**प**	**गप**	**धसां**	**ध**	**प**	**ग**	**रे**	**रे**	**रे**
रा	ऽ	ना	ऽ	है	ऽ	र	ह	नाऽ	ऽऽ	न	हिं	दे	ऽ	श	बि
पध	**मप**	**गम**	**रेग**	**स**	**-**	**स**	**स**	**-**	**सरे**	**ग**	**प**	**प**	**-**	**प**	**प**
राऽ	ऽऽ	नाऽ	ऽऽ	है	ऽ	ऽ	ऽ	ऽ	यह	सं	ऽ	सा	ऽ	र	का
ध	**ध**	**ध**	**सं**	**ध**	**प**	**प**	**ग**	**ग**	**प**	**ध**	**सं**	**सं**	**-**	**ध**	**प**
ग	द	की	ऽ	पु	ड़ि	या	ऽ	बूं	ऽ	द	प	ड़े	ऽ	ग	लि
ध-	**प**	**ग-**	**रे**	**ग**	**-**										
जाऽ	ऽ	नाऽ	ऽ	है	ऽ										
X				2				0				3			

अंतरा

-	**-**	**-**	**-**	**-**	**-**	**-**	**-**	**स**	**रे**	**ग**	**प**	**प**	**-**	**प**	**-**
ऽ	ऽ	ऽ	ऽ	ऽ	ऽ	ऽ	ऽ	य	ह	सं	ऽ	सा	ऽ	र	कां
ध	**ध**	**ध**	**सां**	**ध**	**प**	**प**	**ग**	**ग**	**प**	**ध**	**सं**	**सं**	**सं**	**ध**	**प**
टों	ऽ	की	ऽ	झा	ऽ	ड़ी	ऽ	उ	ल	झ	पु	ल	झि	म	र
ध	**प**	**ग**	**रे**	**ग-**	**-**										
जा	ऽ	ना	ऽ	हैऽ	ऽ										
X				2				0				3			

नोट—शेष अंतरे इसी प्रकार गाए-बजाए जाएंगे।

कबीरदास-भजन

अब मैं राम-नाम रिझाऊं,
गंगा जाऊं न जमुना जाऊं।
न कोई तीरथ जाऊं।
अब मैं.............

1. सब तीरथ है घर के अंदर,
   ताहि में मल-मल नहाऊं।
   अब मैं.............

2. जोगी हों न जटा बढ़ाऊं,
   न अंग विभूति रमाऊं।
   अब मैं.............

3. जो रंग-रंगे आप विधाता,
   व रंग शीश चढ़ाऊं।
   अब मैं.............

4. कहत कबीर सुनो भाई साधो,
   आवागमन मिटाऊं।
   अब मैं राम-नाम रिझाऊं

स्थायी (ताल कहरवा)

-	-	-	-	-	-	-	-	-	ध	-	नि	सं	ध	म	ग
ऽ	ऽ	ऽ	ऽ	ऽ	ऽ	ऽ	ऽ	ऽ	रा	ऽ	म	ना	ऽ	म	रि
म	-	म	-	स	ग	म	ध	-	निध	म	ग	म	-	म	म
झा	ऽ	उं	ऽ	अ	ब	मैं	ऽ	ऽ	गंऽ	गा	ऽ	जा	ऽ	ऊं	न
म	सग	म	नि	ध	-	ध	-	-	गं-	गं	गं	रें	गं	रें	सं
ऽ	जमु	ना	ऽ	जा	ऽ	ऊं	ऽ	ऽ	नऽ	को	ई	ती	ऽ	र	थ
सं	-	ध	-	रें	सं	ध	प	म							
जां	ऽ	ऊं	ऽ	अ	ब	मै	ऽ	ऽ							
X				0				X				0			

अंतरा

-	निध	म	ग	म	म	म	-	म	सग	म	नि	ध	-	ध	ध
ऽ	सब	ती	ऽ	र	थ	है	ऽ	ऽ	घर	के	ऽ	अं	ऽ	द	र
-	गं-	गं	गं	रें	गं	रें	सां	सं	सां	ध	-	प	ध	प	म
ऽ	ताऽ	हि	में	म	ल	म	ल	न	हा	ऽ	ऊं	ऽ	ऽ	ऽ	ऽ
-	ध	-	नि	ध	-	म	ग	म	-	म	-	स	ग	म	ध
ऽ	रा	ऽ	म	ना	ऽ	म	रि	झा	ऽ	ऊं	ऽ	अ	ब	मैं	ऽ
ध															
ऽ															
X				0				X				0			

नोट–शेष अंतरे इसी प्रकार गाए-बजाए जाएंगे।

संत रविदास-भजन

नरहरि चंचल है मति मेरी,
कैसे भक्ति करूं मैं तेरी-2।
नरहरि......................

1. कब घट अंतर रमै निरंतर,
   मैं देखन नहिं जाना-2।
   गुण सब तोर, मोर सब अवगुन
   मैं उपकार न माना-2।
   नरहरि......................

2. तेरा-मेरा कुछ नहिं जग में,
   प्रभु ही हरे निश्तारा।
   कहै रविदास कृष्ण करुणामय,
   जय-जय जगत आधारा।
   नरहरि......................

स्थायी (ताल कहरवा)

म	-	**ध**	-	**नि**	-	**सं**	-	**सं**	-	-	-	**नि**	**सं**	**नि**	**ध**
न	ऽ	र	ऽ	ह	ऽ	री	ऽ	ऽ	ऽ	ऽ	ऽ	ऽ	ऽ	ऽ	ऽ
सं	**रें**	**गं**	**मं**	**गं**	-	**रें**	-	**सं**	**नि**	**सं**	**ध**	**प**	-	**म**	-
चं	ऽ	ऽ	ऽ	चं	ऽ	ल	ऽ	है	ऽ	ऽ	ऽ	म	ऽ	ति	ऽ
ध	-	-	-	**प**	-	-	-	**प**	-	-	-	**प**	-	**प**	-
मे	ऽ	ऽ	ऽ	री	ऽ	ऽ	ऽ	ऽ	ऽ	ऽ	ऽ	कै	ऽ	से	ऽ
प	-	**प**	-	**प**	-	**प**	-	**ध**	-	**ध**	**नि**	**प**	-	**म**	-
भ	ऽ	ग	ऽ	ति	ऽ	क	ऽ	रूँ	ऽ	ऽ	ऽ	मै	ऽ	ऽ	ऽ
म	-	-	-	**म**	-	-	-	**म**	**प**	**ग**	-	**रे**	-	**स**	-
ते	ऽ	ऽ	ऽ	री	ऽ	ऽ	ऽ	हो	ऽ	ऽ	ऽ	कै	ऽ	से	ऽ
प	-	**प**	-	**प**	-	**प**	-	**ध**	-	**ध**	**नि**	**सं**	-	**प**	-
भ	ऽ	ग	ऽ	ति	ऽ	क	ऽ	रुँ	ऽ	ऽ	ऽ	मै	ऽ	ऽ	ऽ
म	-	-	-	**म**	-	-	-								
ते	ऽ	ऽ	ऽ	री	ऽ	ऽ	ऽ								
X				0				X				0			

अंतरा

-	-	-	**ध**	**प**	**म**	**ग**	-	**म**	-	-	-	**म**	-	**म**	-
ऽ	ऽ	ऽ	क	ब	घ	ट	ऽ	अं	ऽ	ऽ	ऽ	त	ऽ	र	ऽ
म	-	-	**ध**	**प**	**म**	**ग**	**ग**	**प**	-	-	-	**प**	-	**प**	-
ऽ	ऽ	ऽ	र	म	य	ऽ	नि	रं	ऽ	ऽ	ऽ	त	ऽ	र	ऽ
प	-	-	**म**	-	**म**	-	-	**प**	-	**ध**	-	**सं**	-	**नि**	-
ऽ	ऽ	ऽ	मै	ऽ़	दे	ऽ	ऽ	ख	ऽ	न	ऽ	न	ऽ	हि	ऽ
सं	-	-	-	**स**	-	-	-	**सं**	**रें**	**नि**	**सं**	**ध**	**नि**	**प**	**ध**
जा	ऽ	ऽ	ऽ	ना	ऽ	ऽ	ऽ	ऽ	ऽ	ऽ	ऽ	ऽ	ऽ	ऽ	ऽ
म	-	-	**सं**	**सं**	**रें**	**रें**	-	**गं**	-	-	-	**गं**	-	-	-
ऽ	ऽ	ऽ	गु	ण	स	ब	ऽ	तो	ऽ	ऽ	ऽ	र	ऽ	ऽ	ऽ
गं	-	-	**रें**	**नि**	**रें**	**रें**	**सं**	**नि**	-	**सं**	-	**ध**	-	**प**	-
ऽ	ऽ	ऽ	मो	र	स	ब	ऽ	अ	ऽ	ब	ऽ	गु	ऽ	ण	ऽ
प	-	-	**प**	-	**ध**	**प**	-	**ध**	-	**नि**	-	**रें**	-	**सं**	-
ऽ	ऽ	ऽ	मै	ऽ	उ	प	ऽ	का	ऽ	ऽ	ऽ	र	ऽ	ना	ऽ
सं	-	-	-	**सं**	-	-	-	**नि**	**सं**	**ध**	**नि**	**प**	**ध**	**म**	-
मा	ऽ	ऽ	ऽ	ना	ऽ	ऽ	ऽ	ऽ	ऽ	ऽ	ऽ	ऽ	ऽ	ऽ	ऽ
X				0				X				0			

नोट–शेष अंतरे इसी प्रकार गाए-बजाए जाएंगे।

संत रविदास-भजन

अब कैसे छूटे रामा, राम धुन लागी-2

1. प्रभु जी, तुम चंदन हम पानी,
   जाकी अंग-अंग बास समानी।
   प्रभु जी......................

2. प्रभु जी तुम धन-बन हम मोरा,
   जैसे चितवत चन्द्र चकोरा
   प्रभु जी......................

3. प्रभु जी तुम दीपक हम बाती,
   जाकी जोत जले दिन राती।
   प्रभु जी......................

4. प्रभु जी तुम मोती हम धागा,
   जैसे सोने में मिलत सोहागा।
   प्रभु जी......................

5. प्रभु जी तुम स्वामी हम दासा,
   ऐसी भक्ति करे 'रैदासा'।
   प्रभु जी......................

स्थायी (ताल कहरवा)

-	-	म	म	-	ध	-	ध	ध	नी	नी	गं	रे	सं	सं	-
ऽ	ऽ	अ	ब	ऽ	कै	ऽ	से	छू	ऽ	टे	ऽ	रा	ऽ	मा	ऽ
सं	-	सं	-	रें	सं	-	नि	सं	नि	सं	नि	ध	प	ध	-
ऽ	ऽ	रा	ऽ	म	धु	ऽ	न	ला	ऽ	ऽ	ऽ	गीं	ऽ	ऽ	ऽ
ध	-	ध	नी	ध	प	-	म	म	-	-	-	म	-	-	-
ऽ	ऽ	रा	ऽ	म	धु	ऽ	नि	ला	ऽ	ऽ	ऽ	गीं	ऽ	ऽ	ऽ
म	-														
ऽ	ऽ														
X				0				X				0			

अंतरा

-	-	-	-	ध	-	सं	-	रें	गं	म	-	मं	-	-	-
ऽ	ऽ	ऽ	ऽ	प्र	ऽ	भु	ऽ	जी	ऽ	ऽ	ऽ	ऽ	ऽ	ऽ	ऽ
मं	-	-	-	गं	रें	गं	-	गं	-	गं	-	गं	-	मं	-
ऽ	ऽ	ऽ	ऽ	ऽ	ऽ	ऽ	ऽ	तु	ऽ	म	ऽ	चं	ऽ	ऽ	ऽ
रें	-	रें	सं	ध	-	नी	-	गं	रें	सं	रें	सं	-	-	-
द	ऽ	न	ऽ	ह	ऽ	म	ऽ	पा	ऽ	ऽ	ऽ	नी	ऽ	ऽ	ऽ
रें	गं	मं	गं	रें	गुं	रें	सं	-	-	ध	सं	-	रें	गं	मं
ऽ	ऽ	ऽ	ऽ	ऽ	ऽ	ऽ	ऽ	ऽ	ऽ	जा	ऽ	ऽ	की	ऽ	ऽ
मं	-	-	-	मं	-	-	-	मं	-	पं	मं	-	धं	-	पं
ज्यों	ऽ	ऽ	ऽ	ती	ऽ	ऽ	ऽ	ऽ	ऽ	ज	ले	ऽ	दी	ऽ	न
मं	-	गं	-	रें	-	सं	-	सं	-	ध	नि	ध	प	-	म
रा	ऽ	ऽ	ऽ	ती	ऽ	ऽ	ऽ	ऽ	ऽ	रा	ऽ	म	धु	ऽ	न
म	-	-	-	म	-	-	-	म	-						
ला	ऽ	ऽ	ऽ	गीं	ऽ	ऽ	ऽ	ऽ	ऽ						
X				0				X				0			

नोट–शेष अंतरे इसी प्रकार गाए-बजाए जाएंगे।

शबद गुरु नानकजी

काहे रे बन खोजन जाई।
सरब निवासी सदा अलेपा,
तोही संग समाई।

1. पुहुप माहिं जिउ बास बसतु है,
मुकर माहि जैसे छाईं।
काहे रे बन....................

2. तैसे ही हरि बसे निरंतरि,
घट ही खोजहु भाई।
काहे रे बन....................

3. बाहरि-भीतरि एको जानहु।
इहु गुर गिआन बताई।
काहे रे बन....................

4. जन 'नानक' बिनु आपा चीनै,
मिटै न भ्रम की काई।
काहे रे बन....................

राग भैरव स्थायी (तीनताल)

-	-	-	-	-	-	-	-	ग	म	ध॒	-	प	-	ध॒	म
ऽ	ऽ	ऽ	ऽ	ऽ	ऽ	ऽ	ऽ	का	ऽ	हे	ऽ	रे	ऽ	ब	न
प	-	ग	म	ग	रे॒	स	-	म	म	प	प	ध॒	नी	ध॒	प
खो	ऽ	ज	न	जा	ऽ	ई	ऽ	स	र	ब	नि	वा	ऽ	सी	ऽ
ग	म	प	म	ग	रे॒	स	-	स	रे॒	ग	म	प	ध॒	नि	सं
स	दा	ऽ	अ	ले	ऽ	पा	ऽ	तो	ऽ	ही	ऽ	सं	ऽ	ग	स
सरें	संनि	ध॒नि	ध॒प	गम	ध॒प	मग	रे॒स								
माऽ	ऽऽ	ऽऽ	ऽऽ	ऽऽ	ऽऽ	ईऽ	ऽऽ								
X				2				0				X			

अंतरा

-	-	-	-	-	-	-	-	म	म	प	प	ध॒	ध॒	नि	नि
ऽ	ऽ	ऽ	ऽ	ऽ	ऽ	ऽ	ऽ	पु	हु	प	मा	ऽ	हिं	जि	उ
सं	-	सं	सं	नि	रें॒	सां	सां	नि	रें॒	गं	रें॒	गं	रें॒	सं	सं
बा	ऽ	स	ब	स	तु	है	ऽ	मु	क	र	मा	ऽ	हिं	जै	से
संनि	ध॒प	ध॒नि	ध॒रें	सांनि	ध॒प	मग	रे॒स								
छाऽ	ऽऽ	ऽऽ	ऽऽ	ऽऽ	ऽऽ	ऽऽ	ईऽ								
X				2				0				3			

नोट–शेष अंतरे इसी प्रकार गाए-बजाए जाएंगे।

शबद गुरु नानकजी

जगत में झूंठी देखी प्रीत,
अपनो ही सुख सो सब लाग्यो,
क्या दारा क्या मीत।
जगत में झूठी..........

1. मेरो-मेरो सभी कहत हैं,
   हित सो बांध्यो चीत।
   जगत में झूठी..........

2. अंत काल संगी नहिं कोऊ,
   यह अचरज की रीत।
   जगत में झूठी..........

3. मन-मूरख अजहूं नहिं समझत,
   सिख दे हारै नीत।
   'नानक' भवजल पारि परै जो,
   गावै प्रभु के गीत।
   जगत में झूठी..........

स्थायी (ताल कहरवा)

-	-	-	-	-	-	प	-	प	-	ध	-	सं	रें	गं	-
ऽ	ऽ	ऽ	ऽ	ऽ	ऽ	ज	ऽ	ग	ऽ	त	ऽ	में	ऽ	ऽ	ऽ
-	-	-	रें	ग	सं	-	-	नि	रें	सं	नि	ध	प	ध	-
ऽ	ऽ	ऽ	झूं	ऽ	ठी	ऽ	ऽ	दे	ऽ	ऽ	ऽ	खी	ऽ	ऽ	ऽ
नि	-	-	-	ध	प	प	-	सं	-	रें	-	रें	गं	पं	मं
प्री	ऽ	ऽ	ऽ	त	ऽ	ज	ऽ	ग	ऽ	त	ऽ	में	ऽ	ऽ	ऽ
गं	-	-	गं	रें	सां	-	-	नि	रें	सं	नि	ध	प	ध	-
ऽ	ऽ	ऽ	झूं	ऽ	ठी	ऽ	ऽ	दे	ऽ	ऽ	ऽ	ऽ	खी	ऽ	ऽ
रें	सं	प	ध	प	-										
प्री	ऽ	ऽ	ऽ	त	ऽ										
X				0				X				0			

अंतरा

-	-	-	स	ग	ध	-	-	ध	-	-	-	ध	-	प	-
ऽ	ऽ	ऽ	अ	प	नो	ऽ	ऽ	ही	ऽ	ऽ	ऽ	सु	ऽ	ख	ऽ
प	-	-	नि	-	ध	ध	प	ध	-	-	-	प	-	-	-
ऽ	ऽ	ऽ	सो	ऽ	स	ब	ऽ	ला	ऽ	ऽ	ऽ	ग्यो	ऽ	ऽ	ऽ
प	-	-	सं	-	सं	-	-	नि	सं	नि	सं	प	-	ध	-
ऽ	ऽ	ऽ	क्या	ऽ	दा	ऽ	ऽ	रा	ऽ	ऽ	ऽ	स	ऽ	ब	ऽ
रें	नि	ध	प	प	-	प	-	प	-	ध	-	गं	रें	सं	रें
मी	ऽ	ऽ	ऽ	त	ऽ	ज	ऽ	ग	ऽ	त	ऽ	में	ऽ	ऽ	ऽ
सं	-	-	सं	-	रें	गं	-	मं	-	-	-	पं	-	-	-
ऽ	ऽ	ऽ	में	ऽ	रो	ऽ	ऽ	मे	ऽ	ऽ	ऽ	रो	ऽ	ऽ	ऽ
पं	-	-	मं	मं	पं	-	धं	मं	-	पं	मं	गं	रें	गं	रें
ऽ	ऽ	ऽ	स	भी	ऽ	ऽ	क	ह	ऽ	त	ऽ	हैं	ऽ	ऽ	ऽ
सं	-	-	गं	गं	गं	-	-	सं	रें	सं	नि	ध	प	म	प
ऽ	ऽ	ऽ	हि	त	सो	ऽ	ऽ	वाँ	ऽ	ऽ	ऽ	ध्यो	ऽ	ऽ	ऽ
रें	नि	ध	-	प	-										
ची	ऽ	ऽ	ऽ	त	ऽ										
X				0				X				0			

नोट—शेष अंतरे इसी प्रकार गाए-बजाए जाएंगे।

शबद गुरु नानकजी

रे मन! ऐसो करि संन्यासा,
बन से सदन, सबै करि समझहु,
मन ही माहिं उदासा।
ऐसो करि संन्यासा।

1. जत की जटा, जोग को मज्जनु,
नेम के नखन बढ़ाओ।
ज्ञान गुरु आतम उपदेशहु,
नाम बिभूति लगाओ।
ऐसो करि संन्यासा।

2. अलप अहार सुलप सी निद्रा,
दया क्षमा तन प्रीति।
सील संतोष सदा निरबाहिबो,
हबै त्रिगूण अतीति।
ऐसो करि संन्यासा

3. काम क्रोध, हंकार लोभ हठ,
मोह न मन सो ल्यावै।
तब ही आतम तत को दरसै,
परम पुरख कंह पावै।
ऐसो करि संन्यासा, रे मन...

स्थायी (ताल कहरवा) (राग कलावती)

-	-	-	ध	-	-	ध	नि	प	-	प	-	म	-	ग	-
ऽ	ऽ	ऽ	ऐ	ऽ	ऽ	सो	ऽ	क	ऽ	रि	ऽ	सं	ऽ	ऽ	ऽ
म	-	-	-	म	-	-	-	ध	-	सं	-	रें	-	गं	-
न्या	ऽ	ऽ	ऽ	सा	ऽ	ऽ	ऽ	रे	ऽ	ऽ	ऽ	म	ऽ	न	ऽ
रें	सं	-	ध	ध	ध	नि	-	ध	-	प	-	ध	-	म	-
ऽ	ऽ	ऽ	ब	न	से	ऽ	ऽ	स	ऽ	द	ऽ	न	ऽ	स	ऽ
म	-	प	-	म	-	ग	-	म	-	म	-	म	-	म	-
वै	ऽ	ऽ	ऽ	क	ऽ	रि	ऽ	स	ऽ	म	ऽ	झ	ऽ	हूं	ऽ
म	-	-	ध	ध	सं	रें	-	रें	मं	गं	मं	रें	गं	रें	सं
ऽ	ऽ	ऽ	म	न	ही	ऽ	ऽ	मा	ऽ	ऽ	ऽ	हिं	ऽ	उ	ऽ
रें	रें	रें	मं	मं	-	-	-	गं	रें	गं	-	रें	सं	ध	-
दा	ऽ	ऽ	ऽ	सा	ऽ	ऽ	ऽ	ऽ	ऽ	ऽ	ऽ	ऽ	ऽ	ऽ	ऽ
ध	-	-													
ऽ	ऽ	ऽ													
X				0				X				0			

अंतरा

-	-	-	ध	ध	ध	नी	-	ध	प	प	-	प	-	-	-
ऽ	ऽ	ऽ	ज	त	की	ऽ	ऽ	ज	ऽ	टा	ऽ	ऽ	ऽ	ऽ	ऽ
प	-	-	म	-	प	म	ग	-	म	-	-	-	प	म	ध
ऽ	ऽ	ऽ	जो	ऽ	ग	को	ऽ	ऽ	म	ऽ	ऽ	ऽ	ज	ऽ	न
ध	-	-	ध	-	-	सं	-	रें	रें	मं	गं	मं	रें	गं	रें
ऽ	ऽ	ऽ	ने	ऽ	ऽ	म	ऽ	के	न	ऽ	ख	ऽ	न	ऽ	ब
सं	रें	-	-	मं	मं	-	-	मं	गं	रें	गं	मं	गं	रें	सं
ऽ	ढा	ऽ	ऽ	ऽ	ओ	ऽ	ऽ	ऽ	ऽ	ऽ	ऽ	ऽ	ऽ	ऽ	ऽ
सं	-	-	ध	-	-	ध	-	नी	ध	प	-	प	प	-	-
ऽ	ऽ	ऽ	ज्ञा	ऽ	ऽ	न	ऽ	गु	रु	ऽ	ऽ	ऽ	आ	ऽ	ऽ
प	-	-	म	प	-	म	-	ग	म	-	-	-	म	-	म
ऽ	ऽ	ऽ	त	म	ऽ	उ	ऽ	प	दे	ऽ	ऽ	ऽ	श	ऽ	हु
म	-	-	ध	-	सं	-	रें	रें	मं	गं	मं	रें	गं	रें	सं
ऽ	ऽ	ऽ	ना	ऽ	म	ऽ	वि	भू	ऽ	ऽ	ऽ	ति	ऽ	ल	ऽ
रें	मं	रें	मं	मं	-	-	-	गं	रें	गं	-	रें	सं	ध	-
गा	ऽ	ऽ	ऽ	वो	ऽ	ऽ	ऽ	ऽ	ऽ	ऽ	ऽ	ऽ	ऽ	ऽ	ऽ
ध	-	-													
ऽ	ऽ	ऽ													
X				0				X				0			

नोट—शेष अंतरे इसी प्रकार गाए-बजाए जाएंगे।

शबद गुरु नानकजी

सुमिरन कर ले मेरे मना,
तेरी बीती उमर हरि नाम बिना।
सुमिरन कर ले.............

1. कूप नीर बिन, धेनु क्षीर बिन,
   धरती मेघ बिना-2
   जैसे तरुवर फल बिन हीना,
   तैसे प्राणी हरि नाम बिना।
   सुमिरन कर ले.............

2. देह नैन बिन, रैन चन्द्र बिन,
   मन्दिर दीप बिना।
   जैसे पण्डित बेद विहीना,
   तैसे प्राणी हरि नाम बिना।
   सुमिरन कर ले.............

3. काम, क्रोध, मद लोभ विकारो,
   छोड़ जगत तू संत जना।
   कहे 'नानक' तू सुनो भगवन्ता।
   यह जग में नहिं कोई अपना
   सुमिरन कर ले.............

स्थायी (ताल कहरवा)

-	-	-	स	स	ग	ग	-	म	-	म	ग	प	-	म	-
ऽ	ऽ	ऽ	सु	मि	र	न	ऽ	क	ऽ	र	ऽ	ले	ऽ	ऽ	ऽ
-	-	-	ग	म	प	-	प	प	ध	प	ध	म	-	ग	-
ऽ	ऽ	ऽ	मे	ऽ	रे	ऽ	म	ना	ऽ	ऽ	ऽ	ते	ऽ	री	ऽ
-	-	-	ग	म	प	-	प	प	ध	ध	प	ध	नि	सं	-
ऽ	ऽ	ऽ	बी	ऽ	ती	ऽ	उ	म	ऽ	र	ऽ	ह	ऽ	री	ऽ
-	-	-	नि	ध	प	ध	प	म	ध	प	ध	म	-	ग	-
ऽ	ऽ	ऽ	ना	ऽ	म	ऽ	बि	ना	ऽ	ऽ	ऽ	रे	ऽ	ऽ	ऽ
रे	स	-	स	स	ग	ग	-	म	-	म	-	ध	प	नि	ध
ऽ	ऽ	ऽ	सु	मि	र	न	ऽ	क	ऽ	र	ऽ	ले	ऽ	ऽ	ऽ
प	म	-													
ऽ	ऽ	ऽ													
X				0				X				0			

अंतरा

-	-	-	म	म	ध	ध	-	ध	-	प	-	नि	-	ध	-
ऽ	ऽ	ऽ	कू	ऽ	प	नी	ऽ	ऽ	ऽ	र	ऽ	बि	ऽ	न	ऽ
-	-	-	ध	नि	नि	-	नि	ध	सं	नि	ध	प	ध	प	-
ऽ	ऽ	ऽ	धे	ऽ	नु	ऽ	क्षी	ऽ	ऽ	र	ऽ	बि	ऽ	न	ऽ
-	-	-	ग	म	प	-	-	प	ध	-	प	म	-	ग	-
ऽ	ऽ	ऽ	ध	र	ती	ऽ	ऽ	मे	ऽ	ऽ	ऽ	ध	ऽ	बि	ऽ
म	-	-	-	म	-	-	-	नि	सं	-	नि	ध	प	म	-
ना	ऽ	ऽ	ऽ	ऽ	ऽ	ऽ	ऽ	रे	ऽ	ऽ	ऽ	ऽ	ऽ	ऽ	ऽ
-	-	-	म	प	नि	नि	-	सं	सं	-	नि	रें	रें	सं	सं
ऽ	ऽ	ऽ	जै	ऽ	से	ऽ	ऽ	त	ऽ	रु	ऽ	व	ऽ	र	ऽ
सं	-	-	सं	गं	-	रें	गं	नि	नि	सं	सं	सं	नि	ध	प
ऽ	ऽ	ऽ	फ	ल	ऽ	वि	न	ऽ	ही	ऽ	ऽ	ऽ	ना	ऽ	ऽ
ध	म	ग	ग	म	-	प	-	-	प	ध	ध	प	ध	नि	सं
ऽ	ऽ	ऽ	तै	ऽ	ऽ	से	ऽ	ऽ	प्रा	ऽ	णी	ऽ	ह	ऽ	री
सं	-	-	नि	ध	-	म	-	ग	म	ध	प	ध	म	-	ग
ऽ	ऽ	ऽ	ना	ऽ	ऽ	म	ऽ	वि	ना	ऽ	ऽ	ऽ	रे	ऽ	ऽ
ग	-	-													
ऽ	ऽ	ऽ													
X				0				X				0			

नोट—शेष अंतरे इसी प्रकार गाए-बजाए जाएंगे।

शबद गुरु नानकजी

आवो सिख सतगुरु के प्यारिहो,
गावो सच्ची वाणी।
वाणी त गावहु गुरु केरी,
बाणियां सिरि वाणी।
आवहु सिख सतगुरु.............

1. जिनके नदर करम होवे,
हिरदै तिना समाणी।
पीवहु अमृत सदा रहो हरि,
रंग जपहुं सारंगि पाणी।
आवहु सिख सतगुरु.............

2. कहै 'नानक' सदा गावहु,
एह सच्ची वाणी।
आवहु सिख सतगुरु के प्यारिहो,
गावो सच्ची वाणी।

स्थायी (रूपकताल, राग भैरवी)

ध - म	प प	म म	ग॒ ग॒ म	रे॒ -	स -
आ ऽ वो	सि ख	स त	गु रु के	प्या ऽ	रि हो
स म म	प -	म प	ध॒ - म	प -	म -
गा ऽ वो	स ऽ	च्ची ऽ	वा ऽ ऽ	णी ऽ	ऽ ऽ
सं सं रें॒	सं नि॒	सं सं	प ध॒ -	प म	प -
ब णि ता	गा ऽ	व हु	गु रु ऽ	के ऽ	री ऽ
स म म	प -	म प	ध॒ - म	प -	म -
बा ऽ णि	यां ऽ	सि र	वा ऽ ऽ	णी ऽ	ऽ ऽ
ध - म	प प	म म	ग॒ ग॒ म	रे॒ -	स ऽ
आ ऽ वो	सि ख	स त	गु रु के	प्या ऽ	रि हो
स म म	प -	म प	ध॒ - म	प -	म -
गा ऽ वो	स ऽ	च्ची ऽ	वा ऽ ऽ	णी ऽ	ऽ ऽ
X	2	3	X	2	3

अंतरा

म म प	ध॒ ध॒	नि॒ -	सं सं सं	रें॒ नि॒	सं -
जि न के	न द	र ऽ	क र म	हो ऽ	वे ऽ
नि॒ नि॒ नि॒	सं नि॒	रें॒ सं	ध॒ - -	प -	प -
हि र दै	ति ना	ऽ स	मा ऽ ऽ	णी ऽ	ऽ ऽ
ध॒ ध॒ ध॒	प म	प प	ग॒ ग॒ म	रे॒ रे॒	स स
पी व हु	अ म	र त	स दा ऽ	र हो	ह रि
म म म	प प	म एप्	ध॒ - म	प -	म -
रं ग ज	प हुं	सा रंगि्	पा ऽ ऽ	णी ऽ	ऽ ऽ
X	2	3	X	2	3

नोट—शेष अंतरे इसी प्रकार गाए-बजाए जाएंगे।

शबद गुरु नानकजी

रे मन ओट लेहु हरि नामा,
जाके सिमरन, दुरमति नासै,
पावहिं पदु निरबाना।
रे मन ओट लेहु.............

1. बड़भागी तिन जन को जानहु,
जो हरि के गुन गावै।
रे मन ओट लेहु.............

2. जनम-जनम के पाप खोइ के,
फुनि बैकुंठि सिधावै।
रे मन ओट लेहु.............

3. आजामल को अंत काल महि,
नारायण सुधि आयी।
रे मन ओट लेहु.............

4. जा गति के जोगीसुर बाछत,
सो गति छिन महि पाई।
रे मन ओट लेहु.............

5. नाहिन गुन नाही कछु बिंदिआ,
धरम कौन गजि कीना।
रे मन ओट लेहु.............

6. 'नानक' बिरदु राम का देखहुं,
अभै दान तिन्ह दीना।
रे मन ओट लेहु हरि नामा

स्थायी (तीन ताल, राग मधुवंती)

-	-	-	-	-	-	-	-	**रें**	**गं**	**रें**	**सं**	**ध**	**ध**	**प**	**म**
ऽ	ऽ	ऽ	ऽ	ऽ	ऽ	ऽ	ऽ	ओ	ऽ	ट	ले	ऽ	हु	ह	रि
प	-	**म**	-	**म**	**ध**	**नि**	**सां**	**ध**	-	**प**	**म**	**प**	**प**	**म**	**म**
ना	ऽ	मा	ऽ	रे	ऽ	म	न	जा	ऽ	के	ऽ	सि	म	र	न
ग	**म**	**ध**	**नि**	**सं**	-	**सं**	-	**सं**	**गं**	**गं**	**गं**	**गं**	**मं**	**गं**	**मं**
दु	र	म	ति	ना	ऽ	सै	ऽ	पा	ऽ	व	हिं	प	दु	नि	र
रें	**गं**	**सं**	-	**निसं**	**निध**	**धनि**	**सांसां**								
बा	ऽ	ना	ऽ	ऽऽ	ऽऽ	ऽऽ	ऽऽ								
X				2				0				3			

अंतरा

-	-	-	-	-	-	-	-	**प**	**ध**	**प**	**म**	**प**	-	**म**	**म**
ऽ	ऽ	ऽ	ऽ	ऽ	ऽ	ऽ	ऽ	ब	ड़	भा	ऽ	गी	ऽ	ति	न
ग	**म**	**ध**	**नि**	**सं**	-	**सं**	**सं**	**ध**	**नि**	**सं**	**गं**	**मं**	**गं**	**रें**	**सं**
ज	न	को	ऽ	जा	ऽ	न	हु	जो	ऽ	ह	रि	के	ऽ	गु	ण
नि	**सां**	**ध**	-	**संनि**	**धम**	**धनि**	**संसं**	**सं**	**सं**	**गं**	**गं**	**मं**	**मं**	**मं**	-
गा	ऽ	वे	ऽ	ऽऽ	ऽऽ	ऽऽ	ऽऽ	ज	न	म	ज	न	म	के	ऽ
गं	**मं**	**रें**	**सं**	**नि**	**सं**	**ध**	-	**सं**	**गं**	**गं**	-	**गं**	**मं**	**गं**	**मं**
पा	ऽ	प	खो	ऽ	इ	के	ऽ	फु	नि	बै	ऽ	कुं	ऽ	ठि	सि
रें	**गं**	**सं**	-	**निसां**	**निध**	**मध**	**निसं**								
धा	ऽ	वै	ऽ	ऽऽ	ऽऽ	ऽऽ	ऽऽ								
X				2				0				3			

नोट—शेष अंतरे इसी प्रकार गाए-बजाए जाएंगे।

शबद गुरु नानकजी

ठाकुर तुम शरणाई आया-2,
ठाकुर तुम शरणाई आया।
उतरि गयो मेरे मन का संसा
जब ते दरसन पाया..............

1. अनबोलत मेरी बिरथा जानी,
   अपना नाम जपाया।
   ठाकुर तुम..............
2. दुख नाठे सुख सहज समाए,
   अनद-अनद गुण गाया।
   ठाकुर तुम..............
3. बांह पकड़ करि लीन्हें अपने,
   ग्रह अंध कूप ते माया।
   ठाकुर तुम..............
4. कहु नानक गुरि बंधन काटे,
   बिछुरत आनि मिलाया।
   ठाकुर तुम शरणाई आया-2

स्थायी (ताल कहरवा)

स	**म**	**म**	**म**	**म**	**-**	**ग**	**म**	**प**	**-**	**प**	**-**	**प**	**नि**	**सं**	**नि**
तु	म	श	र	णा	ऽ	ई	ऽ	आ	ऽ	या	ऽ	ठा	ऽ	कु	र
प	**नि**	**सं**	**नि**	**प**	**-**	**म**	**ग**	**म**	**-**	**म**	**-**	**म**	**-**	**म**	**म**
तु	म	श	र	णा	ऽ	ई	ऽ	आ	ऽ	या	ऽ	ठा	ऽ	कु	र
सं	**सं**	**रें**	**नि**	**सं**	**-**	**सं**	**सं**	**सं**	**सं**	**रें**	**नि**	**सं**	**-**	**सं**	**-**
उ	त	र	ग	यो	ऽ	मे	रे	म	न	का	ऽ	सं	ऽ	सा	ऽ
प	**नि**	**ध**	**प**	**प**	**-**	**ध**	**प**	**म**	**-**	**म**	**-**	**म**	**-**	**म**	**म**
ज	ब	ते	ऽ	द	र	स	न	पा	ऽ	या	ऽ	ठा	ऽ	कु	र
X				0				X				0			

अंतरा

सं	**सं**	**रें**	**नि**	**सं**	**सं**	**सं**	**सं**	**सं**	**सं**	**रें**	**नि**	**सं**	**-**	**सं**	**-**
अ	न	बो	ऽ	ल	त	मे	री	बि	र	था	ऽ	जा	ऽ	नी	ऽ
प	**ध**	**नि**	**ध**	**प**	**-**	**ध**	**प**	**म**	**-**	**म**	**-**	**ध**	**प**	**म**	**म**
अ	प	ना	ऽ	ना	ऽ	म	ज	पा	ऽ	या	ऽ	ठा	ऽ	कु	र
X				0				X				0			

नोट–शेष अंतरे इसी प्रकार गाए-बजाए जाएंगे।

शबद गुरु नानकजी

जिसके सिर ऊपर तू स्वामी,
सो दुख कैसा पावै।
बोल न जानै, माया मद माता,
मरणां चीत न आवै।
जिसके सिर ऊपर..............

1. तेरे सेवक के ऽ भव कछु नहिं,
   जम नहिं आवै नेरे।
   जो तेरे रंग-राते स्वामी,
   तिन का जनम-मरण दुख नाशा।
   जिसके सिर ऊपर..............

2. तेरी बखस न मेटै कोई,
   सतगुरु का दिलासा।
   नाम ध्यायन सुख-फल पाइन,
   आठ प्रहर आराधहि।
   जिसके सिर ऊपर..............

3. तेरे शरण तेरे भरवासै,
   पंच दुसट लै साधहि।
   ग्यान-ध्यान कछु करम न जाणा,
   सार न जाणा तेरी।
   जिसके सिर ऊपर..............

4. सबसे बड़ा सतगुरु 'नानक'
   जिन कल राखी मेरी।
   जिसके सिर ऊपर तू स्वामी,
   सो दुख कैसा पावै।

स्थायी (ताल कहरवा)

-	-	-	-	-	-	प-	ग	प	प	नि	ध	प	प	म	ग
ऽ	ऽ	ऽ	ऽ	ऽ	ऽ	जिस	के	सि	र	ऊ	ऽ	प	र	तू	ऽ
प	-	ध	सं	नि	-	ध	-	-	सं	-	नि	ध	ध	ध	नि
स्वा	ऽ	मी	ऽ	ऽ	ऽ	ऽ	ऽ	ऽ	सो	दु	ख	कै	ऽ	सा	ऽ
ध	प	प	प	म	ग,	पप	ग	प	-	नि	ध	प	-	म	ग
पा	ऽ	वे	ऽ	ऽ	ऽ	बोल	न	जा	ऽ	नै	ऽ	मा	ऽ	या	ऽ
प	प	ध	सं	नि	-	ध	-	-	सं	सं	नि	ध	-	ध	नि
म	द	मा	ऽ	ता	ऽ	ऽ	ऽ	ऽ	म	र	णां	ची	ऽ	त	न
ध	-	प	-	-	-										
आ	ऽ	वै	ऽ	ऽ	ऽ										
X				0				X				0			

अंतरा

प	प	रें	रें	सं	रें	सं	नि	सं	सं	रें	रें	सं	-	सं	-
ते	रे	से	ऽ	व	क	के	ऽ	भ	व	क	छू	ना	ऽ	हि	ऽ
सं	रें	सं	नि	ध	ध	म	प	म	-	ग	-	-	-	-	-
ज	म	न	हि	आ	ऽ	वे	ऽ	ने	ऽ	रे	ऽ	ऽ	ऽ	ऽ	ऽ
प	-	प	ध	सं	-	सं	-	नि	-	ध	नि	ध-	ध	प-	प
जो	ऽ	ते	ऽ	रे	ऽ	रं	ग	रा	ऽ	ते	ऽ	स्वा	मी	तिन	का
प	नि	ध	प	म	ग	रे	ग	रे	-	स	-	-	-		
ज	न	म	म	र	ण	दु	ख	ना	ऽ	शा	ऽ	ऽ	ऽ		
X				0				X				0			

नोट—शेष अंतरे इसी प्रकार गाए-बजाए जाएंगे।

शिव-भजन

जै भोला भंडारी शिव हर,
जै भोला भंडारी-2।
जै कैलाशपती शिव शंकर,
सब जग के हितकारी।
जै भोला भंडारी................

1. निश-दिन तेरा ध्यान करें हम,
   सिमरै मंत्र तुम्हारा।
   हे शिव शंकर मंत्र जगाओ,
   होवे घट उंजियारा।
   नमामि शंकर, नमामि शंकर,-2
   कृपा करो त्रिपुरारी-2
   जै भोला भंडारी................

2. शंख-नाद से शब्द जगाकर,
   स्वर संगीत बहाया।
   युग-युग से ये सृष्टि नाचे,
   ऐसा डमरू बजाया।
   तेरी याद, भुलाकर, जग में,-2
   दुख पावें संसारी-2।
   जै भोला भंडारी................

3. तीनों ताप हरण कर लेता,
   ये त्रिशूल तुम्हारा।
   तेरा नाम जपे से जग में,
   मिलता मुक्ती द्वारा।
   महादेव परब्रह्म विधाता,-2
   आए शरण तिहारी।
   जै भोला भंडारी................

स्थायी (ताल कहरवा)

-	-	-	सं	-	सं	नि	-	प	-	-	-	ग	-	रे	स
ऽ	ऽ	ऽ	जै	ऽ	भो	ऽ	ऽ	ला	ऽ	ऽ	ऽ	भं	ऽ	ऽ	ऽ
-	-	-	रे	-	रे	-	-	रे	-	रे	-	स	-	रे	-
ऽ	ऽ	ऽ	डा	ऽ	री	ऽ	ऽ	शि	ऽ	वं	ऽ	ह	ऽ	र	ऽ
-	-	-	म॑	-	म॑	प	-	ग	-	-	-	रे	-	ऩि	-
ऽ	ऽ	ऽ	जै	ऽ	भो	ऽ	ऽ	ले	ऽ	ऽ	ऽ	भं	ऽ	ऽ	ऽ
स	-	-	-	स	-	-	-	रे	-	रे	-	म	-	म	-
डा	ऽ	ऽ	ऽ	री	ऽ	ऽ	ऽ	शि	ऽ	व	ऽ	ह	ऽ	र	ऽ
-	-	-	ग	-	ग	प	-	ग	-	-	-	रे	-	रे	-
ऽ	ऽ	ऽ	जै	ऽ	के	ऽ	ऽ	ला	ऽ	ऽ	ऽ	श	ऽ	प	ऽ
-	-	-	ग	प	नि	ध	-	प	-	-	-	प	-	प	-
ऽ	ऽ	ऽ	ती	ऽ	शि	व	ऽ	शं	ऽ	ऽ	ऽ	क	ऽ	र	ऽ
-	-	-	सं	सं	सं	सं	नि	प	-	-	-	ग	-	ग	-
ऽ	ऽ	ऽ	स	ब	ज	ग	ऽ	के	ऽ	ऽ	ऽ	हि	ऽ	त	ऽ
प	-	-	-	प	-	-	-	म	ध	प	म	ग	रे	स	रे
का	ऽ	ऽ	ऽ	री	ऽ	ऽ	ऽ	ऽ	ऽ	ऽ	ऽ	ऽ	ऽ	ऽ	ऽ
म॑	-	-													
ऽ	ऽ	ऽ													
X				0				X				0			

अंतरा

-	-	-	ग	ग	ग	ग	प	ग	-	-	-	रे	-	-	-
ऽ	ऽ	ऽ	नि	श	दि	न	ऽ	ते	ऽ	ऽ	ऽ	रा	ऽ	ऽ	ऽ
-	-	-	ग	प	सं	-	नि	ध	-	-	-	ध	-	-	-
ऽ	ऽ	ऽ	ध्या	ऽ	न	ऽ	क	रें	ऽ	ऽ	ऽ	ह	ऽ	म	ऽ
-	-	-	सं	सं	सं	सं	नि	प	-	-	-	ग	-	ग	-
ऽ	ऽ	ऽ	सि	म	रे	ऽ	ऽ	म	ऽ	ऽ	ऽ	त्र	ऽ	तु	ऽ
प	-	-	-	प	-	-	-	म	ध	प	म	ग	रे	स	रे
म्हा	ऽ	ऽ	ऽ	रा	ऽ	ऽ	ऽ	ऽ	ऽ	ऽ	ऽ	ऽ	ऽ	ऽ	ऽ
ग	-	-	ग	-	ग	ग	प	ग	रे	-	-	रे	-	रे	-
ऽ	ऽ	ऽ	हे	ऽ	शि	व	ऽ	शं	ऽ	ऽ	ऽ	क	ऽ	र	ऽ
-	-	-	सं	-	सं	-	नि	प	-	प	-	ग	-	ग	-
ऽ	ऽ	ऽ	हो	ऽ	वे	ऽ	ऽ	घ	ऽ	ट	ऽ	उँ	ऽ	जि	ऽ
प	-	-	-	प	-	-	-	प	-	-	-	प	-	-	-
या	ऽ	ऽ	ऽ	रा	ऽ	ऽ	ऽ	ऽ	ऽ	ऽ	ऽ	ऽ	ऽ	ऽ	ऽ
प	-	-	प	प	सं	-	नि	-	रें	-	-	-	रे	-	रे
ऽ	ऽ	ऽ	न	मा	ऽ	ऽ	मि	ऽ	शं	ऽ	ऽ	ऽ	क	ऽ	र
-	-	-	गं	रें	सं	-	नि	-	सं	-	-	-	सं	-	सं
ऽ	ऽ	ऽ	न	मा	ऽ	ऽ	मि	ऽ	शं	ऽ	ऽ	ऽ	क	ऽ	र
-	-	-	प	नि	-	-	नि	-	निं	सं	नि	सं	नि	-	नि
ऽ	ऽ	ऽ	कृ	पा	ऽ	ऽ	क	ऽ	रो	ऽ	ऽ	ऽ	त्रि	ऽ	पु
-	-	-	ध	नि	प	-	-	-	म॑	ग	रे	ग	म॑	-	-
ऽ	ऽ	ऽ	रा	ऽ	री	ऽ	ऽ	ऽ	ऽ	ऽ	ऽ	ऽ	ऽ	ऽ	ऽ
म॑	-	-													
ऽ	ऽ	ऽ													
X				0				X				0			

नोट–शेष अंतरे इसी प्रकार गाए-बजाए जाएंगे।

शिव-भजन

शिव शंकर चले कैलास,
बुंदिया पड़ने लगी।
शिव शंकर..............

1. गौरा जी ने बो दी हरी-हरी मेंहदी,
शिव-शंकर ने बो दी भांग।
बुंदिया पड़ने लगी।
शिव शंकर चले..............

2. गौरा जी ने सींच दी हरी-हरी मेंहदी,
शिव-शंकर ने सींच दी भांग।
बुंदिया पड़ने लगी।
शिव शंकर चले..............

3. गौरा जी ने काट ली, हरी-हरी मेंहदी,
शिव शंकर ने काट ली भांग।
बुंदिया पड़ने लगी।
शिव शंकर चले..............

4. गौरा जी ने पीस ली, हरी-हरी मेंहदी,
शिव शंकर ने घोंट ली भांग।
बुंदिया पड़ने लगी।
शिव शंकर चले..............

5. गौरा जी ने रचा ली, हरि-हरि मेंहदी,
शिव शंकर ने पी ली भांग।
बुंदिया पड़ने लगी।
शिव शंकर चले..............

स्थायी (ताल दादरा)

-	-	-	म	प	-	म	ग	ग	ग	-	ग
ऽ	ऽ	ऽ	शि	व	ऽ	शं	ऽ	क	र	ऽ	च
ग	म	म	प	म	-	प	-	-	-	-	म
ले	ऽ	ऽ	कै	ऽ	ऽ	ला	ऽ	ऽ	ऽ	ऽ	स
प	सं	-	सं	-	नि	नि	प	म	-	-	ग
बुं	दि	ऽ	या	ऽ	ऽ	प	ड़	ने	ऽ	ऽ	ल
म	-	-	म	प	-	म	ग	ग	ग	-	ग
गी	ऽ	ऽ	शि	व	ऽ	शं	ऽ	क	र	ऽ	च
ग	-	म	प	म	-	प	-	-	-	-	म
ले	ऽ	ऽ	कै	ऽ	ऽ	ला	ऽ	ऽ	ऽ	ऽ	स
प	प	सं	सं	-	नि	नि	प	म	-	-	ग
बुं	दि	ऽ	या	ऽ	ऽ	प	ड़	ने	ऽ	ऽ	ल
म	-	-									
गी	ऽ	ऽ									
X			0			X			0		

अंतरा

प	-	प	नि	-	नि	सं	-	-	सं	-	-
गौ	ऽ	रा	जी	ने	ऽ	बो	ऽ	ऽ	दी	ऽ	ऽ
नि	नि	-	सं	सं	-	नि	सं	-	नि	ध	प
ह	री	ऽ	ह	री	ऽ	में	ह	ऽ	दी	ऽ	ऽ
स	ग	ग	ग	-	ग	ग	-	म	प	म	-
शं	ऽ	क	र	ऽ	ने	बो	ऽ	ऽ	दी	ऽ	ऽ
प	-	-	-	-	म	प	प	सां	सं	-	नि
भां	ऽ	ऽ	ऽ	ऽ	ग	बुं	दि	ऽ	या	ऽ	ऽ
नि	प	म	ग	-	ग	म	-	-			
प	ड़	ने	ऽ	ऽ	ल	गी	ऽ	ऽ			
X			0			X			0		

नोट—शेष अंतरे इसी प्रकार गाए-बजाए जाएंगे।

समर्पण-भजन

अब सौंप दिया इस जीवन को,
सब भार तुम्हारें हाथों में।
है जीत तुम्हारे हाथों में,
और हार तुम्हारे हाथों में।
अब सौंप दिया.............

1. मेरा निश्चय बस एक यही,
   एक बार तुम्हें पा जाऊं मैं।
   अर्पण कर दूं दुनिया भर का,
   सब प्यार तुम्हारे हाथों में।
   अब सौंप दिया.............

2. जो जग में रहूं, तो ऐसा रहूं,
   ज्यों जल में कमल का फूल रहे।
   मेरे सब गुण-दोष समर्पित हों,
   भगवान तुम्हारे हाथों में।
   अब सौंप दिया.............

3. यदि मानुष का मुझे जन्म मिले,
   तेरे चरणों का मैं, पुजारी बनूं।
   इस पूजक की इक नस-नस का,
   हो जार तुम्हारे हाथों में।
   अब सौंप दिया.............

4. हममें तुममें है भेद यही,
   हम नर हैं तुम नारायण हो।
   हम हैं संसार के हाथों में,
   संसार तुम्हारे हाथों में।
   अब सौंप दिया.............

स्थायी (ताल कहरवा)

-	**-**	**-**	**-**	**-**	**-**	**ग**	**म**	**प**	**-**	**ध**	**नि**	**ध**	**प**	**ग**	**म**
ऽ	ऽ	ऽ	ऽ	ऽ	ऽ	अ	ब	सौं	ऽ	प	दि	या	ऽ	इ	स
प	**-**	**ध**	**म॑**	**प**	**-**	**प**	**प**	**नि**	**-**	**सं**	**रें**	**गं**	**सं**	**<u>नि</u>**	**ध**
जी	ऽ	व	न	को	ऽ	स	ब	भा	ऽ	र	तु	म्हा	ऽ	रे	ऽ
सं	**<u>नि</u>**	**ध**	**प**	**प**	**-**	**ग**	**म**	**प**	**-**	**ध**	**नि**	**ध**	**प**	**ग**	**म**
हा	ऽ	थो	ऽ	में	ऽ	है	ऽ	जी	ऽ	त	तु	म्हा	ऽ	रे	ऽ
प	**-**	**ध**	**म॑**	**प**	**-**	**प**	**प**	**नि**	**-**	**सं**	**रें**	**गं**	**सं**	**<u>निं</u>**	**ध**
हा	ऽ	थों	ऽ	में	ऽ	औ	र	हा	ऽ	र	तु	म्हा	ऽ	रे	ऽ
सां	**<u>नि</u>**	**ध**	**प**	**प**	**-**										
हा	ऽ	थों	ऽ	में	ऽ										
X				0				X				0			

अंतरा

-	**-**	**-**	**-**	**-**	**-**	**नि**	**सं**	**रें**	**-**	**रें**	**रें**	**रें**	**रें**	**सं**	**सं**
ऽ	ऽ	ऽ	ऽ	ऽ	ऽ	में	ऽ	रा	ऽ	नि	श	च	य	ब	श
नि	**ध**	**नि**	**सं**	**सं**	**-**	**सं**	**सं**	**नि**	**-**	**ध**	**ध**	**प**	**म**	**प**	**ध**
ए	ऽ	क	य	ही	ऽ	इ	क	बा	ऽ	र	तु	म्हें	ऽ	पा	ऽ
सं	**<u>नि</u>**	**ध**	**प**	**प**	**-**	**ग**	**म**	**प**	**प**	**ध**	**नि**	**ध**	**प**	**ग**	**म**
जा	ऽ	ऊ	ऽ	मै	ऽ	अ	र	प	ण	क	र	दूँ	ऽ	दु	नि
प	**-**	**ध**	**म॑**	**प**	**-**	**प**	**प**	**नि**	**-**	**सां**	**रे**	**गं**	**सं**	**<u>नि</u>**	**ध**
यां	ऽ	भ	र	का	ऽ	स	ब	प्या	ऽ	र	तु	म्हा	ऽ	रे	ऽ
सं	**<u>नि</u>**	**ध**	**प**	**प**	**-**										
हां	ऽ	थो	ऽ	में	ऽ										
X				0				X				0			

नोट–शेष अंतरे इसी प्रकार गाए-बजाए जाएंगे।

श्रीराम-भजन

दाता इक राम, भिखारी सारी दुनियां,
राम एक देवता, पुजारी सारी दुनियां।
दाता इक राम...............

1. द्वार पे उसके जाके, कोई भी पुकारता,
   परम कृपा से अपनी, भव को उबारता,
   ऐसे दीनानाथ पे, बलिहारी सारी दुनियां।
   दाता इक राम.............

2. नाम का प्रकाश जब, अंदर जगाएगा,
   प्यारे श्री राम का तू, दर्शन पाएगा,
   ज्योति से जिसकी है, उंजियारी सारी दुनियां।
   दाता इक राम...............

3. दो दिन का जीवन प्राणी, कर ले विचार तू,
   प्यारे प्रभू को अपने, मन में निहार तू,
   बिना हरि नाम के, दुखियारी सारी दुनियां।
   दाता इक राम...............

स्थायी (ताल कहरवा)

-	-	-	नि	ध	प	-	म	म	-	-	-	म	-	म	ग
ऽ	ऽ	ऽ	दा	ता	इ	ऽ	क	रा	ऽ	ऽ	ऽ	म	ऽ	भि	ऽ
म	प	प	-	म	-	ग	-	ग	-	म	-	प	नि	सं	रें
खा	ऽ	री	ऽ	सा	ऽ	री	ऽ	दु	ऽ	नि	ऽ	यां	ऽ	ऽ	ऽ
नि	सं	-	प	नि	ध	प	म	म	म	-	-	म	म	-	-
ऽ	ऽ	ऽ	रा	ऽ	म	ए	ऽ	क	दे	ऽ	ऽ	व	ता	ऽ	ऽ
म	प	ध	ध	-	नि	सं	सं	-	नि	ध	ध	-	प	ध	म
पु	जा	ऽ	री	ऽ	सा	ऽ	री	ऽ	दु	ऽ	नि	ऽ	यां	ऽ	ऽ
प	सं	सं													
ऽ	ऽ	ऽ													
X				0				X				0			

अंतरा

-	-	-	म	-	ध	-	नि	सं	सं	सं	नि	नि	रें	सं	-
ऽ	ऽ	ऽ	द्वा	ऽ	रे	ऽ	पे	उ	स	के	ऽ	जा	ऽ	के	ऽ
नि	ध	-	ध	नि	नि	रें	सं	नि	ध	ध	ध	प	ध	म	-
ऽ	ऽ	ऽ	को	ई	भी	ऽ	पु	का	ऽ	ऽ	र	ता	ऽ	ऽ	ऽ
-	-	-	म	प	नि	-	नि	रें	-	रें	-	गं	मं	गं	सं
ऽ	ऽ	ऽ	प	र	म	ऽ	कृ	पा	ऽ	से	ऽ	अ	प	नी	ऽ
सं	-	-	ध	ध	नि	सं	सं	नि	ध	ध	ध	प	ध	म	-
ऽ	ऽ	ऽ	भ	व	को	ऽ	उ	बा	ऽ	ऽ	र	ता	ऽ	ऽ	ऽ
-	-	-	प	नि	ध	प	म	म	प	म	ग	ग	म	प	प
ऽ	ऽ	ऽ	ऐ	ऽ	से	दी	ऽ	ना	ना	ऽ	ऽ	थ	पे	ऽ	ऽ
-	-	-	प	नि	ध	प	म	म	म	-	-	म	म	-	म
ऽ	ऽ	ऽ	ऐ	ऽ	से	दी	ऽ	ना	ना	ऽ	ऽ	थ	पे	ऽ	ब
म	प	ध	ध	-	नि	सं	सं	-	नि	ध	ध	ध	प	ध	म
लि	हा	ऽ	री	ऽ	सा	ऽ	री	ऽ	दु	ऽ	नि	ऽ	यां	ऽ	ऽ
प	सं	-													
ऽ	ऽ	ऽ													
X				0				X				0			

नोट—शेष अंतरे इसी प्रकार गाए-बजाए जाएंगे।

श्रीकृष्ण-भजन

इक राधा इक मीरा, दोनों ने श्याम को चाहा,
अंतर क्या दोनों की चाह में बोलो,
इक प्रेम दिवानी, इक दरस दिवानी।

1. राधा ने मधुबन में ढूंढ़ा, मीरा ने मन में पाया,
राधा जिसे खो बैठी, वो गोविंद मीरा हाथ बिकाया।
इक मुरली, इक पायल, इक पगली, इक घायल,
अंतर क्या दोनों की प्रीत में बोलो,
इक सूरत लुभानी, इक मूरत लुभानी।
इक प्रेम दिवानी............

2. 'मीरा' के प्रभु गिरधर नागर, राधा के मनमोहन,
राधा नित शृंगार करे और मीरा बन गई जोगन,
इक रानी, इक दासी, दोनों हरि प्रेम की प्यासी।
अंतर क्या दोनों की तृप्ति में बोलो,
इक जीत न मानी, इक हार न मानी।
इक प्रेम दिवानी...............

स्थायी (ताल कहरवा)

-	-	-	-	प	-	ध	-	सां	-	-	-	सां	-	-	-
ऽ	ऽ	ऽ	ऽ	इ	ऽ	क	ऽ	रा	ऽ	ऽ	ऽ	धा	ऽ	ऽ	ऽ
सं	-	-	नि	रें	-	सं	-	सं	-	-	-	सं	-	-	-
ऽ	ऽ	ऽ	ऽ	इ	ऽ	क	ऽ	मी	ऽ	ऽ	ऽ	रा	ऽ	ऽ	ऽ
नि	-	ध	प	प	ग	म	ध	सं	-	-	-	सं	-	-	-
ऽ	ऽ	ऽ	ऽ	दो	ऽ	ऽ	ऽ	नो	ऽ	ऽ	ऽ	ने	ऽ	ऽ	ऽ
नि	सं	नि	गं	रें	-	सं	-	सं	-	-	-	सं	-	-	-
श्या	ऽ	ऽ	ऽ	म	ऽ	को	ऽ	चा	ऽ	ऽ	ऽ	हा	ऽ	ऽ	ऽ
रें	नि	ध	प	ध	-	प	-	प	-	ध	नि	नि	-	-	-
ऽ	ऽ	ऽ	ऽ	अं	ऽ	ऽ	ऽ	त	ऽ	र	ऽ	क्या	ऽ	ऽ	ऽ
सं	नि	ध	-	नि	गं	सं	-	-	-	-	प	म	प	ध	प
दो	ऽ	ऽ	ऽ	नो	ऽ	की	ऽ	ऽ	ऽ	ऽ	चा	ऽ	ह	ऽ	मे
ग	-	रे	स	स	-	ग	-	-	-	-	प	-	ध	-	म
बो	ऽ	लो	ऽ	इ	ऽ	क	ऽ	ऽ	ऽ	ऽ	प्रे	ऽ	म	ऽ	दि

ग	-	रें	-	ग	-	म	-	-	-	-	प	ग	स	-	ध
वा	ऽ	नि	ऽ	ए	ऽ	क	ऽ	ऽ	ऽ	ऽ	द	र	स	ऽ	दि
स	-	स	-												
वा	ऽ	नी	ऽ												
X				0				X				0			

अंतरा

-	-	-	प	-	ध	नि	-	ध	प	म	ग	प	-	ध	-
ऽ	ऽ	ऽ	रा	ऽ	धा	ऽ	ऽ	ने	ऽ	ऽ	ऽ	म	ऽ	धु	ऽ
नि	-	नि	-	नि	रें	सं	गं	रें	-	-	-	सं	-	-	-
ब	ऽ	न	ऽ	में	ऽ	ऽ	ऽ	दूँ	ऽ	ऽ	ऽ	ढा	ऽ	ऽ	ऽ
-	-	-	सं	गं	रें	-	सं	नि	-	सं	-	ष	-	ग	-
ऽ	ऽ	ऽ	मी	ऽ	रा	ऽ	ने	म	ऽ	न	ऽ	मे	ऽ	ऽ	ऽ
प	-	-	-	प	-	-	-	प	-	-	-	प	-	-	-
पा	ऽ	ऽ	ऽ	या	ऽ	ऽ	ऽ	ऽ	ऽ	ऽ	ऽ	ऽ	ऽ	ऽ	ऽ
प	-	-	प	-	रें	-	सं	रें	-	-	-	रें	-	-	-
ऽ	ऽ	ऽ	रा	ऽ	धा	ऽ	जि	से	ऽ	ऽ	ऽ	खो	ऽ	ऽ	ऽ
रें	-	-	सं	-	रें	-	मं	रें	-	-	-	सं	-	-	-
ऽ	ऽ	ऽ	वे	ऽ	ठी	ऽ	वो	गो	ऽ	ऽ	ऽ	वि	ऽ	द	ऽ
सं	-	-	प	सं	सं	-	-	सं	-	-	नि	सं	गं	रें	सं
ऽ	ऽ	ऽ	मी	ऽ	रा	ऽ	ऽ	हां	ऽ	ऽ	ऽ	थ	ऽ	वि	ऽ
ध	-	-	-	प	-	-	-	म	-	ग	-	प	-	ध	-
का	ऽ	ऽ	ऽ	या	ऽ	ऽ	ऽ	ऽ	ऽ	ऽ	ऽ	इ	ऽ	क	ऽ
सं	-	सं	-	सं	-	-	-	सं	-	नि	-	रें	-	सं	-
मु	ऽ	र	ऽ	ली	ऽ	ऽ	ऽ	ऽ	ऽ	ऽ	ऽ	इ	ऽ	क	ऽ
सं	-	-	-	सं	-	सं	-	नि	-	ध	प	प	-	ध	-
पा	ऽ	ऽ	ऽ	य	ऽ	ल	ऽ	ऽ	ऽ	ऽ	ऽ	इ	ऽ	क	ऽ
सं	-	सं	-	सं	-	-	-	सं	-	नि	-	रें	-	सं	-
प	ऽ	ग	ऽ	ली	ऽ	ऽ	ऽ	ऽ	ऽ	ऽ	ऽ	इ	ऽ	क	ऽ
सं	-	-	-	सं	-	सं	-	नि	-	ध	प				
घा	ऽ	ऽ	ऽ	य	ऽ	ल	ऽ	ऽ	ऽ	ऽ	ऽ				
X				0				X				0			

नोट—शेष अंतरे इसी प्रकार गाए-बजाए जाएंगे।

ईश्वर-भजन

तोरा मन दर्पण कहलाये,
भले बुरे सारे कर्मों को, देखे और दिखाए।
तोरा मन दर्पण कहलाए-2

1. मन ही देवता, मन ही ईश्वर,
   मन से बड़ा न कोय।
   मन उजियारा जब जब फैले,
   जग उजियारा होय।
   इस उजले दर्पण पर प्राणी,
   धूल न जमने पाए।
   तोरा मन दर्पण कहलाए.............

2. सुख की कलियां दुख के कांटे,
   मन सबका आधार।
   मन से कोई बात छिपे ना,
   मन के नैन हजार।
   जग से कोई भाग ले चाहे,
   मन से भाग न पाए।
   तोरा मन दर्पण कहलाए................

3. तप की दौलत ढलती छाया,
   मन का धन अनमोल।
   तन के कारण मन के धन को,
   मत माटी में रोल।
   मन की कदर भुलाने वाला,
   हीरा जन्म गंवाए।
   तोरा मन दर्पण कहलाए.............

स्थायी (ताल कहरवा)

-	-	-	-	म	-	प	-	-	-	-	नि	नि	ध	प	-
ऽ	ऽ	ऽ	ऽ	तो	ऽ	रा	ऽ	ऽ	ऽ	ऽ	म	न	द	र	ऽ
म	-	ग	-	-	म	म	म	प	-	-	-	प	-	-	-
प	ऽ	न	ऽ	ऽ	क	ऽ	ह	ला	ऽ	ऽ	ऽ	ए	ऽ	ऽ	ऽ
प	-	ध	-	म	-	प	-	-	-	-	सं	सं	-	सं	-
रे	ऽ	ऽ	ऽ	तो	ऽ	रा	ऽ	ऽ	ऽ	ऽ	भ	ले	ऽ	बु	ऽ
रें	-	-	-	सं	-	रें	-	गं	-	-	-	गं	-	गं	-
रे	ऽ	ऽ	ऽ	सा	ऽ	ऽ	ऽ	रे	ऽ	ऽ	ऽ	क	ऽ	र	ऽ
मं	-	-	-	रें	-	-	-	-	-	-	रें	सं	रें	पं	-
मो	ऽ	ऽ	ऽ	को	ऽ	ऽ	ऽ	ऽ	ऽ	ऽ	दे	ऽ	खे	ऽ	ऽ
रें	-	रें	सां	गं	-	रें	-	सं	नि	-	-	नि	-	-	सं
औ	ऽ	ऽ	ऽ	र	ऽ	दि	ऽ	खा	ऽ	ऽ	ऽ	ऽ	ऽ	ऽ	ऽ
ध	-	प	-												
ए	ऽ	ऽ	ऽ												
X				0				X				0			

अंतरा

-	-	-	नि	नि	नि	ध	-	नि	-	नि	-	नि	-	-	-
ऽ	ऽ	ऽ	म	न	ही	दे	ऽ	ऽ	ऽ	व	ऽ	ता	ऽ	ऽ	ऽ
-	-	-	नि	रें	सं	रें	-	ध	-	सं	-	नि	-	नि	-
ऽ	ऽ	ऽ	म	न	ही	ऽ	ऽ	ई	ऽ	ऽ	ऽ	श्व	ऽ	र	ऽ
-	-	-	ध	नि	ध	प	-	म	-	प	-	-	-	ध	-
ऽ	ऽ	ऽ	म	न	से	ऽ	ऽ	व	ऽ	डा	ऽ	ऽ	ऽ	न	ऽ
प	-	-	-	प	-	-	-	ध	पं	म	रे	म	प	ध	नि
को	ऽ	ऽ	ऽ	ऽ	ऽ	ऽ	ऽ	ऽ	ऽ	ऽ	ऽ	ऽ	ऽ	ऽ	ऽ
-	-	-	ध	सं	सं	सं	-	सां	-	-	-	सां	-	नि	-
ऽ	ऽ	ऽ	म	न	उँ	जि	ऽ	या	ऽ	ऽ	ऽ	रा	ऽ	ऽ	ऽ
-	-	-	सं	रें	रें	रें	-	रें	-	-	-	रें	-	-	-
ऽ	ऽ	ऽ	ज	ब	ज	ब	ऽ	फै	ऽ	ऽ	ऽ	ले	ऽ	ऽ	ऽ
-	-	-	रें	मं	मं	मं	गं	रें	-	-	-	गं	-	रें	सं
ऽ	ऽ	ऽ	ज	ग	उँ	जि	ऽ	या	ऽ	ऽ	ऽ	रा	ऽ	ऽ	ऽ
रें	-	-	-	रें	-	-	-	रें	-	-	-	रें	-	-	-
हो	ऽ	ऽ	ऽ	ऽ	ऽ	ऽ	ऽ	ऽ	ऽ	ऽ	ऽ	ऽ	ऽ	ऽ	ऽ
-	-	-	रें	रें	मं	मं	-	पं	-	-	-	पं	-	-	-
ऽ	ऽ	ऽ	इ	स	उ	ज	ऽ	ले	ऽ	ऽ	ऽ	द	ऽ	र	ऽ
मं	-	-	मं	पं	घं	पं	-	गं	रें	मं	गं	रें	-	सं	-
इ	ऽ	ऽ	प	ण	प	र	ऽ	प्रा	ऽ	ऽ	ऽ	णी	ऽ	ऽ	ऽ
-	-	-	रें	पं	मं	-	रें	सं	-	सं	-	रें	मं	सं	रें
ऽ	ऽ	ऽ	धू	ऽ	ल	ऽ	न	ज	ऽ	म	ऽ	ने	ऽ	ऽ	ऽ
नि	-	-	-	नि	-	-	सं	ध	-	प	-				
पा	ऽ	ऽ	ऽ	ऽ	ऽ	ऽ	ऽ	ए	ऽ	ऽ	ऽ				
X				0				X				0			

नोट—शेष अंतरे इसी प्रकार गाए-बजाए जाएंगे।

श्रीकृष्ण-भजन

मन तड़पत हरि दर्शन को आज,
मेरा उन बिन बिगड़े सगरो काज,
हो-हो बिनती करत हूं रखियो लाज।
मन तड़पत ....

1. तुम्हरे द्वार का मैं हूं जोगी,
   हमरी ओर नज़र कब होगी,
   सुन मोरे व्याकुल मन की प्यास।
   मन तड़पत..................

2. बिन गुरु ज्ञान कहां से पाऊं,
   दीजो ज्ञान हरी गुण गाऊँ,
   सब गुणियन पे तुम्हारो राज।
   मन तड़पत.................

स्थायी (तीन ताल, राग मालकौंस)

-	-	-	-	-	-	म	म	ग	म	ग	स	नि़	स	ध़	नि़
ऽ	ऽ	ऽ	ऽ	ऽ	ऽ	म	न	त	ड़	प	त	ह	रि	द	र
स	स	म	म	म	म	म	म	ग	म	ध	नि	सं	सं	सं	सं-
श	न	को	आ	ऽ	ज	मो	रा	उ	न	बि	न	बि	ग	ड़ेऽ	ऽऽ
ध	नि	ध	म	म	म	गम	धनि	सं	सं-	नि	सं	ध	म	धनि	संसं
स	ग	रो	का	ऽ	ज	होऽ	ऽऽ	ऽ	विन	ती	क	र	त	हूंऽ	ऽऽ
ध	नि	ध	म	म	म										
र	खि	यो	ला	ऽ	ज										
X				2				0				3			

अंतरा

-	-	-	-	-	-	-	-	ग	ग	म	म	ध	ध	नी	नी
ऽ	ऽ	ऽ	ऽ	ऽ	ऽ	ऽ	ऽ	तु	म्हे	रे	ऽ	द्वा	ऽ	र	का
सं	-	सं	-	गं	नि	सं	-	-	नि	नि	नि	सं	नि	ध	म
मैं	ऽ	हूं	ऽ	जो	ऽ	गी	ऽ	ऽ	ह	म	रो	ओ	ऽ	र	न
ध	ध	नि	सं	ध	नि	ध	म	ध	नि	सं	गं	मं	गं	सं	सं
ज	र	क	ब	हो	ऽ	गी	ऽ	सु	न	मो	रे	व्या	ऽ	कु	ल
धम	म	गम	धनि	सं	नि़	स	स								
म	न	कीऽ	ऽऽ	ऽऽ	प्या	ऽ	स								
X				2				0				3			

नोट–शेष अंतरे इसी प्रकार गाए-बजाए जाएंगे।

ईश्वर-भजन

दरसन दो घनश्याम, नाथ मोरी,
अंखियां प्यासी रे।
मन मंदिर की ज्योति जगा दो,
घट-घट बासी रे।
दर्शन दो घनश्याम...............

1. मंदिर-मंदिर मूरत तेरी,
फिर भी न देखी सूरत तेरी,
युग बीते न आई मिलन की।
पूरनमासी रे।
दर्शन दो घनश्याम..............

2. द्वार दया का जब तू खोले,
पंचम सुर में गूंगा बोले,
अंधा देखे लंगड़ा, चलकर।
पहुंचे काशी रे।
दर्शन दो घनश्याम.................

स्थायी (तीनताल, राग केदार)

-	-	-	-	-	-	-	-	**स**	**स**	**म**	**म**	**म**	-	**म**	**ग**
ऽ	ऽ	ऽ	ऽ	ऽ	ऽ	ऽ	ऽ	द	र	स	न	दो	ऽ	घ	न
प	-	**प**	**प**	**प**	**ध**	**म॑**	**प**	**ध**	**सं**	**ध**	**प**	**म॑**	**प**	**ध**	**प**
श्या	ऽ	म	ना	ऽ	थ	मो	री	अं	खि	यां	ऽ	प्या	ऽ	सी	ऽ
म	-	-	-	**रेम**	**पम**	**रेंरें**	**सस**	**प**	**प**	**प**	-	**सं**	**सं**	**सं**	**नि**
रे	ऽ	ऽ	ऽ	ऽऽ	ऽऽ	ऽऽ	ऽऽ	म	न	मं	ऽ	दि	र	की	ऽ
ध	**नि**	**सं**	**रें**	**सं**	**नि**	**ध**	**प**	**रे**	**प**	**प**	**प**	**म॑**	**प**	**ध**	**प**
ज्यो	ऽ	ति	ज	गा	ऽ	दो	ऽ	घ	ट	घ	ट	बा	ऽ	सी	ऽ
म	-	-	-	**रेम॑**	**पम॑**	**रेंरें**	**सऽ**								
रे	ऽ	ऽ	ऽ	ऽऽ	ऽऽ	ऽऽ	ऽऽ								
X				2				0				3			

अंतरा

-	-	-	-	-	-	-	-	**प**	-	**प**	**प**	**सं**	-	**सं**	**सं**
ऽ	ऽ	ऽ	ऽ	ऽ	ऽ	ऽ	ऽ	मं	ऽ	दि	र	मं	ऽ	दि	र
सं	-	**सं**	**सं**	**नि**	**रें**	**सं**	**सं**	**नि**	**नि**	**नि**	**ध**	**नि**	-	**सं**	**रें**
मू	ऽ	र	त	ते	ऽ	री	ऽ	फि	र	भी	न	दे	ऽ	खी	ऽ
नि	-	**नि**	**सं**	**ध**	-	**प**	-	**गं**	**गं**	**गं**	**मं**	**रें**	-	**सं**	-
सू	ऽ	र	त	ते	ऽ	री	ऽ	यु	ग	बी	ऽ	ते	ऽ	ना	ऽ
नि	-	**नि**	**सं**	**ध**	**ध**	**प**	-	**रे**	**प**	**प**	**प**	**म॑**	**प**	**ध**	**प**
आ	ऽ	ई	मि	ल	न	की	ऽ	पू	ऽ	र	न	मा	ऽ	सी	ऽ
म	-	-	-	**रेम॑**	**पम॑**	**रेंरें**	**सम**								
रे	ऽ	ऽ	ऽ	ऽऽ	ऽऽ	ऽऽ	ऽऽ								
X				2				0				3			

नोट—शेष अंतरे इसी प्रकार गाए-बजाए जाएंगे।

ईश्वर-भजन

पूछो न कैसे मैंने रैन बिताई,
इक पल जैसे इक युग बीता-2।
युग बीते मोहे नींद न आई,
पूछो न कैसे मैंने रैन बिताई।

1. न कहीं चंदा न कहीं तारे,
   दरस के प्यासे, नैन हमारे,
   रोवत-रोवत, रैन बिताई।
   पूछो न कैसे मैंने............

2. इत जले दीपक उत मन मेरा,
   फिर भी न जाये, मेरे मन का अंधेरा।
   भोर भई अब आस लगाये,
   पूछो न कैसे मैंने रैन बिताई।
   इक पल जैसे.................

स्थायी (तीनताल, राग-अहीर भैरव)

-	-	-	-	-	-	-	-	स	ध	ध	ध	नि	प	म	म
ऽ	ऽ	ऽ	ऽ	ऽ	ऽ	ऽ	ऽ	पू	छो	न	कै	ऽ	से	मैं	ने
म	-	ग	म	रे	-	स	-	रे	स	ध़	नि़	रे	रे	स	-
रै	ऽ	न	बि	ता	ऽ	ई	ऽ	इ	क	प	ल	जै	ऽ	से	ऽ
स	रे	म	ग	म	-	म-	म-	म	ध	ध	ध	ध	निसं	नि	ध
इ	क	यु	ग	बी	ऽ	ताऽ	ऽऽ	यु	ग	बी	ऽ	ते	ऽऽ	मों	हे
म	-	ग	म	रे	-	स	-								
नीं	ऽ	द	न	आ	ऽ	ई	ऽ								
X				2				0				3			

अंतरा

-	-	-	-	-	-	-	-	म	-	म	म	पध	ध-	प	म
ऽ	ऽ	ऽ	ऽ	ऽ	ऽ	ऽ	ऽ	न	ऽ	क	हीं	चंऽ	ऽऽ	दा	ऽ
प	ध	नि	सं	नि	रें	सं	-	रें	रें	रें	सं	रें	रें	रें	सं
न	ऽ	क	हीं	ता	ऽ	रे	ऽ	द	र	स	के	प्या	ऽ	से	ऽ
सरें	गंमं	गं	रें	सं	-	सं	-	रें	सं	नि	नि	सं	नि	ध	प
नैऽ	ऽऽ	न	ह	मा	ऽ	रे	ऽ	रो	ऽ	व	त	रो	ऽ	व	त
पध	नि	ध	प	ग	म	रे	स								
रैऽ	ऽ	न	वि	ता	ऽ	ई	ऽ								
X				2				0				3			

नोट–शेष अंतरे इसी प्रकार गाए-बजाए जाएंगे।

ईश्वर-भजन

तुम आशा, विश्वास हमारे,
तुम धरती, आकाश हमारे,
तुम धरती आकाश हमारे-रामा।
तुम आशा................

1. तात मात तुम बंधु भ्रात हो-2
   दिवस रात्रि संध्या प्रभात हो-2
   दीपक, सूर्य चंद्र तारत में-रामा,
   तुम ही ज्योती प्रकाश हमारे-रामा।
   तुम आशा................

2. सांसों में तुम आते-जाते-2
   एक तुम्हीं से हैं सब नाते-2
   जीवन मन के हर पतझड़ में-रामा,
   एक तुम्हीं मधुमास हमारे-रामा।
   तुम आशा................

3. तुम ही सब में, है तुममें सब,
   तुम ही भव हो, हो तुम ही रब,
   अश्क हमारे आंखों में तुम-रामा,
   तुम होंठों पर मुस्कान हमारे-रामा।
   तुम आशा................

स्थायी (ताल कहरवा)

-	-	-	-	-	-	ग	प	ध	ध	ध	-	ध	-	रें	सं
ऽ	ऽ	ऽ	ऽ	ऽ	ऽ	तु	म	आ	ऽ	शा	ऽ	ऽ	ऽ	वि	श
ध	प	-	-	ग	-	रे	स	म	-	म	-	-	-	ग	प
वा	ऽ	ऽ	ऽ	ऽ	ऽ	श	ह	मा	ऽ	रे	ऽ	ऽ	ऽ	तु	म
सं	प	ध	-	-	-	रें	सं	ध	प	-	-	ग	-	रे	स
ध	र	ती	ऽ	ऽ	ऽ	आ	ऽ	का	ऽ	ऽ	ऽ	ऽ	ऽ	श	ह
म	-	म	-	म	-	ग	प	नी	नी	नी	-	नि	-	नि	रें
मा	ऽ	रे	ऽ	ऽ	ऽ	तु	म	ध	र	ती	ऽ	ऽ	ऽ	आ	ऽ
मं	गं	गं	गं	गं	गं	गं	रें	मं	गं	सं	नि	ध	प		
का	ऽ	श	ह	मा	ऽ	रे	ऽ	रा	ऽ	मा	ऽ	ऽ	ऽ		
X				0				X				0			

अंतरा

ध	-	ध	सं	ध	प	प	प	ध	-	सं	सं	रें	रें	रें	-
ता	ऽ	त	मा	ऽ	त	तु	म	ब	ऽ	न्धु	भ्रा	ऽ	त	हो	ऽ
ग	म	ग	रे	ग	प	ग	प	नी	-	नी	ध	-	प	म	-
दि	व	स	रा	ऽ	त्रि	सं	ऽ	ध्या	ऽ	प्र	भा	ऽ	त	हो	ऽ
ध	-	ध	सं	ध	प	प	प	ध	सं	मं	गं	रें	रें	रें	रें
दी	ऽ	प	क	सू	ऽ	र्य	च	ऽ	न्द्र	ता	ऽ	र	त	मे	ऽ
सं	-	-	-	ध	-	रें	सं	ध	प	-	-	प	-	ग	प
ऽ	ऽ	ऽ	ऽ	ऽ	ऽ	रा	ऽ	मा	ऽ	ऽ	ऽ	ऽ	ऽ	तु	म
नी	-	नी	-	नी	-	नी	रें	मं	गं	गं	गं	गं	-	गं	रें
ही	ऽ	ज्यों	ऽ	ति	ऽ	प	र	का	ऽ	श	ह	मा	ऽ	रे	ऽ
मं	गं	सं	नि	ध	प										
रा	ऽ	मा	ऽ	ऽ	ऽ										
X				0				X				0			

नोट–शेष अंतरे इसी प्रकार गाए बजाए जाएंगे।

ईश्वर-भजन

इतनी शक्ति हमें दे न दाता,
मन का विश्वास कमजोर हो ना।
हम चले नेक रस्ते पे हमसे,
भूल कर भी कोई भूल हो ना।
इतनी शक्ति........................

1. दूर अज्ञान के हों अंधेरे,
   तू हमें ज्ञान की रोशनी दे।
   हर बुराई से बचते रहें हम,
   जितनी भी दे, भली जिन्दगी दे।
   बैर हो न किसी का किसी से,
   भावना मन में बदले की हो न।
   हम चले नेक रस्ते पे हमसे,
   भूल कर भी कोई भूल हो न।

(शेष पृष्ठ 176 पर देखें)

स्थायी (ताल दादरा)

-	-	-	म	ग	ग	ग	म	म	-	-	म
ऽ	ऽ	ऽ	इ	त	नी	श	ऽ	क्ति	ऽ	ऽ	ह
म	-	म	-	-	ग	म	-	प	-	-	-
में	ऽ	दे	ऽ	ऽ	न	दा	ऽ	ता	ऽ	ऽ	ऽ
-	-	-	स	स	स	प	प	प	-	-	प
ऽ	ऽ	ऽ	म	न	का	वि	स	वा	ऽ	ऽ	स
ध	ध	ध	प	म	म	प	-	म	म	-	-
क	म	जो	ऽ	ऽ	र	हो	ऽ	ऽ	ना	ऽ	ऽ
म	-	-	म	ध	ध	ध	-	-	ध	-	ध
ऽ	ऽ	ऽ	ह	म	च	ले	ऽ	ऽ	ने	ऽ	क
ध	ध	ध	प	नि	ध	प	म	ग	रे	-	-
र	स	ते	ऽ	ऽ	पे	ह	म	से	ऽ	ऽ	ऽ
-	-	-	स	-	स	ग	रे	रे	-	-	स
ऽ	ऽ	ऽ	भू	ऽ	ल	क	र	भी	ऽ	ऽ	को
म	-	-	म	-	ग	प	प	म	म	-	-
ई	ऽ	ऽ	भू	ऽ	ल	हो	ऽ	ऽ	ना	ऽ	ऽ
-	-	-									
ऽ	ऽ	ऽ									
X			0			X			0		

(पृष्ठ 174 का शेष)

    इतनी शक्ति............................

2. हम न सोचे हमें क्या मिला है,
   हम न सोचे किया क्या है अर्पण।
   फूल खुशियों के बांटे सभी को,
   सबका जीवन भी बन जाए मधुबन।
   अपनी करुणा का जल तू बहा कर,
   कर दे पावन हर इक मन का कोना।
   हम चले नेक रस्ते पे हमसे,
   भूल कर भी कोई भूल हो न।
   इतनी शक्ति............................

3. हर तरफ जुल्म है, बेवशी है,
   सहमा-सहमा सा हर आदमी है।
   पाप का बोझ बढ़ता ही जाए,
   जाने कैसे यह धरती थमी है।
   बोझ ममता का तू अब हटा ले,
   तेरी रचना का ही, अंत हो ना।
   हम चले नेक रस्ते पे हमसे
   भूलकर भी, कोई भूल हो ना।
   इतनी शक्ति............................

अंतरा

-	-	-	म	सं	सं	सं	-	रें	गं	रें	सं
ऽ	ऽ	ऽ	दू	ऽ	र	अ	ऽ	ज्ञा	ऽ	ऽ	न
ध	-	प	ध	म	म	प	ध	ध	सं	-	-
के	ऽ	हो	ऽ	ऽ	अं	धे	ऽ	रे	ऽ	ऽ	ऽ
सं	-	-	सं	-	रें	नि	-	-	नि	-	नि
ऽ	ऽ	ऽ	तू	ऽ	ह	में	ऽ	ऽ	ज्ञा	ऽ	न
रें	-	-	रें	-	-	गं	रें	सं	सं	-	-
की	ऽ	ऽ	रो	ऽ	श	नी	ऽ	ऽ	दे	ऽ	ऽ
नि	ध	-	सं	सं	सं	सं	-	रें	गं	रें	सं
ऽ	ऽ	ऽ	ह	र	बु	रा	ऽ	ई	ऽ	ऽ	से
ध	ध	प	ध	म	म	प	ध	-	सं	सं	-
ब	च	ते	ऽ	ऽ	र	हें	ऽ	ऽ	ह	म	ऽ
-	-	-	सं	सं	रें	नि	-	नि	-	-	सं
ऽ	ऽ	ऽ	जि	त	नी	भी	ऽ	दे	ऽ	ऽ	भ
ध	-	-	प	म	म	ध	प	प	प	-	ध
ली	ऽ	ऽ	जिं	ऽ	द	गी	ऽ	ऽ	दे	ऽ	ऽ
प	म	-	म	-	ग	ग	म	म	-	-	म
ऽ	ऽ	ऽ	बै	ऽ	र	हो	ऽ	ना	ऽ	ऽ	कि
म	-	-	म	ग	ग	म	-	-	प	-	-
सी	ऽ	ऽ	का	ऽ	कि	सी	ऽ	ऽ	से	ऽ	ऽ
प	-	-	स	-	स	प	-	प	प	प	प
ऽ	ऽ	ऽ	भा	ऽ	व	ना	ऽ	ऽ	म	न	में
ध	ध	ध	प	म	म	प	-	म	म	-	-
ब	द	ले	ऽ	ऽ	कि	हो	ऽ	ऽ	ना	ऽ	ऽ
म	-	-									
ऽ	ऽ	ऽ									
X			0			X			0		

नोट–शेष अंतरे इसी प्रकार गाए बजाए जाएंगे।

फिल्मी-भजन

ओ दुनिया के रखवाले, सुन दर्द भरे मेरे नाले-2

1. आश निराश के दो रंगों से दुनिया तूने सजाई,
नैया संग तूफान बनाया मिलन के साथ जुदाई।
जा देख लिया हरजाई,
ओ लुट गई मेरे प्यार की नगरी, अब तो नीर बहा ले-2
ओ दुनिया...

2. आग बनी सावन की बरखा, फूल बने अंगारे,
नागन बन गई रात सुहानी, पत्थर बन गए तारे।
सब टूट चुके हैं सहारे,
ओ जीवन अपना वापस ले ले जीवन देने वाले-2
ओ दुनिया...

3. चांद को ढूंढ़े पागल सूरज, शाम को ढूंढ़े सवेरा,
मैं भी ढूंढूं उस प्रीतम को, हो न सका जो मेरा।
भगवान भला हो तेरा,
ओ किस्मत फूटी, आस न टूटी, पांव में पड़ गए छाले-2
ओ दुनिया के...

4. महल उदास और गलियां सूनीं, चुप-चुप हैं, दीवारें,
दिल क्या उजड़ा, दुनियां उजड़ी, रूठ गई हैं बहारें।
हम जीवन कैसे गुजारें,
ओ मंदिर गिरता फिर बन जाता, दिल को कौन सम्भाले-2
ओ दुनिया के...

स्थायी (ताल कहरवा)

-	**-**	**-**	**-**	**-**	**-**	**ग**	**म**	**म**	**प**	**प**	**-**	**प**	**ध**	**प**	**म**
ऽ	ऽ	ऽ	ऽ	ऽ	ऽ	ओ	ऽ	दु	नि	याँ	ऽ	के	ऽ	र	ख
प	**ध**	**ध**	**नि**	**-**	**-**	**नि**	**ध**	**नि**	**सं**	**सं**	**सं**	**ध**	**-**	**प**	**म**
वा	ऽ	ले	ऽ	ऽ	ऽ	सु	न	द	र	द	भ	रे	ऽ	मे	रे
प	**ध**	**ध**	**-**	**-**	**-**	**प**	**म**	**म**	**प**	**प**	**प**	**म**	**ग**	**म**	**ध**
ना	ऽ	ले	ऽ	ऽ	ऽ	सु	न	द	र	द	भ	रे	ऽ	मे	रे
ध	प	प	-	-	-										
ना	ऽ	ले	ऽ	ऽ	ऽ										
X				0				X				0			

अंतरा

रे	**प**	**प**	**प**	**प**	**-**	**प**	**प**	**म**	**प**	**ध**	**प**	**ग**	**म**	**रे**	**रे**
आ	ऽ	श	नि	रा	ऽ	श	के	दो	ऽ	रं	ऽ	गो	ऽ	से	ऽ
रे	**प**	**प**	**-**	**ध**	**नी**	**प**	**प**	**ध**	**रें**	**सं**	**नि**	**-**	**-**	**-**	**-**
दु	नि	याँ	ऽ	तू	ऽ	ने	स	जा	ऽ	ई	ऽ	ऽ	ऽ	ऽ	ऽ
नि	**-**	**सं**	**-**	**गं**	**-**	**मं**	**गं**	**मं**	**पं**	**पं**	**पं**	**पं**	**-**	**पं**	**-**
नै	ऽ	या	ऽ	सं	ग	तू	ऽ	फा	ऽ	न	ब	ना	ऽ	या	ऽ
रें	**मं**	**मं**	**मं**	**पं**	**मं**	**धं**	**पं**	**गं**	**मं**	**रें**	**-**	**-**	**-**	**मं**	**पं**
मि	ल	न	के	सा	ऽ	थ	जु	दा	ऽ	ई	ऽ	ऽ	ऽ	जा	ऽ
पं	**धं**	**धं**	**धं**	**पं**	**मं**	**गं**	**मं**	**मं**	**पं**	**पं**	**-**	**पं**	**-**	**मं**	**पं**
दे	ऽ	ख	लि	या	ऽ	ह	र	जा	ऽ	ई	ऽ	ऽ	ऽ	ओ	ऽ
मं	**पंधं**	**धं**	**धं**	**धं**	**-**	**पं**	**धं**	**नी**	**-**	**नी**	**सं**	**धं**	**धं**	**पं**	**पं**
ओ	लुट	ग	ई	मे	ऽ	रे	ऽ	प्या	ऽ	र	की	न	ग	री	ऽ
रें	**मं**	**मं**	**-**	**पं**	**पं**	**पं**	**मं**	**पं**	**धं**	**धं**	**-**	**धं**	**-**	**-**	**-**
अ	ब	तो	ऽ	नी	ऽ	र	ब	हा	ऽ	ले	ऽ	ऽ	ऽ	ऽ	ऽ
मं	**पं**	**-**	**-**	**पं**	**-**	**-**	**-**	**मं**	**गं**	**मं**	**गं**	**मं**	**रें**	**-**	**-**
ओ	ऽ	ऽ	ऽ	ऽ	ऽ	ऽ	ऽ	ऽ	ऽ	ऽ	ऽ	ऽ	ऽ	ऽ	ऽ
ध	**सं**	**सं**	**-**	**रें**	**सं**	**मं**	**रें**	**सं**	**नि**	**-**	**सं**	**ध**	**प**		
अ	ब	तो	ऽ	नी	ऽ	र	ब	हा	ऽ	ऽ	ऽ	ले	ऽ		
X				0				X				0			

नोट–शेष अंतरे इसी प्रकार गाए-बजाए जाएंगे।

ईश्वर-भजन

अल्ला तेरो नाम, ईश्वर तेरो नाम,
सबको सम्मति दे भगवान।
अल्ला तेरो नाम.................

1. इस धरती का रूप न उजड़े,
   प्यार की ठंडी धूप न बिगड़े,
   सबको मिले सुख का बरदान।
   अल्ला तेरो नाम.................

2. ओ सारे जग के रखवाले,
   निर्बल को बल देने वाले,
   बलवानों को दे दे ज्ञान।
   अल्ला तेरो नाम.................

3. मांगों का सिन्दूर न छूटे,
   मां बहनों की आस न टूटे,
   देह बिना भटके नहिं प्राण।
   अल्ला तेरो नाम.................

स्थायी (ताल दीपचंदी)

म	म	-	ध	प	नि	ध	ध	-	-	ध	-	-	नि
अ	ल्ला	ऽ	ते	ऽ	रो	ऽ	ना	ऽ	ऽ	म	ऽ	ऽ	ई
प	ध	-	नि	ध	सं	नि	नि	-	-	ध	-	प	म
श्व	र	ऽ	ते	ऽ	रो	ऽ	ना	ऽ	ऽ	म	ऽ	ऽ	ऽ
म	म	-	ध	प	नि	ध	ध	-	-	ध	-	-	नि
स	ब	ऽ	को	ऽ	ऽ	ऽ	स	ऽ	ऽ	म्म	ऽ	ति	ऽ
प	ध	-	नि	ध	सं	नि	नि	-	-	ध	-	प	म
दे	ऽ	ऽ	भ	ऽ	ग	ऽ	वा	ऽ	ऽ	न	ऽ	ऽ	ऽ
म	म	-	सं	प	नि	ध	ध	-	-	ध	-	-	-
अ	ल्ला	ऽ	ते	ऽ	रो	ऽ	ना	ऽ	ऽ	म	ऽ	ऽ	ऽ
X			2				0			3			

अंतरा

म	म	-	ध	प	नि	ध	ध	-	-	ध	-	-	-
इ	स	ऽ	ध	ऽ	र	ऽ	ती	ऽ	ऽ	का	ऽ	ऽ	ऽ
प	ध	-	नि	ध	सं	नि	नि	-	-	ध	-	प	म
रू	ऽ	ऽ	प	ऽ	न	ऽ	उ	ज	ऽ	ड़े	ऽ	ऽ	ऽ
सं	-	-	सं	-	सं	-	गं	रें	गं	सं	-	नि	सं
प्या	ऽ	ऽ	र	ऽ	की	ऽ	ठं	ऽ	ऽ	डी	ऽ	ऽ	ऽ
नि	ध	-	नि	ध	सं	-	नि	नि	-	ध	प	म	ग
धू	ऽ	ऽ	प	ऽ	न	ऽ	बि	ग	ऽ	ड़े	ऽ	ऽ	ऽ
रे	रे	-	ग	-	रे	म	ग	रे	स	ध़	ध़	नि़	-
स	ब	ऽ	को	ऽ	ऽ	मि	ले	ऽ	ऽ	सु	ऽ	ख	ऽ
स	ग	ग	म	ध	नि	सं	नि	प	-	म	-	ग	-
का	ऽ	ऽ	ब	ऽ	र	ऽ	दा	ऽ	ऽ	ऽ	ऽ	ऽ	न
X			0				X			0			

नोट–शेष अंतरे इसी प्रकार गाए-बजाए जाएंगे।

आरती-जगदीशजी की

ओम् जय जगदीश हरे, स्वामी जय जगदीश हरे
भक्त जनों के संकट क्षण में दूर करे ॥ ओम् जय ॥

1. जो ध्यावे फल पावे, दुख बिन से मन का,
   स्वामी दुख बिन से मन का,
   सुख सम्पत्ति घर आवे, कष्ट मिटे तन का ॥ ओम् जय... ॥

2. मात-पिता तुम मेरे, शरण गहूं मैं किसकी,
   स्वामी शरण गहूं मैं किसकी,
   तुम बिन और न दूजा, आस करूं मैं जिसकी।
   ओम् जय जगदीश...................

3. तुम पूरण परमात्मा, तुम अंतरयामी,
   स्वामी तुम अंतरयामी,
   पार ब्रह्म परमेश्वर, तुम सबके स्वामी।
   ओम् जय जगदीश...................

4. तुम करुणा के सागर, तुम पालन कर्ता,
   स्वामी तुम पालन कर्ता,
   मैं सेवक तुम स्वामी, कृपा करो भर्ता।
   ओम् जय जगदीश...................

5. तुम हो एक अगोचर, सब के प्राण पती,
   स्वामी सब के प्राण पती,
   किस विधि मिलूं दया मैं, तुमको मैं कुमती।
   ओम् जय जगदीश...................

6. दीन बंधु दुख हर्ता, तुम रक्षक मेरे,
   स्वामी तुम रक्षक मेरे,
   अपने हाथ उठाओ, द्वार पड़ा तेरे।
   ओम् जय जगदीश...................

7. विषय-विकार मिटाओ, पाप हरो देवा,
   स्वामी पाप हरो देवा,
   श्रद्धा भक्ति बढ़ाओ, संतन की सेवा।
   ओम् जय जगदीश...................

स्थायी (ताल कहरवा)

-	-	-	-	-	-	स	-	म	म	म	म	म	म	ग	म
ऽ	ऽ	ऽ	ऽ	ऽ	ऽ	ओ	म	ज	य	ज	ग	दी	ऽ	श	ह
प	-	-	-	-	-	प	ध	नि	नि	सं	सं	रें	सां	नि	ध
रे	ऽ	ऽ	ऽ	ऽ	ऽ	स्वा	मी	ज	य	ज	ग	दी	ऽ	श	ह
नि	प	-	-	-	-	-	-	प	ध	प	ध	नि	-	नि	ध
रे	ऽ	ऽ	ऽ	ऽ	ऽ	ऽ	ऽ	भ	ऽ	क्त	ज	नों	ऽ	के	ऽ
प	ध	म	म	प	ध	प	ध	नि	-	नि	ध	प	ध	म	म
सं	ऽ	क	ट	भ	ऽ	क्त	ज	नों	ऽ	के	ऽ	सं	ऽ	क	ट
म	म	प	-	ध	प	म	ग	म	रे	-	-	-	-	प	प
क्ष	ण	में	ऽ	दू	ऽ	र	क	रे	ऽ	ऽ	ऽ	ऽ	ऽ	ओ	म
प	प	प	प	ध	प	म	ग	म	-	-	-	-	-		
ज	य	ज	ग	दी	ऽ	श	ह	रे	ऽ	ऽ	ऽ	ऽ	ऽ		
×				0				×				0			

अंतरा

-	-	-	-	-	-	-	-	प	म	म	ग	प	म	म	ग
ऽ	ऽ	ऽ	ऽ	ऽ	ऽ	ऽ	ऽ	जो	ऽ	ध्या	ऽ	वे	ऽ	फ	ल
प	म	म	-	-	-	-	-	सं	सं	नि	नि	ध	-	प	म
पा	ऽ	वे	ऽ	ऽ	ऽ	ऽ	ऽ	दु	ख	बि	न	से	ऽ	म	न
ध	प	-	-	-	-	सं	सं	सं	रें	सं	नि	ध	-	प	म
का	ऽ	ऽ	ऽ	ऽ	ऽ	स्वा	मी	दु	ख	बि	न	से	ऽ	म	न
ध	प	-	-	-	-	-	-	प	ध	प	ध	नि	नि	नि	ध
का	ऽ	ऽ	ऽ	ऽ	ऽ	ऽ	ऽ	सु	ख	सं	ऽ	प	ति	घ	र
प	ध	म	-	प	ध	प	ध	नि	नि	नि	ध	प	ध	म	-
आ	ऽ	वे	ऽ	सु	ख	सं	ऽ	प	ति	घ	र	आ	ऽ	वे	ऽ
म	म	प	प	ध	प	म	ग	म	रे	-	-	-	-	प	प
क	ऽ	ष्ट	मि	टै	ऽ	त	न	का	ऽ	ऽ	ऽ	ऽ	ऽ	ओ	म
प	प	प	प	ध	प	म	ग	म	-	-	-	-	-		
ज	य	ज	ग	दी	ऽ	श	ह	रे	ऽ	ऽ	ऽ	ऽ	ऽ		
×				0				×				0			

नोट–शेष अंतरे इसी प्रकार गाए-बजाए जाएंगे।

ईश्वर-प्रार्थना

ऐ मालिक तेरे बंदे हम,
ऐसे हों हमारे करम।
नेकी पर चलें और बदी से डरें,
ताकि हंसते हुए निकले दम। ऐ मालिक.....

1. बड़ा कमजोर है आदमी,
अभी लाखों हैं इसमें कमी।
पर तू जो खड़ा है दयालु बड़ा,
तेरी किरपा से धरती थमी।
दिया तूने हमें जब जन्म,
तू ही झेलेगा हम सब के गम।
नेकी पर चलें और बदी से डरे,
ताकि हंसते हुए निकले दम। ऐ मालिक.....

2. ये अंधेरा घना छा रहा,
तेरा इन्सान घबरा रहा।
हो रहा बेखबर कुछ न आता नजर,
सुख का सूरज छिपा जा रहा।
है तेरी रोशनी में जो दम,
तू अमावस को कर दे पूनम।
नेकी पर चलें और बदी से डरें,
ताकि हंसते हुए निकले दम। ऐ मालिक.....

3. जब जुल्मों का हो सामना,
तब तू ही हमें थामना।
वो बुराई करें, हम भलाई करें,
नहीं बदले की हो भावना।
बढ़ उठे प्यार का हर कदम,
और मिटे बैर का ये भरम।
नेकी पर चले और बदी से डरें,
ताकि हंसते हुए निकले दम। ऐ मालिक.....

स्थायी (ताल कहरवा)

-	-	-	-	-	-	स	-	ध-	ध	ध	ध	प-	म	ग	म
ऽ	ऽ	ऽ	ऽ	ऽ	ऽ	ऐ	ऽ	माऽ	लि	क	ते	रेऽ	वं	ऽ	दे
प	-	-	-	प	-	प	ध	म-	ध	-	प	म	म	प	म
हम	ऽ	ऽ	ऽ	ऽ	ऽ	ऐ	ऽ	सेऽ	हों	ऽ	ह	माऽ	रे	ऽ	क
ग	-	-	-	-	-	स	नि़	स-	ग	ग	रे	स	-	नि़	नि़
रम	ऽ	ऽ	ऽ	ऽ	ऽ	ने	ऽ	कीऽ	प	र	च	लें	ऽ	औ	र
नि़	स-	ग-	रे	स	-	स	स	ध-	ध	प	म	प	प	ग	-
व	दीऽ	सेऽ	ड	रें	ऽ	ता	कि	हंस	ते	ऽ	हु	ए	नि	क	ले
म	म	-	-	-	-										
दम	ऽ	ऽ	ऽ	ऽ	ऽ										
×				0				×				0			

अंतरा

-	-	-	-	-	-	सं	सं	नि-	सं	सं	नि	ध-	ध	नि	ध
ऽ	ऽ	ऽ	ऽ	ऽ	ऽ	ब	ड़ा	कम	जो	ऽ	र	हेऽ	आ	ऽ	द
म	-	-	-	-	-	म	म	ग-	म	-	म	ग	ग	म	-
मी	ऽ	ऽ	ऽ	ऽ	ऽ	अ	भी	लाऽ	खों	ऽ	है	इ	स	में	ऽ
ग	स	-	-	-	-	ग	म	प-	सं	-	नि	प	-	ग	म
क	मी	ऽ	ऽ	ऽ	ऽ	प	र	तूऽ	जो	ऽ	ख	ड़ा	ऽ	है	द
पनि	पसं	नि	प	-	-	ग	म	मप	प	-	म	ग	ग	म	-
याऽ	लुऽ	ब	ड़ा	ऽ	ऽ	ते	री	किर	पा	ऽ	से	ध	र	ती	ऽ
ग	स	-	-	-	-	स	स	ध-	ध	ध	प-	म	ग	म	प
थ	मी	ऽ	ऽ	ऽ	ऽ	दि	या	तूऽ	ने	ह	मेंऽ	ज	ब	ज	ऽ
प	-	-	-	-	-	प	ध	म-	ध	-	प	म	म	प	प
न	म	ऽ	ऽ	ऽ	ऽ	तू	ही	झेऽ	ले	ऽ	गा	ह	म	स	ब
म	ग	ग	-	-	-	स	नि़	स-	ग	ग	रे	स	-	नि़	नि़
के	ग	म	ऽ	ऽ	ऽ	ने	ऽ	कीऽ	प	र	च	लें	ऽ	औ	र
नि़	स-	ग	-	रे	स	-	स	स	ध-	ध	ध	प	म	म	प
ब	दीऽ	से	ऽ	ड	रें	ऽ	ता	कि	हंस	ते	ऽ	हु	ए	नि	क
ग	म-	-	-	-	-										
ले	दम	ऽ	ऽ	ऽ	ऽ										
×				0				×				0			

नोट—शेष अंतरे इसी प्रकार गाए-बजाए जाएंगे।

ईश्वर-भजन

ईश्वर सत्य है, सत्य ही शिव है,
शिव ही सुंदर है, जागो उठकर देखो,
जीवन ज्योति उजागर है।
सत्यम्-शिवम्-सुंदरम्-३

1. राम अवध में, काशी में शिव,
   कान्हा वृंदावन में।
   दया करो प्रभु, देखूं इनको,
   हर घर के आंगन में।
   राधा-मोहन-शरणम्,
   सत्यम्-शिवम्-सुंदरम् ।.................

2. एक सूर्य है, एक गगन है,
   एक ही धरती माता।
   दया करो प्रभु एक बने हम,
   सबका एक सा नाता।
   राधा-मोहन-शरणम्,
   सत्यम्-शिवम्-सुंदरम् ।.................

स्थायी (ताल कहरवा)

ई	ऽ	श्व	र	स	ऽ	ऽ	त्य	है	ऽ	ऽ	ऽ	ऽ	ऽ	ऽ	ऽ
स	ऽ	ऽ	त्य	ही	ऽ	शि	व	है	ऽ	ऽ	ऽ	ऽ	ऽ	ऽ	ऽ
शि	व	ही	ऽ	सुं	ऽ	द	र	है	ऽ	ऽ	ऽ	ओ	ऽ	ऽ	ऽ
ऽ	ऽ	ऽ	ऽ	ऽ	ऽ	ऽ	ऽ	ऽ	ऽ	ऽ	ऽ	ऽ	ऽ	ऽ	ऽ
ध-	**नि-**	**नि**	**प**	**म**	**ग**	**म-**	**म**	**प**	**प**	-	-	**धप**	**मरे**	**मप**	**धध**
सऽ	त्य	म्	शि	व	म्	सुंऽ	द	र	म्	ऽ	ऽ	ऽऽ	ऽऽ	ऽऽ	ऽऽ
ध-	-	**नि**	**प**	**म**	**ग**	**म-**	**म**	**प**	**प**	-	-	**धप**	**मरे**	**मप**	**ध-**
सऽ	त्य	म्	शि	व	म्	सुंऽ	द	र	म्	ऽ	ऽ	ऽऽ	ऽऽ	ऽऽ	ऽऽ
ध	**प**	**म**	**ग**	**पम**	**पम**	**धप**	**धप**	**ग**	-	**प**	**प**	**निध**	**पध**	**संनि**	**धप**
आ	ऽ	ऽ	ऽ	ऽऽ	ऽऽ	ऽऽ	ऽऽ	ऽ	ऽ	ऽ	ऽ	ऽऽ	ऽऽ	ऽऽ	ऽऽ
×				0				×				0			

अंतरा

-	**सं**	**रें**	**सं**	**रें**	**रें**	**रें**	-	-	**सं**	**रें**	**रें**	**प**	**नी**	**नी**	**नी**
ऽ	रा	म	अ	व	ध	में	ऽ	ऽ	का	ऽ	शी	में	ऽ	शि	व
-	**सं**	**नि**	**ध**	**प**	**म॑**	**प**	**ध-**	**ध**	**ध**	**ध**	-	**ध**	-	-	-
ऽ	का	न्हा	ऽ	बृं	ऽ	दा	ऽऽ	ब	न	में	ऽ	ऽ	ऽ	ऽ	ऽ
-	**सं**	**सं**	**नि**	**सं**	-	**सं**	**सं**	**नि**	-	**ध**	**प**	**ध**	**नि**	**नि**	-
ऽ	द	या	क	रो	ऽ	प्र	भु	दे	ऽ	खूं	ऽ	इ	न	को	ऽ
-	**ग**	**रे**	**रे**	**रे**	**रे**	-	**ध**	**प**	**प**	**प**	**प**	-	-	-	-
ऽ	ह	र	घ	र	के	ऽ	आं	ऽ	ग	न	में	ऽ	ऽ	ऽ	ऽ
-	**रें**	-	**गं**	**सं**	**ध**	**म॑**	**रे**	**रे**	**ध**	**ध-**	-	**नि**	**सं**	**ध**	**प**
ऽ	रा	ऽ	धा	मो	ह	न	श	र	णम्	ऽ	ऽ	ऽ	ऽ	ऽ	ऽ
×				0				×				0			

नोट–शेष अंतरे इसी प्रकार गाए-बजाए जाएंगे।

भजन-संतोषी माता

करती हूं तुम्हारा व्रत मैं, स्वीकार करो मां,
मंझधार में अटकी हूं बेड़ा पार करो मां-2
हे मां सन्तोषी, जय मां सन्तोषी। करती हूं.....

1. बैठी हूं बड़ी आशा से, तुम्हारे दरबार में,
क्यूं रोए तुम्हारी बेटी, इस निर्भय संसार में।
पलटा दो मेरी किस्मत, चमत्कार करो मां,
मंझधार में अटकी हूं बेड़ा पार करो मां-2। हे मां संतोषी.....

2. मेरे लिए तो बंद है, दुनियां की सब राहें,
कल्याण मेरा हो सकता है, मां आप जो चाहें।
चिन्ता की आग से मेरा, उद्धार करो मां,
मंझधार में अटकी हूं बेड़ा पार करो मां-2। हे मां संतोषी.....

3. दुर्भाग्य की दीवार को तुम आज हटा दो,
मातेश्वरी वापस मेरे सौभाग्य को ला दो।
इक अभागिनी नारी का, बेड़ा पार करो मां,
मंझधार में अटकी हूं बेड़ा पार करो मां। हे मां संतोषी.....

स्थायी (ताल कहरवा)

-	-	-	-	-	-	म	रे	रे	म	म	म	प	-	ध	-
ऽ	ऽ	ऽ	ऽ	ऽ	ऽ	क	र	ती	ऽ	हूं	तु	म्हा	ऽ	रा	ऽ
ष	प	प	प	-	-	प	ध	म	प	प	म	म	म	प	ध
व्र	त	मैं	ऽ	ऽ	ऽ	स्वी	ऽ	का	ऽ	ऽ	ऽ	र	क	रो	ऽ
ध	-	-	-	-	-	ध	प	ध	सं	ध	सं	सं	-	सं	-
मां	ऽ	ऽ	ऽ	ऽ	ऽ	म	झ	धा	ऽ	ऽ	र	में	ऽ	अं	ट
नि	-	नि	-	नि	ध	ध	प	प	ध	सं	नि	नि	ध	ध	प
की	ऽ	हूं	ऽ	बे	ऽ	ड़ा	ऽ	पा	ऽ	ऽ	ऽ	र	क	रो	ऽ
ध	प	म	ध	ध	ध	ध	म	म	प	ध	ध	ध	प	प	-
मां	ऽ	ऽ	ऽ	बे	ऽ	ड़ा	ऽ	पा	ऽ	ऽ	ऽ	र	क	रो	ऽ

प	-	-	-	-	-	म	रे	रे	म	म	-	प	-	ध	-
मां	ऽ	ऽ	ऽ	ऽ	ऽ	हे	ऽ	मां	ऽ	सं	ऽ	तो	ऽ	षी	ऽ
ध	-	-	-	-	-	धनि	सं	सं	नि	ध	प	प	-	प	-
ऽ	ऽ	ऽ	ऽ	ऽ	ऽ	हेऽ	ऽ	मां	ऽ	सं	ऽ	तो	ऽ	षी	ऽ
प	-	-	-	-	-										
ऽ	ऽ	ऽ	ऽ	ऽ	ऽ										
X				0				X				0			

अंतरा

-	-	-	-	-	-	प	रें	रें	-	रें	रें	रें	-	रें	मं
ऽ	ऽ	ऽ	ऽ	ऽ	ऽ	बै	ऽ	ठी	ऽ	हूं	ब	ड़ी	ऽ	आ	ऽ
मं	गं	गं	रें	-	रें	रें	सं	सं	नि	नि	ध	ध	नि	रें	सं
सा	ऽ	से	ऽ	ऽ	तु	म्हा	ऽ	रे	ऽ	द	र	बा	ऽ	ऽ	र
सं	-	-	-	-	-	सं	नि	सं	रें	रें	सं	नि	सं	सं	नि
में	ऽ	ऽ	ऽ	ऽ	ऽ	क्यूं	ऽ	रो	ऽ	ए	तु	म्हा	ऽ	री	ऽ
ध	नि	ध	प	-	-	ध	नि	नि	सं	सं	नि	नि	ध	ध	प
बे	ऽ	टी	ऽ	ऽ	ऽ	नि	र	भ	य	सं	ऽ	सा	ऽ	ऽ	र
प	-	-	-	-	-	म	रे	रे	म	म	-	प	-	ध	-
में	ऽ	ऽ	ऽ	ऽ	ऽ	प	ल	टा	ऽ	दो	ऽ	मे	ऽ	री	ऽ
प	प	प	प	-	प	प	ध	म	प	प	म	म	म	प	ध
कि	स	म	त	ऽ	च	म	त	का	ऽ	ऽ	ऽ	र	क	रो	ऽ
ध	-	-	-	-	-	ध	प	ध	सं	ध	सं	सं	-	सं	सं
मां	ऽ	ऽ	ऽ	ऽ	ऽ	म	झ	धा	ऽ	ऽ	र	में	ऽ	अं	ट
नि	-	नि	-	नि	ध	ध	प	प	ध	सं	नि	नि	ध	ध	प
की	ऽ	हूं	ऽ	बे	ऽ	ड़ा	ऽ	पा	ऽ	ऽ	ऽ	र	क	रो	ऽ
ध	प	म	ध	ध	-	ध	म	म	प	प	ध	ध	ध	ध	प
मां	ऽ	ऽ	ऽ	बे	ऽ	ड़ा	ऽ	पा	ऽ	ऽ	ऽ	र	क	रो	ऽ
म	-	-	-	-	-										
मां	ऽ	ऽ	ऽ	ऽ	ऽ										
X				0				X				0			

नोट–शेष अंतरे इसी प्रकार गाए-बजाए जाएंगे।

भजन-संतोषी माता

मैं तो आरती उतारूं रे संतोषी माता की,
जय जय संतोषी माता, जय-जय मां-2।

1. बड़ी ममता है बड़ा प्यार मां की आंखों में,
बड़ी करुणा भरी दुलार मां की आंखों में।
क्यों न देखूं मैं बारम्बार मां की आंखों में,
दिखे हर घड़ी नया चमत्कार, मां की आंखों में।
नृत्य करूं घूम-2 झम झमा-झम झूम झूम,
झांकी निहारूं रे, ओ प्यारी-प्यारी झांकी निहारू रे। मैं तो आरती...

2. सदा होती है जय जयकार मां के मंदिर में,
नित झांझर की होय झंकार मां के मंदिर में।
सदा मंजीरे करते पुकार मां के मंदिर में,
दीप धरूं धूप धरूं प्रेम सहित भक्ति करूं।
जीवन सुधारू रे ओ प्यारा-प्यारा जीवन सुधारू रे। मैं तो आरती...

स्थायी (ताल दादरा)

-	-	-	**प**	**ध**	-	**प**	**म**	**म**	**म**	-	**प**
ऽ	ऽ	ऽ	मै	तो	ऽ	आ	ऽ	र	ती	ऽ	ऊ
नी	-	-	**सं**	-	-	**रें**	-	-	**रें**	-	-
ता	ऽ	ऽ	रूं	ऽ	ऽ	रे	ऽ	ऽ	ऽ	ऽ	ऽ
नी	**नी**	**सं**	**रें**	**रें**	**सं**	**नी**	**प**	**प**	**प**	-	-
सं	ऽ	तो	ऽ	सी	ऽ	मा	ऽ	ऽ	ता	ऽ	ऽ
प	-	-	**प**	-	-	**म**	**म**	**प**	**प**	**नी**	-
की	ऽ	ऽ	ऽ	ऽ	ऽ	ज	य	ज	य	सं	ऽ
ध	-	**प**	**ध**	-	**म**	**प**	**प**	**प**	**प**	**प**	**प**
तो	ऽ	षी	मा	ता	ऽ	ऽ	ज	य	ऽ	ज	य
प	**प**	**ध**	-	**प**	**म**	**म**	**म**	**म**	**प**	**प**	**नी**
ऽ	माँ	ऽ	ऽ	ऽ	ऽ	ऽ	ज	य	ज	ज	सं
-	**ध**	-	**प**	**ध**	**प**	**म**	**म**	**म**	-	**म**	**म**
ऽ	तो	ऽ	षी	मा	ता	ऽ	ज	य	ऽ	ज	य
म	**म**	-									
ऽ	मा	ऽ									
X			0			X			0		

अंतरा

-	-	-	नी	नी	-	म	नी	-	नी	-	-
ऽ	ऽ	ऽ	ब	डी	ऽ	म	म	ऽ	ता	ऽ	ऽ
नी	-	-	सं	नि	प	प	नी	-	नी	-	नी
है	ऽ	ऽ	ब	ड़ा	ऽ	प्या	ऽ	ऽ	ऽ	ऽ	र
सं	-	-	रें	रें	सं	नी	-	-	प	-	-
माँ	ऽ	ऽ	की	ऽ	ऽ	आँ	ऽ	ऽ	खों	ऽ	ऽ
प	-	-	नी	नी	-	म	नी	-	नी	-	-
मे	ऽ	ऽ	ब	ड़ी	ऽ	क	रू	ऽ	णा	ऽ	ऽ
नी	नी	-	सं	-	प	नी	-	-	नि	-	-
भ	री	ऽ	ऽ	ऽ	दु	ला	ऽ	ऽ	ऽ	ऽ	र
सं	-	-	रें	-	सं	नी	-	-	प	-	-
माँ	ऽ	ऽ	की	ऽ	ऽ	आँ	ऽ	ऽ	खों	ऽ	ऽ
प	-	-	सं	सं	-	प	सं	सं	-	सं	-
मे	ऽ	ऽ	क्यों	न	ऽ	दे	ऽ	खूँ	ऽ	मै	ऽ
सं	-	-	सं	सं	नि	सं	-	-	सं	-	-
बा	ऽ	ऽ	रं	ऽ	ऽ	बा	ऽ	ऽ	ऽ	ऽ	र
सं	-	-	रें	-	सं	सं	-	-	सं	-	-
माँ	ऽ	ऽ	की	ऽ	ऽ	आँ	ऽ	ऽ	खों	ऽ	ऽ
सं	-	-	प	प	नि	म	म	-	म	म	-
मे	ऽ	ऽ	दि	खे	ऽ	ह	र	ऽ	घ	डी	ऽ
प	नि	-	सं	सं	प	नी	-	-	नी	-	-
न	या	ऽ	च	म	त	का	ऽ	ऽ	ऽ	ऽ	र
सं	-	-	रें	रें	सं	नि	प	प	प	प	-
माँ	ऽ	ऽ	की	ऽ	ऽ	आँ	ऽ	ऽ	खों	ऽ	ऽ
प	-	-	प	-	-	नि	रें	रें	रें	रें	-
मे	ऽ	ऽ	ऽ	ऽ	ऽ	नृ	ऽ	त्य	क	रुँ	ऽ
सं	रें	रें	रें	रें	रें	नि	रें	रें	रें	रें	-
झू	ऽ	म	झू	ऽ	म	झ	म	झ	मा	झ	म
सं	रें	रें	रें	रें	रें	प	सं	सं	सं	सं	-
झू	ऽ	म	झू	ऽ	म	झाँ	ऽ	की	ऽ	नि	ऽ
सं	-	-	सं	-	-	नि	प	-	प	-	प
हाँ	ऽ	ऽ	रूँ	ऽ	ऽ	रे	ऽ	ऽ	ऽ	ऽ	ऽ
प	-	प									
ऽ	ऽ	ऽ									
X			0			X			0		

नोट—शेष अंतरे इसी प्रकार गाए-बजाए जाएंगे।

श्रीकृष्ण-भजन

श्याम तेरी बंशी पुकारे राधा नाम,
लोग करें मीरा को यूं ही बदनाम।
सांवरे की बंशी को बजने से काम,
राधा का भी श्याम वो तो मीरा का भी श्याम।

1. यमुना की लहरें बंशी वट की छइयां,
किसका नहीं है कहो कृष्ण कन्हैया।
है श्याम का दीवाना तो सारा ब्रजधाम,
कोई कहे मीरा तो कोई घनश्याम।
श्याम तेरी वंशी............................

2. कौन जाने बांसुरिया किसको बुलाये,
जिसके मन भाये वो उसी के गुण गाये।
कौन नहीं बंशी की धुन का गुलाम,
राधा का भी श्याम वो तो मीरा का भी श्याम।
श्याम तेरी बंशी पुकारे राधा नाम,
लोग करे मीरा को यूं ही बदनाम।
सांवरे की बंशी को बजने से काम,
राधा का भी श्याम वो तो मीरा का भी श्याम।
श्याम तेरी वंशी............................

स्थायी (दादरा ताल)

ग	-	**म**	**प**	**प**	-	**प**	-	**प**	-	-	**प**
श्या	ऽ	म	ते	री	ऽ	बं	ऽ	शी	ऽ	ऽ	पु
प	**ध**	-	**म**	**म**	-	**नि**	**प**	-	**म**	**ग**	-
का	रे	ऽ	रा	धा	ऽ	ना	ऽ	ऽ	म	ऽ	ऽ
स	-	**रे**	**ग**	**ग**	-	**म**	**ग**	**रे**	**स**	**स**	-
लो	ऽ	ग	क	रें	ऽ	मी	ऽ	रा	ऽ	को	ऽ

नि़	**ध़**	-	**नि़**	**स**	-	**स**	-	-	**स**	-	-
यूं	ही	ऽ	ब	द	ऽ	ना	ऽ	ऽ	म	ऽ	ऽ
ग	-	**म**	**प**	**प**	-	**प**	-	**प**	-	**प**	-
सां	ऽ	व	रे	की	ऽ	बं	ऽ	शी	ऽ	को	ऽ
प	**ध**	**प**	**ध**	**म**	-	**म**	**प**	**प**	**म**	**ग**	**ग**
ब	ज	ने	ऽ	से	ऽ	का	ऽ	ऽ	ऽ	ऽ	म
स	**ध**	-	**प**	**म**	-	**ग**	-	**रे**	**स**	**रे**	**स**
रा	धा	ऽ	का	भी	ऽ	श्या	ऽ	म	वो	तो	ऽ
नि़	**ध़**	-	**नि़**	**स**	**स**	**स**	-	-	**स**	-	-
मी	रा	ऽ	का	ऽ	भी	श्या	ऽ	ऽ	म	ऽ	ऽ
X			0			X			0		

अंतरा

प	**सं**	**सं**	-	**सं**	-	**सं**	**सं**	**सं**	**रें**	**सं**	-
ज	मु	ना	ऽ	की	ऽ	ल	ह	रें	ऽ	बं	ऽ
नि	-	**ध**	**प**	**प**	-	**प**	**ध**	-	**ध**	**नि**	-
शी	ऽ	व	ट	की	ऽ	छ	इ	ऽ	यां	ऽ	ऽ
प	**प**	**प**	**नि**	-	**नि**	**नि**	-	**सं**	**सं**	**रें**	**सं**
कि	स	को	ऽ	ऽ	नहीं	है	ऽ	क	हो	ऽ	कृ
नि	**ध**	**नि**	**ध**	**प**	-	-	**प**	**प**	**म**	**ग**	-
ऽ	ष्ण	ऽ	ऽ	क	न्है	ऽ	ऽ	या	ऽ	ऽ	ऽ
ग	-	**म**	**प**	-	**प**	**प**	-	**प**	-	-	**प**
श्या	ऽ	म	का	ऽ	दी	वा	ऽ	ना	ऽ	ऽ	तो
प	**प**	**ध**	**प**	**म**	-	**म**	**म**	**ग**	**रे**	**ग**	**स**
सा	रा	ऽ	बृ	ज	ऽ	धा	ऽ	ऽ	ऽ	ऽ	म
स	-	**रे**	**ग**	**ग**	-	**म**	**ग**	**रे**	**स**	-	**स**
को	ऽ	ई	क	हें	ऽ	मी	ऽ	रा	ऽ	ऽ	तो
स	**नि़**	**ध़**	**नि़**	**स**	-	**स**	-	-	**सा**	-	-
को	ई	ऽ	घ	न	ऽ	श्या	ऽ	ऽ	ऽ	ऽ	म
X			0			X			0		

नोट–शेष अंतरे इसी प्रकार गाए-बजाए जाएंगे।

फिल्मी-भजन

यशोमत मैया से बोले नंदलाला,
राधा क्यों गोरी मैं क्यों काला-2
यशोमत मैया........................

1. बोली मुस्काती मैया, ललन को बताया,
कारी अंधियारी आधी रात में तू आया।
लाडला कन्हैया मेरा हो, लाडला कन्हैया मेरा,
काली कमली वाला इसीलिए काला।
यशोमत मैया...............................

2. बोली मुस्काती मैया सुन मेरे प्यारे,
गोरी-गोरी राधिका के नैन कजरारे।
काले नैनों वाली ने ऐसा जादू डाला,
इसीलिए काला, यशोमत मैया........

स्थायी (ताल-कहरवा)

-	-	म	म	सं	सं	सं	-	सं	-	-	गं	रें	-	सं	-
ऽ	ऽ	य	शो	ऽ	म	त	ऽ	मै	ऽ	ऽ	ऽ	या	ऽ	से	ऽ
नि	-	ध	-	प	-	म	रे	रे	म	म	म	म	प	ध	प
ऽ	ऽ	बो	ऽ	ले	ऽ	नं	द	ला	ऽ	ऽ	ऽ	ला	ऽ	ऽ	ऽ
ध	म	म	-	प	नि	नि	-	नि	-	नि	सं	नि	ध	प	-
ऽ	ऽ	रा	ऽ	धा	ऽ	क्यूँ	ऽ	गो	ऽ	ऽ	ऽ	री	ऽ	ऽ	ऽ
प	प	ध	-	ध	प	प	म	म	-	-	-	म	-	-	-
ऽ	ऽ	मै	ऽ	ऽ	क्यूँ	ऽ	ऽ	का	ऽ	ऽ	ऽ	ला	ऽ	ऽ	ऽ
म	-														
ऽ	ऽ														
X				0				X				0			

अंतरा

–	–	नि	–	सं	नि	ध	–	ध	नी	नि	सं	सं	–	सं	–
ऽ	ऽ	बो	ऽ	ली	मु	ऽ	स	का	ऽ	ती	ऽ	मै	ऽ	या	ऽ
सं	–	सं	सं	गं	गं	–	गं	गं	रें	सं	रें	सं	रें	सं	रें
ऽ	ऽ	ल	ल	न	को	ऽ	ब	ता	ऽ	ऽ	ऽ	या	ऽ	ऽ	ऽ
सं	नि	सं	–	मं	मं	–	मं	गं	गं	गं	रें	सं	रें	सं	नि
ऽ	ऽ	का	ऽ	री	अँ	ऽ	धि	या	ऽ	री	ऽ	आ	ऽ	धी	ऽ
नि	–	नि	–	सं	सं	–	गं	रें	रें	रें	सं	सं	–	–	–
ऽ	ऽ	रा	ऽ	त	मे	ऽ	तू	आ	ऽ	ऽ	ऽ	या	ऽ	ऽ	ऽ
सं	-	म	-	सं	सं	–	सं	सं	–	सं	रें	नि	–	ध	प
ऽ	ऽ	ला	ऽ	ड	ला	ऽ	क	न्है	ऽ	या	ऽ	में	ऽ	रा	ऽ
म	सं	–	–	सं	–	–	–	नि	सं	ध	नि	प	ध	म	–
हो	ऽ	ऽ	ऽ	ऽ	ऽ	ऽ	ऽ	ऽ	ऽ	ऽ	ऽ	ऽ	ऽ	ऽ	ऽ
म	-	म	-	प	नि	-	नि	नि	–	नि	सं	सं	–	सं	–
ऽ	ऽ	ला	ऽ	ड	ला	ऽ	क	न्है	ऽ	या	ऽ	मे	ऽ	रा	ऽ
सं	–	सं	–	रें	सं	नी	नी	ध	–	प	म	म	प	ध	प
ऽ	ऽ	का	ऽ	ली	क	म	ली	वा	ऽ	ऽ	ऽ	ला	ऽ	ऽ	ऽ
ध	म	नि	ध	-	प	म	–	म	–	–	–	म	–	–	–
ऽ	ऽ	ई	स	ऽ	लि	ए	ऽ	का	ऽ	ऽ	ऽ	ला	ऽ	ऽ	ऽ
म	–														
ऽ	ऽ														
X				0				X				0			

नोट–शेष अंतरे इसी प्रकार गाए-बजाए जाएंगे।

फिल्मी-भजन

बच्चे, मन के सच्चे,
सारे जग की आंख के तारे।
ये वो नन्हे फूल हैं जो,
भगवान को लगते प्यारे।
बच्चे मन के................

1. खुद रूठें खुद मन जाएं,
   फिर हम जोली बन जाएं।
   झगड़ा जिसके साथ करें,
   अगले ही पल फिर बात करें।
   इनको किसी से बैर नहीं,
   इनके लिए कोई गैर नहीं।
   इनका भोलापन मिलता है,
   सबको हाथ पसारे।
   बच्चे मन के...............

2. इंसा जब तक बच्चा है,
   समझो तभी तक सच्चा है।
   ज्यों-ज्यों उसकी उमर बढ़े,
   मन पर झूठ का मैल चढ़े।
   क्रोध बढ़े नफरत घेरे,
   लालच की आदत घेरे।
   बचपन इन पापों से हटकर,
   अपनी उमर गुजारे।
   बच्चे मन के..............

स्थायी (ताल कहरवा)

–	–	–	–	–	–	प	–	सं	–	–	–	प	प	प	म
ऽ	ऽ	ऽ	ऽ	ऽ	ऽ	ब	ऽ	च्चे	ऽ	ऽ	ऽ	म	न	के	ऽ
म	–	प	–	–	–	प	प	प	नि	नि	–	सं	गं	रें	सं
स	ऽ	च्चे	ऽ	ऽ	ऽ	सा	रे	ज	ग	की	ऽ	आं	ऽ	ख	के
नि	–	सं	–	–	–	–	–	नि	रें	रें	–	रें	रें	गं	रें
ता	ऽ	रे	ऽ	ऽ	ऽ	ऽ	ऽ	ये	ऽ	वो	ऽ	न	ऽ	न्हे	ऽ
सं	–	सं	सं	सं	नि	रें	सं	नि	–	नि	नि	नि	ध	नि	सं
फू	ऽ	ल	हैं	जो	ऽ	भ	ग	वा	ऽ	न	को	ल	ग	ते	ऽ
नि	ध	नि	–	ध	प										
प्या	ऽ	रे	ऽ	ऽ	ऽ										
X				0				X				0			

अंतरा

म	प	प	ध	प	म	म	ग	ग	म	म	प	प	–	–	–
खु	द	रू	ऽ	ठें	ऽ	खु	द	म	न	जा	ऽ	एं	ऽ	ऽ	ऽ
म	प	प	ध	प	म	म	ग	ग	म	म	प	प	–	–	–
फि	र	ह	म	जो	ऽ	ली	ऽ	ब	न	जा	ऽ	एं	ऽ	ऽ	ऽ
प	नि	नि	ध	नि	नि	ध	प	प	नि	नि	ध	नि	–	–	–
झ	ग	ड़ा	ऽ	जि	न	के	ऽ	सा	ऽ	थ	क	रें	ऽ	ऽ	ऽ
नि	सं	सं	रें	सं	नि	ध	प	प	–	प	प	प	–	–	–
अ	ग	ले	ही	प	ल	फि	र	बा	ऽ	त	क	रें	ऽ	ऽ	ऽ
प	रें	रें	गं	रें	सं	सं	नि	नि	सं	सं	रें	रें	–	–	–
इ	न	को	कि	सी	ऽ	से	ऽ	बै	ऽ	र	न	हीं	ऽ	ऽ	ऽ
गं	गं	गं	रें	मं	गं	रें	सं	सं	–	सं	सं	सं	–	–	–
इ	न	के	लि	ए	ऽ	को	ई	गै	ऽ	र	न	हीं	ऽ	ऽ	ऽ
सं	मं	मं	गं	गं	रें	रें	सं	रें	सं	नि	नि	सं	रें	रें	–
इ	न	का	ऽ	भो	ऽ	ला	ऽ	प	न	मि	ल	ता	ऽ	है	ऽ
नि	रें	रें	सं	सं	नि	नि	नि	ध	–	नि	–	ध	प		
स	ब	को	ऽ	हां	ऽ	थ	प	सा	ऽ	रे	ऽ	ऽ	ऽ		
X				0				X				0			

नोट–शेष अंतरे इसी प्रकार गाए-बजाएं जाएंगे।

फिल्मी-भजन

सुन ले पुकार आई, आज तेरे द्वार ले के,
आंसुओं की धार मेरे सांवरे-2।
सुन ले पुकार......................

1. विनती करूं मैं तोसे जग के खिवैया,
डूब न जाए मेरी आशा की नैया।
किसको दिखाऊं जाके दर्द मैं अपना,
कोई नहीं है मेरा कृष्ण कन्हैया-2।
सुन ले पुकार........................

2. मैंने प्रभु आज तक कुछ नहीं मांगा,
आज तू दान दे दे अपनी दया का।
बदले में आकर मेरी जान भी ले ले,
बचा ले सहारा दाता इस दुखिया का-2।
सुन ले पुकार...........................

2. तूने जो मेरे दिल की ज्योति बुझाई,
ओ दुनिया वाले होगी तेरी हंसाई।
ऐसी भलाई का जो बदला मिलेगा,
कभी न मिटेगी तेरे जग से बुराई-2
सुन ले पुकार............................

स्थायी (ताल कहरवा)

–	–	–	म	प	ध	–	प	ध	–	–	ध	ध	प	म	ग
ऽ	ऽ	ऽ	सु	न	ले	ऽ	पु	का	ऽ	ऽ	र	आ	ऽ	ई	ऽ
–	–	–	ग	–	म	प	–	म	प	–	–	म	ग	म	ग
ऽ	ऽ	ऽ	आ	ऽ	ज	ते	ऽ	रे	द्वा	ऽ	ऽ	र	ले	ऽ	के
रे	–	–	रे	–	ग	स	–	रे	ग	–	–	म	म	ध	प
ऽ	ऽ	ऽ	आं	ऽ	सु	ओं	ऽ	की	धा	ऽ	ऽ	र	मे	ऽ	रे
ध	म	–	–	म	म	–	–	–	–	–	ग	रे	ग	रे	स
ऽ	सां	ऽ	ऽ	व	रे	ऽ	ऽ	ऽ	ऽ	ऽ	आं	ऽ	सु	ओं	ऽ

रे	ग	–	–	म	म	ध	प	ध	म	–	–	म	म	–	–
की	धा	ऽ	ऽ	र	मे	ऽ	रे	ऽ	सां	ऽ	ऽ	व	रे	ऽ	ऽ
–	–	–													
ऽ	ऽ	ऽ													
X				0				X				0			

अंतरा

–	–	–	म	म	म	–	प	ध	–	ध	नि	नि	–	नि	–
ऽ	ऽ	ऽ	वि	न	ती	ऽ	क	रूं	ऽ	मैं	ऽ	तो	ऽ	से	ऽ
–	–	–	नि	सं	नि	ध	नि	सं	–	–	–	सं	–	–	–
ऽ	ऽ	ऽ	ज	ग	के	ऽ	खि	वै	ऽ	ऽ	ऽ	या	ऽ	ऽ	ऽ
–	–	–	सं	रें	रें	–	रें	सं	–	रें	–	सं	–	रें	–
ऽ	ऽ	ऽ	डू	ऽ	ब	ऽ	न	जा	ऽ	ए	ऽ	मे	ऽ	री	ऽ
–	–	–	सं	गं	रें	–	सं	सं	–	–	–	सं	–	–	–
ऽ	ऽ	ऽ	आ	ऽ	शा	ऽ	की	नै	ऽ	ऽ	ऽ	या	ऽ	ऽ	ऽ
–	–	–	सं	गं	गं	–	गं	रें	–	गं	–	रें	–	गं	–
ऽ	ऽ	ऽ	कि	स	को	ऽ	दि	खा	ऽ	ऊं	ऽ	जा	ऽ	के	ऽ
–	–	–	रें	रें	सं	–	नि	प	–	नि	–	प	नि	सं	रें
ऽ	ऽ	ऽ	द	र	द	ऽ	मैं	अ	ऽ	प	ऽ	ना	ऽ	ऽ	ऽ
–	–	–	सं	रें	रें	–	रें	सं	–	रें	–	सं	–	रें	–
ऽ	ऽ	ऽ	को	ऽ	ई	ऽ	न	हीं	ऽ	है	ऽ	मे	ऽ	रा	ऽ
–	–	–	सं	गं	रें	–	सं	सं	–	–	नि	ध	नि	ध	प
ऽ	ऽ	ऽ	कृ	ऽ	ष्ण	ऽ	क	न्है	ऽ	ऽ	ऽ	या	ऽ	ऽ	ऽ
–	–	–	ध	नि	ध	–	प	म	–	–	–	म	–	–	–
ऽ	ऽ	ऽ	कृ	ऽ	ष्ण	ऽ	क	न्है	ऽ	ऽ	ऽ	या	ऽ	ऽ	ऽ
म	–	–													
ऽ	ऽ	ऽ													
X				0				X				0			

नोट–शेष अंतरे इसी प्रकार गाए-बजाएं जाएंगे।

फिल्मी-भजन

हे रोम-रोम में बसने वाले राम,
जगत के स्वामी, हे अंतर्यामी,
मैं तुझसे क्या मांगू-2।
हे रोम-रोम में...............

1. आस के बंधन तोड़ चुकी हूं,
   तुझ पर सब कुछ छोड़ चुकी हूं।
   नाथ मेरे मैं क्यों कर सोचूं,
   तू ही जाने तेरा ही जो होये।
   तेरे चरण की धूल जो धोये,
   वो कंकर हीरा हो जाए।
   मांगा जो भी मैंने पाया,
   इन चरणों के धाम।
   जगत के स्वामी.................

2. भेद तेरा कोई क्या पहचाने,
   जो तुझसा हो वो तुझे जाने।
   तेरे किए को हम क्या देवे,
   भले बुरे का नाम।
   जगत के स्वामी, हे अंतर्यामी
   मैं तुझसे क्या मांगू...............

स्थायी (ताल कहरवा)

–	**–**	**–**	**–**	**–**	**–**	**म**	**ग**	**म**	**प**	**प**	**प**	**–**	**प**	**प**	**–**
ऽ	ऽ	ऽ	ऽ	ऽ	ऽ	हे	ऽ	रो	ऽ	म	रो	ऽ	म	में	ऽ
प	**ध**	**सं**	**नि**	**ध**	**प**	**प**	**म**	**म**	**प**	**प**	**म**	**ग**	**ग**	**रे**	**स**
ब	स	ने	ऽ	वा	ऽ	ले	ऽ	रा	ऽ	म	ज	ग	त	के	ऽ
रे	**म**	**म**	**–**	**म**	**ग**	**–**	**रे**	**स**	**रेग**	**ग**	**–**	**स**	**स**	**रे**	**म**
स्वा	ऽ	मी	ऽ	हे	अं	ऽ	त	र	याऽ	मी	ऽ	मैं	तु	झ	से
म	**ग-**	**ग**	**रे**	**स**	**स**	**–**	**–**	**स**	**–**	**–**	**–**	**प**	**म**	**प**	**मग**
ऽ	क्या	ऽ	मां	ऽ	गूं	ऽ	ऽ	ऽ	ऽ	ऽ	ऽ	मैं	तु	झ	सेऽ
रेग	**म-**	**ग**	**रे**	**स**	**स**										
ऽऽ	क्या	ऽ	मां	ऽ	गूं										
X				0				X				0			

अंतरा

म	**प**	**प**	**प**	**म**	**प**	**म**	**ग**	**ग**	**म**	**म**	**प**	**प**	**–**	**प**	**–**
भे	ऽ	द	ते	रा	ऽ	को	ई	क्या	ऽ	प	ह	चा	ऽ	ने	ऽ
म	**ध**	**ध**	**ध**	**ध**	**–**	**ध**	**नि**	**सं**	**नि**	**ध**	**प**	**प**	**–**	**प**	**–**
जो	ऽ	तु	झ	सा	ऽ	हो	ऽ	वो	ऽ	तु	झे	जा	ऽ	ने	ऽ
प	**नि**	**नि**	**नि**	**नि**	**–**	**नि**	**ध**	**नि**	**नि**	**नि**	**सं**	**सं**	**–**	**सं**	**–**
ते	ऽ	रे	कि	ये	ऽ	को	ऽ	ह	म	क्या	ऽ	दे	ऽ	वें	ऽ
प	**सं**	**सं**	**नि**	**ध**	**–**	**प**	**म**	**म**	**प**	**ग**	**म**	**ग**	**ग**	**रे**	**स**
भ	ले	ऽ	बु	रे	ऽ	का	ऽ	ना	ऽ	म	ज	ग	त	के	ऽ
रे	**म**	**म**	**म**	**म**	**ग**	**–**	**रे**	**स**	**रे–**	**ग**	**ग**	**स**	**स**	**रे**	**म**
स्वा	ऽ	मी	ऽ	हे	अं	ऽ	त	र	याऽ	मी	ऽ	मैं	तु	झ	से
म	**ग–**	**-**	**रे**	**स**	**स**										
ऽ	क्या	ऽ	मां	ऽ	गूं										
X				0				X				0			

नोट–शेष अंतरे इसी प्रकार से गाए बजाए जाएंगे।

फिल्मी-भजन

ज्योति कलश छलके-2,
हुए गुलाबी लाल सुनहरे रंग दल बादल के,
ज्योति कलश छलके-2।

1. घर आंगन वन उपवन करती, ज्योति अमृत से सिंचन,
   मंगल घट ढलके, ज्योति कलश छलके..................
2. अंबर कुंकुम कण बरसाए, फूल पंखुरियों पर मुस्काए,
   बिंदु तुहिन जलके, ज्योति कलश छलके............
3. पात-पात बिरवा हरियाली, धरती का मुख हुआ उजाला,
   सच सपने कलके, ज्योति कलश छलके......................
4. ऊषा ने आंचल फैलाया, फैली सुख की शीतल छाया,
   नीचे आंचल के, ज्योति कलश छलके...................
5. ज्योति यशोदा धरती मैया, नील गगन गोपाल कन्हैया,
   श्यामल छवि छलके, ज्योति कलश छलके................

स्थायी (तीनताल)

-	-	-	-	-	-	-	-	-	धरें	सं	सं	प	ध	म	म
ऽ	ऽ	ऽ	ऽ	ऽ	ऽ	ऽ	ऽ	ऽ	ज्यो	ति	क	ल	श	छ	ल
प	–	–	–	धप	मप	धसां	रेंमं	मं	रेंमं	रें	सं	प	ध	म	म
के	ऽ	ऽ	ऽ	ऽऽ	ऽऽ	ऽऽ	ऽऽ	ऽ	ज्यो	ति	क	ल	श	छ	ल
म	–	–	–	म	–	–	–	–	ध	ध	प	ध	-	ध	-
के	ऽ	ऽ	ऽ	ऽ	ऽ	ऽ	ऽ	ऽ	हु	ए	गु	ला	ऽ	बी	ऽ
सं	–	सं	ध	सं	सं	सं	–	–	ध	ध	सं	सं	रें	सं	रें
ला	ऽ	ल	सु	न	ह	रे	ऽ	ऽ	रं	ग	द	ल	बा	ऽ	द
म	रे	–	सं	सं	ध	प	ध	ध							
ल	के	ऽ	ऽ	ऽ	ऽ	ऽ	ऽ	ऽ							
X				2				X				3			

अंतरा

-	-	-	-	-	-	-	-	-	स	म	म	म	म	म	म
ऽ	ऽ	ऽ	ऽ	ऽ	ऽ	ऽ	ऽ	ऽ	घ	र	आं	ग	न	व	न
ग	म	प	म	ग	म	ग	रे	-	प	-	प	प	म	प	म
उ	प	व	न	क	र	ती	ऽ	ऽ	ज्यो	ऽ	ति	अ	मृ	त	से
प	ध	-	प	म	-	-	-	-	प-	प	म	प	प	ध	सं
ऽ	चिं	ऽ	त	न	ऽ	ऽ	ऽ	ऽ	मंऽ	ग	ल	घ	ट	ढ	ल
ध्क	-	प	-	ग	रे	ग	-	-							
के	ऽ	ऽ	ऽ	ऽ	ऽ	ऽ	ऽ	ऽ							
X				2				X				3			

नोट–शेष अंतरे इसी प्रकार से गाए-बजाए जाएंगे।

भजन

ज्योति से ज्योति जलाते चलो,
प्रेम की गंगा, बहाते चलो।
राह में आए जो दीन दुखी,
सबको गले से लगाते चलो।
प्रेम की गंगा...................

1. जिसका न कोई संगी साथी,
   ईश्वर है रखवाला।
   जो निर्धन है जो निर्बल है,
   वो है प्रभू का प्यारा।
   प्यार के मोती लुटाते चलो।
   प्रेम की गंगा...................

2. आशा टूटी ममता रूठी,
   छूट गया है किनारा।
   बंद करो मत द्वार दया का,
   दे दो कुछ तो सहारा।
   दीप दया का जलाते चलो,
   प्रेम की गंगा बहाते चलो।

स्थायी (ताल कहरवा)

–	–	–	प	रें	रें	रें	रें	रें	गं	रें	सं	नि	सं	रें	सं
×	×	×	ज्यो	ऽ	ति	से	ज्यो	ऽ	ति	ज	गा	ऽ	ते	च	लो
सं	नि	प	प	सं	सं	सं	ध	–	नि	ध	प	–	ध	म	प
ऽ	ऽ	ऽ	प्रे	ऽ	म	की	गं	ऽ	गा	ब	हा	ऽ	ते	च	लो
–	–	–	प	रें	रें	रें	रें	रें	गं	रें	सं	नि	सं	रें	सं
ऽ	ऽ	ऽ	रा	ऽ	ह	में	आ	ऽ	ए	जो	दी	ऽ	न	दु	खी
सं	नि	प	प	सं	सं	सं	ध	–	नि	ध	प	–	ध	म	प
ऽ	ऽ	ऽ	स	ब	को	ग	ले	ऽ	से	ल	गा	ऽ	ते	च	लो
–	–	–													
ऽ	ऽ	ऽ													
X				0				X				0			

अंतरा

-	-	-	म	प	ग	म	प	–	प	–	–	प	ध	नी	ध
×	×	×	जि	स	का	न	को	ऽ	ई	ऽ	ऽ	सं	ऽ	गी	ऽ
नि	सां	नि	–	–	ध	–	प	म	प	–	ध	सं	ध	–	प
सा	ऽ	थी	ऽ	ऽ	ई	ऽ	श्व	र	है	ऽ	र	ख	वा	ऽ	ला
रें-	संनि	संसं	निध	प	म	प	ग	म	प	प	प	–	–	प	ध
ऽऽ	ऽऽ	ऽऽ	ऽऽ	ऽ	जो	ऽ	नि	र	ध	न	है	ऽ	ऽ	जो	ऽ
नि	ध	नि	सां	नि	–	ध	–	प	म	प	प	ध	सं	ध	–
नि	र	ब	ल	है	ऽ	वो	ऽ	है	ऽ	प्र	भु	का	ऽ	प्या	ऽ
प	रें	सां	नि	ध	प	–	रें–	रें	रें	रें	मं	गं	रें	सं	नि
रा	ऽ	ऽ	ऽ	ऽ	ऽ	ऽ	प्या–	र	के	मो	ऽ	ती	लु	टा	ऽ
सं	रें	सं	–	धनि	प	सं-	सं	सं	ध	-	नि	ध	प	-	ध
ते	च	लो	ऽ	ऽऽ	ऽ	प्रेऽ	म	की	गं	ऽ	गा	ब	हा	ऽ	ते
म	प	–													
च	लो	ऽ													
X				0				X				0			

नोट–शेष अंतरे इसी प्रकार गाए-बजाए जाएंगे।

ईश-प्रार्थना

तुम्हीं हो माता, पिता तुम्हीं हो,
तुम्हीं हो बंधु, सखा तुम्हीं हो-2

1. तुम्हीं हो साथी, तुम्हीं सहारे,
कोई ना अपना, सिवा तुम्हारे।
तुम्हीं हो नैया, तुम्हीं खेवैया,
तुम्हीं हो बंधु, सखा तुम्हीं हो।
तुम्हीं हो माता...................

2. जो कल खिलेंगे वो फूल हम हैं,
तुम्हारे चरणों की धूल हम हैं।
दया की दृष्टि सदा ही रखना,
तुम्हीं हो बंधु, सखा तुम्हीं हो।
तुम्हीं हो माता............................

2. न हममें बल है न हममें शक्ति,
न हममें साहस, न हममें भक्ति।
तुम्हारे दर के हैं हम भिखारी,
तुम्ही हो बंधू, सखा तुम्ही हो।
तुम्हीं हो माता............................

स्थायी (ताल कहरवा)

स	ध	–	प	ध	–	प	म	ग	म	प-	म	ग	रे	स	स
तु	म्हीं	ऽ	हो	मा	ऽ	ता	ऽ	पि	ता	ऽऽ	तु	म्हीं	ऽ	हो	ऽ
स	स	–	रे	ग	–	म	–	ग	रे	ग	रे	स	–	स	–
तु	म्हीं	ऽ	हो	बं	ऽ	धू	ऽ	स	खा	ऽ	तु	म्हीं	ऽ	हो	ऽ
स	ध	–	प	ध	–	प	म	ग	म	प	म	ग	रे	स	स
तु	म्हीं	ऽ	हो	मा	ऽ	ता	ऽ	पि	ता	ऽ	तु	म्हीं	ऽ	हो	ऽ
X				0				X				0			

अंतरा

ध	म	म	म	ध	–	नी	ध	सं	सं	–	सं	नि	रें	सां	–
तु	म्हीं	ऽ	हो	सा	ऽ	थी	ऽ	तु	म्हीं	ऽ	स	हा	ऽ	रे	ऽ
नी	नी	–	ध	प	ध	प	म	म	म	प	ध	नी	ध	प	–
को	ई	ऽ	न	अ	प	ना	ऽ	सि	वा	ऽ	तु	म्हा	ऽ	रे	ऽ
स	ध	–	प	ध	–	प	मग	ग	म	प	म	ग	रे	सा	–
तु	म्हीं	ऽ	हो	नै	ऽ	या	ऽऽ	तु	म्हीं	ऽ	खि	वै	ऽ	या	ऽ
स	स	–	रे	ग	–	म	–	ग	रे	ग	रे	स	–	स	–
तु	म्हीं	ऽ	हो	बं	ऽ	धु	ऽ	स	खा	ऽ	तु	म्हीं	ऽ	हो	ऽ
X				0				X				0			

नोट–शेष अंतरे इसी प्रकार गाए-बजाए जाएंगे।

फिल्मी-भजन

राधा ना बोले ना बोले ना बोले रे,
घूंघट के पट ना खोले रे।
राधा ना बोले...................

1. राधा की लाज भरी अंखियों के डोरे,
   देखो जी देखें सब गोकुल के छोरे,
   देखो मोहन का मनवा डोले रे।
   राधा ना बोले.......................

2. याद करो जमुना किनारे सांवरिया,
   फोड़ी थी राधा की काहे गगरिया,
   इस कारण न तुम संग बोले रे।
   राधा ना बोले.......................

3. खड़ी हुई मैं यूं न मानूंगी छलिया,
   चरणों में राधा की रख दो मुरलिया,
   बात बन जाएगी हौले-हौले रे।
   राधा ना बोले...................

स्थायी (ताल दादरा)

—	—	—	प	म	—	प	—	सं	नि	सं	सं
ऽ	ऽ	ऽ	रा	धा	ऽ	ना	ऽ	बो	ऽ	ले	ऽ
नि	—	ध	प	प	—	ध	—	प	म	प	—
ना	ऽ	बो	ऽ	ले	ऽ	ना	ऽ	बो	ऽ	ले	ऽ
सं	—	—	सं	—	नि	सं	सं	—	गं	गं	—
रे	ऽ	ऽ	घूं	ऽ	ऽ	घ	ट	ऽ	का	ऽ	ऽ
सं	गं	मं	मं	पं	—	पं	—	सं	नि	नि	ध
प	ट	ऽ	ना	ऽ	ऽ	ऽ	ऽ	खो	ऽ	ले	ऽ
प	प	—									
रे	ऽ	ऽ									
X			0			X			0		

अंतरा

सं	पं	पं	—	पं	—	मं	पं	मं	गं	गं	सं
रा	ऽ	धा	ऽ	की	ऽ	ला	ऽ	ज	भ	री	ऽ
सं	सं	सं	गं	गं	मं	मं	—	पं	पं	पं	—
अं	खि	यों	ऽ	के	ऽ	डो	ऽ	ऽ	रे	ऽ	ऽ
गं	मं	पं	निं	निं	—	धं	—	धं	पं	पं	—
दे	ऽ	खो	ऽ	जी	ऽ	दे	ऽ	खो	स	ब	ऽ
मं	पं	पं	धं	धं	पं	मं	मं	मं	गं	गं	सं
गो	ऽ	कु	ल	के	ऽ	छो	रे	ऽ	दे	ऽ	खो
सं	गं	गं	गं	गं	—	मं	गं	—	मं	पं	पं
मो	ऽ	ह	न	का	ऽ	म	न	ऽ	वा	ऽ	ऽ
पं	—	नि	सं	नि	ध	प	—	—			
ऽ	ऽ	डो	ऽ	ले	ऽ	रे	ऽ	ऽ			
X			0			X			0		

नोट—शेष अंतरे इसी प्रकार से गाए-बजाए जाएंगे।

ईश्वर-भजन

     राधिके तूने बांसुरी बजाई,
     बांसुरी चुराई क्या, तेरे मन भाई;
     काहे को रार मचाई रे, मचाई रे।
     राधिके तूने बांसुरी...........

1. मेरी चुनरिया लेके सताए,
    कहां छुपाई पर न बताए
    नटखट करत ढिठाई-ढिठाई।
    राधिके तूने बांसुरी...........

2. न तेरी बैरन न तेरी सौतन,
    मेरी मुरलिया मोहे सबका मन,
    कही तेरी कौन बुराई-बुराई।
    राधिके तूने बांसुरी...........

3. निशदिन तेरे गीत सुनाए।
    राधा-राधा रटत लगाए।
    सब जग पड़त सुनाई-सुनाई रे।
    राधिके तूने बांसुरी...........

स्थायी (तीनताल)

-	-	-	-	-	-	-	**नि**	**ध**	**प**	**म**	**प**	**ग**	**म**	**प**	**सं**
ऽ	ऽ	ऽ	ऽ	ऽ	ऽ	ऽ	रा	धि	के	तू	ने	बां	सु	री	ब
सं	-	**ध**	**नि**	**प**	**म**	-	-	**नि**	**सं**	**मं**	**मं**	**मं**	**मं**	**मं**	**गं**
जा	ऽ	ऽ	ऽ	ई	ऽ	ऽ	ऽ	बां	सु	री	चु	रा	ई	क्या	ऽ
गं	**मं**	**पं**	**मं**	**गं**	**रें**	**नि**	**सं**	**नि**	**सं**	**गं**	**मं**	**धं**	**निं**	**पं**	**मं**
मे	रे	म	न	भा	ऽ	ई	ऽ	का	ऽ	हे	को	रा	ऽ	र	म
ध	**ध**	**ध**	**नि**	**प**	**प**	**म**									
चा	ई	रे	म	चा	ई	रे									
X				2				0				3			

अंतर

-	-	-	-	-	-	-	-	-	**सं**	**मं**	**मं**	**मं**	-	**मं**	**गं**
ऽ	ऽ	ऽ	ऽ	ऽ	ऽ	ऽ	ऽ	ऽ	ना	ते	री	बै	ऽ	र	न
-	**गंमं**	**पं**	**मं**	**मं**	-	**मं**	**मं**	-	**गंगं**	**गं**	**मं**	**रें**	**रें**	**सं**	**सं**
ऽ	नाऽ	को	ई	सौ	ऽ	त	न	ऽ	मेऽ	री	मु	र	लि	या	ऽ
-	**निसं**	**ध**	**नि**	**सं**	-	**सं**	**सं**	-	**निसं**	**गं**	**मं**	**धं**	**निं**	**पं**	**मं**
ऽ	मोहे	स	ब	का	ऽ	म	न	ऽ	करी	ते	री	कौ	ऽ	न	बु
ध	**ध**	**ध**	**नि**	**प**	**म**	**म**									
रा	ऽ	ई	बु	रा	ई	रे									
X				2				0				3			

नोट–शेष अंतरे इसी प्रकार गाए-बजाए जाएंगे।

प्रार्थना

हमको मन की शक्ति देना, मन विजय करें।
दूसरों की जय से पहले, खुद को जय करें॥
हमको मन.....................

1. भेदभाव अपने दिल से साफ कर सकें।
   दूसरों से भूल हो तो, माफ कर सकें।
   झूठ से बचे रहें, सच का दम भरें।
   दूसरों की जय से पहले, खुद को जय करें।
   हमको मन.....................

2. मुश्किलें पड़ें तो, हम पर इतना कर्म कर।
   साथ दें तो धर्म का, चलें तो धर्म पर॥
   खुद पे हौंसला रहे, बदी से न डरें।
   दूसरों की जय से पहले, खुद को जय करें।
   हमको मन.....................

स्थायी (ताल दादरा)

स	**स**	**स**	**म**	**म**	**ग**	**प**	**-**	**म॑**	**ध**	**-**	**प**
ह	म	को	म	न	की	श	ऽ	क्ति	दे	ऽ	ना
स	**प**	**प**	**प**	**प**	**प**	**ध**	**प**	**म**	**प**	**ध**	**ध**
म	न	वि	ज	य	क	रे	ऽ	ऽ	ऽ	ऽ	ऽ
ध	**सं**	**सं**	**सं**	**सं**	**नि**	**रें**	**सं**	**सं**	**ध**	**प**	**प**
दू	ऽ	स	रों	ऽ	कि	ज	य	से	प	ह	ले
रे	**प**	**प**	**प**	**सं**	**ध**	**म**	**-**	**-**	**रे**	**स**	**-**
खु	द	को	ज	य	क	रें	ऽ	ऽ	ऽ	ऽ	ऽ
स	**स**	**स**	**म**	**म**	**ग**	**प**	**-**	**म॑**	**ध**	**-**	**प-**
ह	म	को	म	न	की	श	ऽ	क्ति	दे	ऽ	नाऽ
X			0			X			0		

अंतरा

प	**-**	**प**	**सं**	**-**	**सं**	**सं**	**सं**	**नि**	**रें**	**सं**	**सं**
भे	ऽ	द	भा	ऽ	व	अ	प	ने	दि	ल	से
नि	**ध**	**ध**	**नि**	**रें**	**रें**	**सं**	**-**	**नि**	**ध**	**नि॒**	**प**
सा	ऽ	फ	क	र	स	कें	ऽ	ऽ	ऽ	ऽ	ऽ
प	**-**	**प**	**सं**	**-**	**सं**	**सं**	**सं**	**नि**	**रें**	**सं**	**सं**
दू	ऽ	स	रों	ऽ	से	भू	ऽ	ल	हो	ऽ	तो
नि	**ध**	**ध**	**नि**	**नि**	**रें**	**सं**	**-**	**नि**	**ध**	**नि॒**	**प**
मा	ऽ	फ	क	र	स	कें	ऽ	ऽ	ऽ	ऽ	ऽ
प	**-**	**प**	**प**	**म॑**	**प**	**ध**	**नि॒**	**ध**	**प**	**-**	**प**
झू	ऽ	ठ	से	ऽ	ब	चे	ऽ	र	हें	ऽ	ऽ
रे	**प**	**प**	**प**	**प**	**प**	**ध**	**प**	**म**	**प**	**ध**	**-**
स	च	का	द	म	भ	रें	ऽ	ऽ	ऽ	ऽ	ऽ
ध	**सं**	**सं**	**सं**	**-**	**नि**	**रें**	**सं**	**सं**	**ध**	**प**	**प**
दू	ऽ	स	रों	ऽ	की	ज	य	से	प	ह	ले
रे	**प**	**प**	**प**	**सं**	**ध**	**म**	**-**	**-**	**रे**	**स**	**-**
खु	द	को	ज	य	क	रें	ऽ	ऽ	ऽ	ऽ	ऽ
X			0			X			0		

नोट–शेष अंतरे इसी धुन में गाए-बजाए जाएंगे।

भजन

वैष्णव जन तो तेने कहिए,
जे पीर पराई जाणे रे।
पर दुखे उपकार करे तोये,
मन अभिमान न आणे रे।
वैष्णव जन.................

1. सकल लोक मां सहुने बंदे,
   निंदा न करे केनी रे।
   वाछ-काछ मन निश्छल राखे,
   धनि-धनि जननी तेनी रे।
   वैष्णव जन.................

2. समदृष्टि ने तृष्णा त्यागी,
   पर स्त्री जेने मात रे।
   जिह्वा थकी, असत्य न बोले,
   पर धन नवझाले हाथ रे।
   वैष्णव जन.................

3. मोह माया व्यापे नहिं जेने,
   दृढ़ बैराग्य, जेना मन मारे।
   राम नाम सूं ताली लांगी,
   सकल तीरथ तेना तन मारे।
   वैष्णव जन.................

4. वण लोभी ने कपट रहित छे,
   काम क्रोध निर्वाया रे।
   भण नर सैंयो तेनूं दरशन करता,
   कुल एको तेर तार्या रे।
   वैष्णव जन.................

स्थायी (ताल कहरवा)

-	-	-	स	-	ग	ग	-	म	-	म	-	म	-	म	ग
ऽ	ऽ	ऽ	बै	ऽ	ष्ण	व	ऽ	ज	ऽ	न	ऽ	तो	ऽ	ऽ	ऽ
ग	-	-	ग	म	प	-	प	प	ध	प	ध	म	-	ग	-
ऽ	ऽ	ऽ	ते	ऽ	ने	ऽ	ऽ	क	ऽ	हि	ऽ	ए	ऽ	ऽ	ऽ
ग	-	-	ग	म	प	-	प	प	ध	-	प	ध	नि	सं	-
ऽ	ऽ	ऽ	पी	ऽ	ड़	ऽ	प	रा	ऽ	ऽ	ऽ	ई	ऽ	ऽ	ऽ
सं	-	-	नि	ध	प	म	-	म	ध	प	ध	म	म	ग	-
ऽ	ऽ	ऽ	जा	ऽ	ने	ऽ	ऽ	रे	ऽ	ऽ	ऽ	ऽ	ऽ	ऽ	ऽ
ग	-	-	ग	म	ध	-	-	ध	-	-	-	ध	-	ध	-
ऽ	ऽ	ऽ	प	र	दु	ऽ	ऽ	खे	ऽ	ऽ	ऽ	उ	ऽ	प	ऽ
ध	-	-	ध	नि	ध	-	नि	नि	ध	प	ध	प	-	प	-
ऽ	ऽ	ऽ	का	ऽ	र	ऽ	क	रे	ऽ	ऽ	ऽ	तो	ऽ	ये	ऽ
म	ग	-	ग	म	प	प	प	प	ध	ध	प	ध	नि	सं	-
ऽ	ऽ	ऽ	म	न	अ	भि	ऽ	मा	ऽ	ऽ	ऽ	न	ऽ	न	ऽ
सं	-	-	नि	ध	प	ध	म	-	म	ध	प	ध	म	-	ग
ऽ	ऽ	ऽ	आ	ऽ	ऽ	ऽ	नि	ऽ	रे	ऽ	ऽ	ऽ	ऽ	ऽ	ऽ
ग	-	-													
ऽ	ऽ	ऽ													
X				0				X				0			

अंतरा

-	-	-	ग	म	प	प	नि	नि	-	नि	-	सं	नि	ध	नि
ऽ	ऽ	ऽ	स	क	ल	ऽ	लो	ऽ	ऽ	क	ऽ	मा	ऽ	ऽ	ऽ
नि	-	-	नि	नि	सं	नि	-	सं	-	-	-	सं	-	-	-
ऽ	ऽ	ऽ	स	हु	ने	ऽ	ऽ	बँ	ऽ	ऽ	ऽ	दे	ऽ	ऽ	ऽ
सं	-	-	नि	सं	नि	ध	-	ध	-	ध	-	नि	ध	प	ध
ऽ	ऽ	ऽ	नि	ऽ	दा	ऽ	ऽ	न	ऽ	क	ऽ	रे	ऽ	ऽ	ऽ
ध	-	-	प	ध	नि	रें	सं	नी	-	-	ध	प	ध	म	-
ऽ	ऽ	ऽ	के	ऽ	नी	ऽ	ऽ	रे	ऽ	ऽ	ऽ	ऽ	ऽ	ऽ	ऽ
ग	-	-	स	-	ग	-	ग	म	-	म	ग	प	म	म	-
ऽ	ऽ	ऽ	वा	ऽ	छ	ऽ	का	ऽ	ऽ	ऽ	छ	म	ऽ	न	ऽ
म	-	-	ग	म	प	प	-	प	ध	प	ध	म	-	ग	-
ऽ	ऽ	ऽ	नि	श	च	ल	ऽ	रा	ऽ	ऽ	ऽ	खे	ऽ	ऽ	ऽ
ग	-	-	ग	म	प	प	-	प	ध	ध	प	ध	नि	सं	-
ऽ	ऽ	ऽ	ध	नि	ध	नि	ऽ	ज	ऽ	न	ऽ	नी	ऽ	ऽ	ऽ
सं	-	-	नि	ध	प	ध	म	-	म	ध	प	ध	म	म	ग
ऽ	ऽ	ऽ	ते	ऽ	ऽ	ऽ	नि	ऽ	रे	ऽ	ऽ	ऽ	ऽ	ऽ	ऽ
ग	ग	ग													
ऽ	ऽ	ऽ													
X				0				X				0			

नोट–शेष अंतरे इसी प्रकार से गाए-बजाए जाएंगे।

रघुपति राघव राजाराम

रघुपति राघव राजाराम,
पतीत पावन सीताराम।
सीताराम-सीताराम,
भजो प्यारे तू सीताराम।
राम-कृष्ण हैं तेरो नाम,
सबको सम्मति दे भगवान।
रघुपति राघव...................

1. दीन दयालु राजाराम,
   पतीत पावन सीताराम।
   जय रघुनंदन जय सियाराम,
   जानकि वल्लभ सीताराम।
   रघुपति राघव...................

2. जय यदुनन्दन, जय घनश्याम,
   रुकमणि वल्लभ राधेश्याम।
   जय मधु सूदन जय गोपाल,
   जय मुरलीधर जय नन्दलाल।
   रघुपति राघव...................

3. जय दामोदर कृष्ण मुरारे,
   देवकि नंदन सर्वाधारे।
   जय गोविंद जय गोपाल,
   केशव माधव दीनदयाल।
   रघुपति राघव...................

4. राधा कृष्ण जय कुंज बिहारी,
   मुरलीधर गोवर्धन धारी।
   जय गिरजापति जय महादेव,
   दशरथ नन्दन अवध किसोर।
   रघुपति राघव राजाराम,

स्थायी (ताल कहरवा)

```
स  म  म  म  | म  -  ग  रे | ग  -  प  -  | प  नी ध  नी
र  घु प  ति | रा ऽ  घ  व  | रा ऽ  जा ऽ  | रा ऽ  ऽ  म

प  प  ध  प  | म  -  ग  रे | ग  ध  प  म  | म  -  -  म
प  ती ऽ  त  | पा ऽ  व  न  | सी ऽ  ता ऽ  | रा ऽ  ऽ  म

ध  -  ध  -  | ध  -  प  म  | प  ध  नी ध  | नी -  -  नि
सी ऽ  ता ऽ  | रा ऽ  ऽ  म  | सी ऽ  ता ऽ  | रा ऽ  ऽ  म

प  प  नी -  | सं -  रें सं | नी -  ध  प  | ध  म  -  म
भ  जो प्या ऽ | रे ऽ  तू ऽ  | सी ऽ  ता ऽ  | रा ऽ  ऽ  म

म  सं सं सं | सं सं रें सं | नि -  ध  प  | प  ध  नि नि
रा ऽ  म  कृ | ऽ  ष्ण हैं ऽ | ते ऽ  रो ऽ  | ना ऽ  ऽ  म

ध  ध  ध  प  | म  -  ग  रे | ग  ध  प  म  | म  -  -  म
स  ब  को ऽ  | सं ऽ  म  ति | दे ऽ  भ  ग  | वा ऽ  ऽ  न
X             0              X              0
```

अंतरा

```
म  ध  ध  ध  | ध  -  प  म  | प  ध  नी ध  | नि -  -  नि
दी ऽ  न  द  | या ऽ  लू ऽ  | रा ऽ  जा ऽ  | रा ऽ  ऽ  म

प  प  नि नि | सं -  रें सं | नि -  ध  प  | ध  म  म  म
प  ती ऽ  त  | पा ऽ  व  न  | सी ऽ  ता ऽ  | रा ऽ  ऽ  म

म  सं सं सं | सं -  रें सं | नि -  ध  प  | प  ध  नि नि
ज  य  र  घु | नं ऽ  द  न  | ज  य  सि या | रा ऽ  ऽ  म

ध  -  ध  प  | म  -  ग  रे | ग  ध  प  म  | म  -  -  म
जा ऽ  न  कि | ब  ऽ  ल्ल भ  | सी ऽ  ता ऽ  | रा ऽ  ऽ  म
X             0              X              0
```

नोट—शेष अंतरे इसी प्रकार गाए-बजाए जाएंगे।

श्री हनुमानजी-भजन

हे दुख भंजन, मारुति नन्दन,
सुन लो मेरी पुकार, पवनसुत,
विनती बारंबार।-2

1. अष्टसिद्धि नवनिधि के दाता,
दुखियों के तुम भाग्य विधाता।
सियाराम के काज संवारे,
मेरा करो उद्धार।
पवन सुत विनती बारंबार
हे दुःख भंजन.................

2. अपरम्पार है शक्ति तुम्हारी,
तुम पर रीझें अवध-बिहारी।
भक्ति भाव से ध्याऊं तोहे,
कर दो दुखों से पार।
पवनसुत विनती बारम्बार,
हे दुख भंजन.............

3. जपूं निरन्तर नाम तिहारा,
अब नहिं छोडूं तेरा द्वारा।
राम भक्त मोहे शरण में लीजे,
भव सागर से तार।
पवनसुत विनती बारंबार,
हे दुख भंजन, मारुति नन्दन।
सुन लो मेरी पुकार,
पवनसुत विनती बारंबार-2।

स्थायी (ताल करहवा)

-	-	-	म	-	ध	ध	-	नि	-	-	ध	प	ध	प	म
ऽ	ऽ	ऽ	हे	ऽ	दु	ख	ऽ	भं	ऽ	ऽ	ऽ	ज	ऽ	न	ऽ
म	-	-	म	-	ध	ध	-	नि	-	-	ध	प	ध	प	म
ऽ	ऽ	ऽ	मा	ऽ	रु	ति	ऽ	नं	ऽ	ऽ	ऽ	द	ऽ	न	ऽ
म	-	-	सं	मं	मं	-	गं	रें	-	-	-	सं	-	नि	-
ऽ	ऽ	ऽ	सु	न	लो	ऽ	ऽ	मे	ऽ	ऽ	ऽ	री	ऽ	पु	ऽ
सं	ध	-	-	ध	-	ध	-	प	-	प	-	म	-	ग	-
का	ऽ	ऽ	ऽ	र	ऽ	प	ऽ	व	ऽ	न	ऽ	सु	ऽ	त	ऽ
स	-	ग	-	म	-	ध	-	ध	-	-	नि	ध	प	म	-
वि	ऽ	न	ऽ	ती	ऽ	ऽ	ऽ	ऽ	ऽ	बा	ऽ	ऽ	रं	ऽ	ऽ
म	-	-	-	-	-	म	-	म	प	प	-	म	-	ग	रे
बा	ऽ	ऽ	ऽ	र	ऽ	प	ऽ	व	ऽ	न	ऽ	सु	ऽ	त	ऽ
स	ग	ग	म	सं	नि	ध	-	ध	-	नि	ध	-	प	म	-
वि	ऽ	न	ऽ	ती	ऽ	ऽ	ऽ	ऽ	ऽ	बा	ऽ	ऽ	रं	ऽ	ऽ
म	-	-	-	म	-	-	-	म	-	-					
बा	ऽ	ऽ	ऽ	र	ऽ	ऽ	ऽ	ऽ	ऽ	ऽ					
X				0				X				0			

अंतरा

-	-	-	सं	-	सं	-	रें	नि	-	ध	नि	ध	-	प	-
ऽ	ऽ	ऽ	अ	ऽ	ष्ट	ऽ	सि	ऽ	ऽ	द्धि	ऽ	न	ऽ	व	ऽ
प	-	-	प	प	नी	-	-	सं	-	-	-	सं	-	-	-
ऽ	ऽ	ऽ	नि	धि	के	ऽ	ऽ	दा	ऽ	ऽ	ऽ	ता	ऽ	ऽ	ऽ
सं	-	-	सं	सं	सं	-	रें	नि	-	ध	नि	ध	-	प	-
ऽ	ऽ	ऽ	दु	खि	यों	ऽ	ऽ	के	ऽ	ऽ	ऽ	तु	ऽ	म	ऽ
प	-	-	प	-	नि	-	-	सं	-	-	-	सं	-	-	-
ऽ	ऽ	ऽ	भा	ऽ	ग्य	ऽ	वि	धा	ऽ	ऽ	ऽ	ता	ऽ	ऽ	ऽ
सं	-	-	प	सं	-	-	रें	नि	-	ध	नि	ध	प	-	-
ऽ	ऽ	ऽ	सि	या	ऽ	ऽ	रा	ऽ	ऽ	ऽ	म	के	ऽ	ऽ	ऽ
प	-	-	प	-	ध	-	ध	सं	-	-	-	सं	-	-	-
ऽ	ऽ	ऽ	का	ऽ	ज	ऽ	स	बा	ऽ	ऽ	ऽ	रें	ऽ	ऽ	ऽ
सं	-	सं	रें	मं	-	-	-	गं	-	रे	-	सं	-	नि	-
मे	ऽ	ऽ	ऽ	रा	ऽ	ऽ	ऽ	क	ऽ	रो	ऽ	उ	ऽ	ऽ	ऽ
सं	-	ध	-	ध	-	ध	-	प	-	प	-	म	-	ग	-
द्धा	ऽ	ऽ	ऽ	र	ऽ	प	ऽ	व	ऽ	न	ऽ	सु	ऽ	त	ऽ
स	ग	स	म	सं	नि	ध	-	ध	-	-	नि	ध	प	म	-
वि	ऽ	न	ऽ	ती	ऽ	ऽ	ऽ	ऽ	ऽ	वा	ऽ	ऽ	रं	ऽ	ऽ
म	-	म													
वा	ऽ	र													
X				0				X				0			

नोट—शेष अंतरे इसी प्रकार गाए-बजाए जाएंगे।

भक्त की प्रभु से कामना

इतना तो करना स्वामी, जब प्राण तन से निकले,
गोविन्द नाम लेकर, जब प्राण तन से निकले।

1. श्री गंगा जी का तट हो, यमुना का वंशी वट हो,
मेरा सांवरा निकट हो, जब प्राण तन से निकले।
इतना तो करना स्वामी...............

2. पीताम्बरी कसी हो, छवि मन में ये बसी हो,
होठों पर कुछ हंसी हो, जब प्राण तन से निकले।
इतना तो करना स्वामी.............

3. जब कंठ प्राण आए, कोई रोग न सताए,
'यम' दरश न दिखाए, जब प्राण तन से निकले।
इतना तो करना स्वामी..................

4. उस वक्त जल्दी आना, नहिं श्याम भूल जाना,
राधे को साथ लाना, जब प्राण तन से निकले।
इतना तो करना स्वामी....................

5. इस भक्त की है अर्जी, खुदग़र्ज की है गर्जी,
आगे तुम्हारी मर्जी, जब प्राण तन से निकले।
गोविन्द नाम लेकर, जब प्राण तन से निकले।
इतना तो करना स्वामी..............

स्थायी (करवा)

सं	नि	सं	-	ध	नि	ध	प	प	नि	ध	प	म	ग	रे	-
इ	त	ना	ऽ	तो	क	र	ना	स्वा	ऽ	ऽ	ऽ	मी	ऽ	ऽ	ऽ
रे	प	म	-	प	ग	ग	स	रे	ग	स	-	-	-	-	-
ज	ब	प्रा	ऽ	ण	त	न	से	नि	क	ले	ऽ	ऽ	ऽ	ऽ	ऽ
सं	नि	सं	-	ध	नि	ध	प	प	नि	ध	प	म	ग	रे	-
गो	ऽ	विं	ऽ	द	ना	ऽ	म	ले	ऽ	ऽ	ऽ	क	र	ऽ	ऽ
रे	प	म	-	प	ग	ग	स	रे	ग	स	-	-	-	-	-
ज	ब	प्रा	ऽ	ण	त	न	से	नि	क	ले	ऽ	ऽ	ऽ	ऽ	ऽ
X				0				X				0			

अंतरा

ध	-	ध	-	ध	प	ध	प	म	म	ध	-	-	-	-	-
श्री	ऽ	गं	ऽ	गा	जी	ऽ	का	त	ट	हो	ऽ	ऽ	ऽ	ऽ	ऽ
नि	नि	नि	-	नि	ध	-	म	प	ध	प	-	मग	सग	मध	ध-
ज	मु	ना	ऽ	का	वं	ऽ	शी	व	ट	हो	ऽ	ऽऽ	ऽऽ	ऽऽ	ऽऽ
सं	-	नि	-	सं	ध	-	नि	सं	सं	सं	-	-	-	-	-
श्री	ऽ	गं	ऽ	गा	जी	ऽ	का	त	ट	हो	ऽ	ऽ	ऽ	ऽ	ऽ
नि	नि	नि	-	सं	ध	सं	नि	ध	प	प	-	-	-	-	-
ज	मु	ना	ऽ	का	वं	ऽ	शी	व	ट	हो	ऽ	ऽ	ऽ	ऽ	ऽ
सं	नि	सं	-	ध	नि	ध	प	नि	ध	प	-	म	ग	रे	-
मे	रा	सां	ऽ	व	रा	ऽ	नि	क	ट	ऽ	ऽ	हो	ऽ	ऽ	ऽ
रे	प	म	-	प	ग	ग	स	रे	ग	स	-	-	-	-	-
ज	ब	प्रा	ऽ	ण	त	न	से	नि	क	ले	ऽ	ऽ	ऽ	ऽ	ऽ
सं	नि	सं	-	ध	नि	ध	प	प	नि	ध	प	म	ग	रे	-
गो	ऽ	विं	ऽ	द	ना	ऽ	म	ले	ऽ	ऽ	ऽ	क	र	ऽ	ऽ
रे	प	म	-	प	ग	ग	स	रे	ग	स	-	-	-	-	-
ज	ब	प्रा	ऽ	ण	त	न	से	नि	क	ले	ऽ	ऽ	ऽ	ऽ	ऽ
X				0				X				0			

नोट—शेष अंतरे इसी प्रकार गाए-बजाए जाएंगे।

ईश-प्रार्थना

वह शक्ति हमें दो दयानिधे,
कर्तव्य मार्ग पर डट जावें।
पर सेवा पर उपकार में हम,
जग जीवन सफल बना जावें।

1. पृथ्वी, प्रताप, शिवाजी बन,
   हम देश, से अपने प्रेम करें।
   नेता जी सम, जग नेता बन,
   शुचि प्रेम सुधा नित बरसाएं।
   वह शक्ति...........

2. विद्वान बनें बलवान बनें,
   गुणवान बनें धनवान बनें।
   हम गांधी तिलक जवाहर बन,
   सन्मार्ग विश्व को दिखलावें।
   वह शक्ति.............

3. निज आन-मान मर्यादा का,
   प्रभु ध्यान रहे, अभिमान रहे।
   जिस देश में हमने जनम लिया,
   बलिदान उसी पर हो जावें।
   वह शक्ति................

स्थायी (ताल कहरवा)

-	-	-	-	-	-	म	प	ग	-	म	म	ध	-	नि	-
ऽ	ऽ	ऽ	ऽ	ऽ	ऽ	व	ह	श	ऽ	क्ति	ह	में	ऽ	दो	ऽ
सां	सां	-	सां	सां	-	सां	सां	नि	-	ध	ध	नि	ध	सं	सं
द	या	ऽ	नि	धे	ऽ	क	र	त	ऽ	व्य	मा	ऽ	र्ग	प	र
ध	ध	प	म	म	-	म	प	ग	-	म	म	ध	ध	नी	नी
ड	ट	जा	ऽ	वें	ऽ	प	र	से	ऽ	वा	ऽ	प	र	उ	प
सां	-	सां	-	सां	सां	सां	सां	नि	-	ध	ध	नि	ध	सं	नि
का	ऽ	र	में	ह	म	ज	ग	जी	ऽ	व	न	स	फ	ल	ब
ध	-	प	म	म	-										
ना	ऽ	जा	ऽ	वें	ऽ										
X				0				X				0			

अंतरा

-	-	-	-	-	-	गं	गं	गं	-	गं	रें	सं	रें	सं	नि
ऽ	ऽ	ऽ	ऽ	ऽ	ऽ	पृ	थ	वी	ऽ	प	र	ता	ऽ	प	शि
सं	गं	रें	सं	सं	सं,	सं	सं	नि	ध	ध	ध	नि	ध	सं	नि
वा	ऽ	जी	ऽ	ब	न	ह	म	दे	ऽ	श	से	अ	प	ने	ऽ
ध	-	प	म	म	-	म	प	ग	-	म	म	ध	ध	नी	-
प्रे	ऽ	म	क	रें	ऽ	ने	ऽ	ता	ऽ	जी	ऽ	स	म	ज	ग
सां	-	नि	रें	सं	सं	सं	सं	नि	-	ध	ध	नि	ध	सं	नि
ने	ऽ	ता	ऽ	ब	न	शु	चि	प्रे	ऽ	म	सु	धा	ऽ	नि	त
ध	ध	प	म	म	म										
ब	र	सा	ऽ	एं	ऽ										
X				0				X				0			

नोट–शेष अंतरे इसी प्रकार गाए-बजाए जाएंगे।

ईश-प्रार्थना

हे प्रभो मेरे अन्नदाता, ज्ञान हमको दीजिए,
शीघ्र सारे दुर्गुणों को, दूर हमसे कीजिए।
हे प्रभो...................

1. लीजिए हमको शरण में, हम सदाचारी बनें,
   ब्रह्मचारी, धर्म-रक्षक, वीर व्रतधारी बनें।
   हे प्रभो...................

2. मातृभूमि, मातृ सेवा, हो अधिक प्यारी हमें,
   देश में पदवी मिले, निज देश हितकारी बनें।
   हे प्रभो...................

3. कीजिए हम पर कृपा, ऐसी अहो परमात्मा,
   मोह, मद, मत्सर, रहित, होवे हमारी आत्मा।
   हे प्रभो..............

स्थायी (ताल कहरवा)

-	प	म	प	ग	रे	स	नि	स	-	स	नि़	रे	-	स	-
ऽ	हे	ऽ	प्र	भो	ऽ	मे	रे	अ	ऽ	ऽ	न्न	दा	ऽ	ता	ऽ
स,	स	म	म	म	म	म	ग	-	म	-	प	म	ग	रे	स
ऽ	ज्ञा	ऽ	न	ह	म	को	ऽ	ऽ	दी	ऽ	जि	ए	ऽ	ऽ	ऽ
स,	प	म	प	ग	रे	सा	नि	स	स	स	नि़	रे	स	स	-
ऽ	शी	ऽ	घ्र	सा	ऽ	रे	ऽ	दु	र	ऽ	गु	णों	ऽ	को	ऽ
स,	स	म	म	म	म	म	ग	-	म	-	प	मग	म	ग	रे
ऽ	दू	ऽ	र	ह	म	से	ऽ	ऽ	की	ऽ	जि	ए	ऽ	ऽ	ऽ
स															
ऽ															
X				0				X				0			

अंतरा

-	प	प	प	म	प	ग	म	-	प	नी	नी	सं	सं	सं	नि
ऽ	ली	ऽ	जि	ए	ऽ	ह	म	ऽ	को	ऽ	श	र	ण	में	ऽ
ध	म	ध	ध	ध	-	नि	सां	-	रें	नि	नि	ध	ध	प	प
ऽ	ह	म	स	दा	ऽ	चा	ऽ	ऽ	री	ऽ	ब	नें	ऽ	ऽ	ऽ
प,	स	प	प	म	प	ग	म	-	प	नी	नी	सं	गं	रें	सं
ऽ	ली	ऽ	जि	ए	ऽ	ह	म	ऽ	को	ऽ	श	र	ण	में	ऽ
सं	सं	सं	रें	नि	ध	नि	सं	-	रें	नि	नि	ध	ध	प	प
ऽ	ह	म	स	दा	ऽ	चा	ऽ	ऽ	रीऽ	ऽऽ	ब	नेंऽ	ऽ	ऽ	ऽ
प,	प	म	प	ग	रे	स	नि़	-	स	-	नि़	रे	-	स	-
ऽ	ब्र	ऽ	ह्म	चा	ऽ	री	ऽ	ऽ	ध	ऽ	र्म	र	ऽ	क्ष	क
स,	स	म	म	म	म	म	ग	-	म	-	प	मग	म	ग	रे
ऽ	बी	ऽ	र	ब्र	त	धा	ऽ	ऽ	री	ऽ	ब	नेंऽ	ऽ	ऽ	ऽ
स															
ऽ															
X				0				X				0			

नोट–शेष अंतरे इसी प्रकार गाए-बजाए जाएंगे।

ईश-प्रार्थना

हम बालकों की राष्ट्र हित में, प्रभू जी तेरा ध्यान हो,
हो दूर सारी मूर्खता, कल्याणकारी ज्ञान हो।
हम बालकों की ओर.............

1. हम ब्रह्मचारी वीर-ब्रतधारी, सदाचारी बनें,
   हमको भी अपने देश भारत पर, सदा अभिमान हो।
   हम बालकों की ओर...............

2. होकर बड़े कुछ कर दिखाने, के लिए तैयार हों,
   दिल में हमारे देश सेवा का बड़ा अरमान हो।
   हम बालकों की ओर.............

3. हो नौजवानों की कभी जब, मांग प्यारे देश को
   तब मातृ वेदी पर प्रथम, केवल हमारा माथ हो।
   हम बालकों की ओर.................

4. संसार का सिरमौर होकर, देश हमको कह सके।
   हे वीर-बालक धन्य तुम, मेरी असल संतान हो।
   हम बालकों की ओर.................

स्थायी (ताल रूपक 7 मात्रा)

-	-	-	-	-	म	रे	म	-	प	ध	नि	ध	प
ऽ	ऽ	ऽ	ऽ	ऽ	ह	म	बा	ऽ	ल	कों	ऽ	की	ऽ
म	-	प	ध	नि	ध	प	म	म	प	म	-	रे	-
रा	ऽ	ष्ट्र	हि	त	में	ऽ	प्र	भू	जी	ते	ऽ	रा	ऽ
म	-	प	ध	-	म	-	ध	-	प	ध	नि	सं	सं
ध्या	ऽ	न	हो	ऽ	हो	ऽ	दू	ऽ	र	सा	ऽ	री	ऽ
ध	-	नि	ध	प	प	म	म	-	प	ध	-	नी	-
मू	ऽ	र्ख	ता	ऽ	क	ल	या	ऽ	ण	का	ऽ	री	ऽ
प	ध	प	म	-									
ज्ञा	ऽ	न	हो	ऽ									
X			2		3		X			2		3	

अंतरा

—	—	—	—	—	सं	सं	ध	-	ध	सं	-	रें	रें
ऽ	ऽ	ऽ	ऽ	ऽ	ह	म	ब्र	ऽ	ह्म	चा	ऽ	री	ऽ
मं	-	गं	पं	मं	मं	-	गं	रें	रें	गं	-	मं	पं
बी	ऽ	र	ब्र	त	धा	ऽ	री	ऽ	स	दा	ऽ	चा	ऽ
गं	मं	रें	सं	-	नि	प	सां	-	सां	रें	रें	गं	मं
री	ऽ	ब	नें	ऽ	ह	म	को	ऽ	भी	अ	प	ने	ऽ
रें	गं	रें	सं	सं	सं	सं	प	प	ध	नि	ध	सं	सं
दे	ऽ	श	भा	ऽ	र	त	प	र	स	दा	ऽ	अ	भि
ध	नि	प	म	-									
मा	ऽ	न	हो	ऽ									
X			2		3		X			2		3	

नोट–शेष अंतरे इसी प्रकार गाए-बजाए जाएंगे।

ईश-प्रार्थना

हे दयामय हम सबों को, शुद्धताई दीजिए,
दूर करके हर बुराई को, भलाई दीजिए।
हे दयामय...................

1. ऐसी कृपा और सब अनुग्रह, हम पर हो परमात्मा,
   हों हमारे देश-वासी, सबके सब धर्मात्मा।
   हे दयामय...............

2. हो उजाला सबके मन में, ज्ञान के प्रकाश से,
   और अंधेरा दूर सारा हो, अविद्या नाश से।
   हे दयामय..................

3. खोटे कर्मों से बचें और, तेरे गुण गावें सभी,
   शुभ कर्मों में होवें तत्पर, दुष्ट गुण भागें सभी।
   हे दयामय..............

स्थायी (ताल कहरवा)

-	प	म	प	ग	रे	स	नि़	स	स	-	नि़	रे	-	स	-
ऽ	हे	ऽ	द	या	ऽ	म	य	ह	म	ऽ	स	बों	ऽ	को	ऽ
स,	स	म	म	म	-	म	ग	-	म	-	प	म	ग	रे	स
ऽ	शु	ऽ	द्ध	ता	ऽ	ई	ऽ	ऽ	दी	ऽ	जि	ए	ऽ	ऽ	ऽ
स,	प	म	प	ग	रे	स	नि़	-	स	स	नि़	रे	स	स	-
ऽ	दू	ऽ	र	क	र	के	ऽ	ऽ	ह	र	बु	रा	ऽ	ई	ऽ
स,	स	म	म	म	म	म	ग	-	म	-	प	भग	म	ग	रे
ऽ	को	ऽ	भ	ला	ऽ	ई	ऽ	ऽ	दी	ऽ	जि	एऽ	ऽ	ऽ	ऽ
स															
ऽ															
X				0				X				0			

अंतरा

-	प	-	प	म	प	ग	म	म	प	नि	नि	सं	गं	रें	सं
ऽ	ऐ	ऽ	सी	कृ	ऽ	पा	ऽ	औ	स	ब	अ	नु	ऽ	ग्र	ह
सं,	म	ध	ध	ध	-	नि	सां	-	रें	नि	नि	ध	प	ध	प
ऽ	ह	म	पे	हो	ऽ	प	र	ऽ	मा	ऽ	त	मा	ऽ	ऽ	ऽ
प,	प	म	प	ग	रे	स	नि़	नि़	स	-	नि़	रे	-	स	-
ऽ	हो	ऽ	ह	मा	ऽ	रे	ऽ	ऽ	दे	ऽ	श	वा	ऽ	सी	ऽ
स,	स	म	म	म	म	म	ग	-	म	-	प	मग	म	ग	रे
ऽ	स	ब	के	स	ब	ध	र	ऽ	मा	ऽ	त	माऽ	ऽ	ऽ	ऽ
स															
ऽ															
X				0				X				0			

नोट–शेष अंतरे इसी प्रकार से गाए-बजाए जाएंगे।

आरती श्री गणेशजी

जय गणेश जय गणेश, जय गणेश देवा,
माता जाकी पार्वती पिता महादेवा।
जय गणेश..................

1. एक दन्त दयावन्त चार भुजा धारी,
मस्तक सिंदूर सोहे मूस की सवारी।
जय गणेश..................

2. अंधन को आंख देत, कोढ़िन को काया,
बांझन को पुत्र देत, निर्धन को माया।
जय गणेश.................

3. हार चढ़े फूल चढ़े, और चढ़े मेवा,
लड्डुवन का भोग लगे, संत करे सेवा।
जय गणेश..................

4. दीनन की लाज रखो, शंभू सुत वारी,
कामना को पूरा करो, जग के बलिहारी।
जय गणेश..................

स्थायी (ताल दादरा)

स	**म**	**म**	**म**	**-**	**प**	**प**	**ध**	**ध**	**ध**	**-**	**ध**
ज	य	ग	णे	ऽ	श	ज	य	ग	णे	ऽ	श
म	**ध**	**ध**	**नि**	**ध**	**नि**	**प**	**ध**	**प**	**प**	**-**	**-**
ज	य	ग	णे	ऽ	श	दे	ऽ	ऽ	वा	ऽ	ऽ
स	**ग**	**ग**	**म**	**म**	**ग**	**म**	**प**	**प**	**प**	**प**	**म**
मा	ऽ	ता	जा	ऽ	की	पा	ऽ	र	व	ती	ऽ
प	**ध**	**-**	**प**	**म**	**-**	**म**	**-**	**-**	**म**	**-**	**-**
पि	ता	ऽ	म	हा	ऽ	दे	ऽ	ऽ	वा	ऽ	ऽ
X			0			X			0		

अंतरा

प	**-**	**प**	**नि**	**-**	**नि**	**सं**	**सं**	**नि**	**रें**	**सं**	**सं**
ए	ऽ	क	दं	ऽ	त	द	या	ऽ	वं	ऽ	त
सं	**-**	**नि**	**रें**	**सं**	**-**	**नि**	**-**	**ध**	**प**	**म**	**म**
चा	ऽ	र	भु	जा	ऽ	धा	ऽ	ऽ	री	ऽ	ऽ
प	**सं**	**सं**	**सं**	**सं**	**-**	**नि**	**-**	**ध**	**प**	**ध**	**ध**
म	स	त	क	सिं	ऽ	दू	ऽ	र	सो	हे	ऽ
नि	**-**	**ध**	**प**	**ध**	**प**	**म**	**-**	**-**	**म**	**-**	**-**
मू	ऽ	से	की	ऽ	स	वा	ऽ	ऽ	री	ऽ	ऽ
स	**म**	**म**	**म**	**म**	**प**	**ष**	**ध**	**ध**	**ध**	**-**	**ध**
ज	य	ग	णे	ऽ	श	ज	य	ग	णे	ऽ	श
म	**ध**	**ध**	**नि**	**ध**	**नि**	**प**	**ध**	**प**	**प**	**-**	**-**
ज	य	ग	णे	ऽ	श	दे	ऽ	ऽ	वा	ऽ	ऽ
स	**ग**	**ग**	**म**	**म**	**ग**	**म**	**प**	**प**	**प**	**प**	**म**
मा	ऽ	त	जि	न	की	पा	ऽ	र	व	ती	ऽ
प	**ध**	**-**	**प**	**म**	**-**	**म**	**-**	**-**	**म**	**-**	**-**
पि	ता	ऽ	म	हा	ऽ	दे	ऽ	ऽ	वा	ऽ	ऽ
X			0			X			0		

नोट–शेष अंतरे इसी प्रकार गाए-बजाए जाएंगे।

श्रीराम-भजन

राम है जीवन, कर्म है श्याम,
बोलो हरे राम बोलो, बोलो राधेश्याम।
राम ही जीवन.................

1. जो नर दुख में दुख नहिं माने,
नाहीं निन्दा अस्तुति जाने,
सुख का बिधाता, है तेरो नाम।
बोलो हरे राम..............

2. कोटि देव जाको जस गावें,
अग़म-अपार पार न पावें,
राम कृष्ण दोनों बलधाम।
बोलो हरे राम बोलो, बोलो राधेश्याम।
राम ही जीवन.................

स्थायी (ताल कहरवा)

-	-	स	-	-	ग	-	ग	म	-	-	ग	प	म	म	-
ऽ	ऽ	रा	ऽ	ऽ	म	ऽ	है	जी	ऽ	ऽ	ऽ	व	ऽ	न	ऽ
म	म,	म	प	प	म	ग,	ग	ग	म	म	ग	म	प	-	-
ऽ	ऽ	क	र	ऽ	म	ऽ	है	श्या	ऽ	ऽ	ऽ	म	ऽ	ऽ	ऽ
प	प,	प	ध	नि	सं	-	सं	रें	-	नि	ध	-	प	प	प
ऽ	ऽ	बो	लो	ऽ	ह	रें	ऽ	रा	ऽ	ऽ	म	बो	ऽ	लो	ऽ
प	प,	ध	ध	प	-	म	म	म	-	ग	रे	ग	स	स	स
ऽ	ऽ	बो	लो	ऽ	रा	ऽ	धे	श्या	ऽ	ऽ	ऽ	म	ऽ	ऽ	ऽ
स	स														
ऽ	ऽ														
X				0				X				0			

अंतरा

-	-	-	प	प	नि	-	नि	सां	-	सां	-	सां	-	-	-
ऽ	ऽ	ऽ	जो	ऽ	ज	ऽ	न	दु	ऽ	ख	ऽ	में	ऽ	ऽ	ऽ
सां	-	-	प	सं,	सं	नि	-	नि	रें	सं	रें	नि	ध	प	प
ऽ	ऽ	ऽ	दु	ख	न	हिं	ऽ	मा	ऽ	ऽ	ऽ	ने	ऽ	ऽ	ऽ
प	प	प	प	प	नि	नि	नि	सां	-	-	-	सां	-	-	-
ऽ	ऽ	ऽ	ना	ऽ	हीं	ऽ	ऽ	निं	ऽ	ऽ	ऽ	दा	ऽ	ऽ	ऽ
सं	-	-	प	सं	सं	सं	नि	नि	रें	सं	रें	नि	ध	प	प
ऽ	ऽ	ऽ	अ	स	तु	ति	ऽ	जा	ऽ	ऽ	ऽ	ने	ऽ	ऽ	ऽ
प	-	-	सं	मं	मं	मं	पं	गं	-	-	-	रें	रें	सां	-
ऽ	ऽ	ऽ	सु	ख	का	ऽ	वि	धा	ऽ	ऽ	ऽ	ता	ऽ	ऽ	ऽ
सां	-	-	प	नि	रें	रें	सां	ध	-	-	प	म	-	ग	ग
ऽ	ऽ	ऽ	ते	ऽ	रो	ऽ	ही	ना	ऽ	ऽ	ऽ	म	ऽ	ऽ	ऽ
ग	-														
ऽ	ऽ														
X				0				X				0			

नोट–शेष अंतरे इसी प्रकार से गाए-बजाए जाएंगे।

श्रीराम-केवट संवाद भजन

कभी-2 भगवान को भी, भक्तों से काम पड़े,
जाना था गंगापार, प्रभु केवट की नाव चढ़े।
कभी कभी.........................
अवध छोड़ प्रभु बन को धाये,
सियराम लखन, गंगा-तट आये।
केवट मन ही मन हर्षाये,
घर बैठे प्रभु दर्शन पाये।
हाथ जोड़कर प्रभु के आगे, केवट मगन खड़े।
जाना था गंगापार प्रभु, केवट की नाव चढ़े।
प्रभु बोले तुम नाव चलाओ,
पार हमें केवट पहुंचाओ।
केवट कहता, सुनो हमारी,
चरण धूल की, माया भारी।
मैं गरीब प्रभु मेरी नैया, नारी न होय पड़े,
जाना था गंगापार प्रभु, केवट की नाव चढ़े।
केवट दौड़कर जल भर लाया,
चरण धोए चरणामृत पाया।
वेद-ग्रन्थ जिसके यश गायें,
केवट उसको नाव चढ़ाये।
बरसै फूल गगन में ऐसे, भक्त के भाग बड़े,
जाना था गंगापार प्रभु केवट की नाव चढ़े।
चली नाव गंगा की धारा,
राम-लखन सिय पार उतारा।
प्रभु देने लगे, नाव उतराई,
केवट बोले नहिं रघुराई।
पार किया मैंने तुमको अब, तू मोहे पार करे,
जाना था गंगापार प्रभु, केवट की नाव चढ़े।

स्थायी (ताल कहरवा)

प	**प**	**प**	**ध**	**सं**	**-**	**सं**	**सं**	**नि**	**रें**	**सं**	**नि**	**ध**	**प**	**प**	**प**
क	भी	ऽ	क	भी	ऽ	भ	ग	वा	ऽ	न	को	भी	ऽ	भ	क
प	**ध**	**ध**	**प**	**म**	**-**	**ग**	**ध**	**म**	**-**	**-**	**ग**	**रे**	**ग**	**रे**	**स**
तों	ऽ	से	ऽ	का	ऽ	म	प	ड़े	ऽ	ऽ	ऽ	ऽ	ऽ	ऽ	ऽ
स	**-**	**-**	**स**	**रे**	**ग**	**ग**	**-**	**रे**	**ग**	**ग**	**रे**	**स**	**-**	**नि**	**ध**
जा	ऽ	ना	था	गं	ऽ	गा	ऽ	पा	ऽ	र	प्र	भू	ऽ	के	ऽ
ध	**ग**	**ग**	**रे**	**रे**	**ग**	**रे**	**स**	**स**	**-**	**-**	**-**	**स**	**-**	**-**	**-**
व	ट	की	ऽ	ना	ऽ	व	च	ढ़े	ऽ	ऽ	ऽ	ऽ	ऽ	ऽ	ऽ
X				0				X				0			

अंतरा

-	**-**	**प**	**ध**	**-**	**प**	**म**	**म**	**प**	**प**	**प**	**प**	**नी**	**-**	**नी**	**-**
ऽ	ऽ	अ	व	ऽ	ध	ऽ	छो	ऽ	ऽ	ड़	ऽ	प्र	ऽ	भू	ऽ
नी	**-**	**-**	**ध**	**ध**	**प**	**म**	**म**	**प**	**-**	**-**	**-**	**प**	**-**	**-**	**-**
ऽ	ऽ	ऽ	ब	न	को	ऽ	ऽ	धा	ऽ	ऽ	ऽ	ये	ऽ	ऽ	ऽ
प	**-**	**-**	**प**	**ध**	**प**	**म**	**म**	**प**	**-**	**प**	**-**	**नी**	**-**	**नी**	**-**
ऽ	ऽ	ऽ	रा	ऽ	म	ऽ	ल	ख	ऽ	न	ऽ	गं	ऽ	ऽ	ऽ
नी	**-**	**-**	**ध**	**-**	**प**	**म**	**म**	**प**	**-**	**-**	**-**	**प**	**-**	**-**	**-**
ऽ	ऽ	ऽ	गा	ऽ	त	ऽ	ट	आ	ऽ	ऽ	ऽ	ये	ऽ	ऽ	ऽ
प	**-**	**-**	**प**	**ध**	**प**	**म**	**म**	**प**	**-**	**प**	**-**	**नी**	**-**	**-**	**-**
ऽ	ऽ	ऽ	के	ऽ	व	ट	ऽ	म	ऽ	न	ऽ	ही	ऽ	ऽ	ऽ
नी	**-**	**-**	**ध**	**ध**	**प**	**म**	**-**	**प**	**-**	**-**	**-**	**प**	**-**	**-**	**-**
ऽ	ऽ	ऽ	म	न	ह	र	ऽ	षा	ऽ	ऽ	ऽ	ये	ऽ	ऽ	ऽ
प	**-**	**-**	**प**	**ध**	**प**	**म**	**-**	**प**	**-**	**प**	**-**	**नी**	**-**	**-**	**-**
ऽ	ऽ	ऽ	घ	र	वै	ऽ	ऽ	ठे	ऽ	ऽ	ऽ	प्र	ऽ	भू	ऽ
नी	**-**	**-**	**ध**	**ध**	**प**	**म**	**-**	**प**	**-**	**-**	**-**	**प**	**-**	**-**	**-**
ऽ	ऽ	ऽ	द	र	श	न	ऽ	पा	ऽ	ऽ	ऽ	ये	ऽ	ऽ	ऽ
रें	**-**	**रें**	**गं**	**पं**	**पं**	**पं**	**पं**	**मं**	**धं**	**पं**	**मं**	**गं**	**रें**	**रें**	**-**
हाँ	ऽ	थ	जो	ऽ	ड	क	र	प्र	भू	के	ऽ	आ	ऽ	गे	ऽ
रें	**गं**	**गं**	**रें**	**सं**	**सं**	**नि**	**रें**	**सं**	**-**	**-**	**नि**	**ध**	**नि**	**ध**	**प**
के	ऽ	व	ट	म	ग	न	ख	ड़े	ऽ	ऽ	ऽ	ऽ	ऽ	ऽ	ऽ
ग	**प**	**प**	**प**	**ध**	**नी**	**नी**	**-**	**ध**	**नी**	**नी**	**ध**	**प**	**-**	**म**	**ग**
जा	ऽ	ना	था	गं	ऽ	गा	ऽ	पा	ऽ	र	प्र	भू	ऽ	के	ऽ
ग	**नी**	**नी**	**ध**	**ध**	**नी**	**ध**	**प**	**प**	**-**	**-**	**-**	**प**	**-**	**-**	**-**
व	ट	की	ऽ	ना	ऽ	व	च	ढ़े	ऽ	ऽ	ऽ	ऽ	ऽ	ऽ	ऽ
X				0				X				0			

नोट—शेष अंतरे इसी प्रकार से गाए-बजाए जाएंगे।

श्रीकृष्ण-भजन

वो काला इक बांसुरी वाला,
सुध बिसरा गयो मोरी रे।
सुध बिसरा गयो मोरी रे।
माखन चोर जो, नन्द किशोर वो,
कर गयो मन की चोरी रे।
सुध बिसरा गयो............

1. पनघट पर मोरी बैंया मरोरी,
मैं बोली तो मेरी, मटकी फोरी।
पइयां पड़ूं करूं विनती पर मैं,
माने न इक वो मोरी रे।
सुध बिसरा गया मोरी।
वो काला इक............

2. छुप गयो फिर इक तान सुना के,
कहां गयो इक बाण चला के।
गोकुल-ढूंढ़ा मैंने, मथुरा ढूंढ़ी,
कोई नगरिया न छोड़ी रे।
सुध बिसरा गया मोरी।
वो काला इक...........

स्थायी (ताल कहरवा)

-	-	-	म	प	म	ग	-	म	-	ग	ग	ग	-	ग	-
ऽ	ऽ	ऽ	वो	ऽ	का	ऽ	ऽ	ला	ऽ	ऽ	ऽ	इ	ऽ	क	ऽ
ग	-	-	म	प	प	म	ग	ग	म	ग	स	म	ग	-	-
ऽ	ऽ	ऽ	वां	ऽ	ऽ	सु	री	वा	ऽ	ऽ	ऽ	ला	ऽ	ऽ	ऽ
ग	-	-	प	सं,	सं	सं	-	नि	-	-	प	म	-	ग	-
ऽ	ऽ	ऽ	सु	ध	वि	स	ऽ	रा	ऽ	ऽ	ऽ	ग	ऽ	यो	ऽ
ग	-	-	म	प	ध	-	-	ध	-	-	-	-	प	ध	प
ऽ	ऽ	ऽ	मो	री	रे	ऽ	ऽ	ऽ	ऽ	ऽ	ऽ	ऽ	ऽ	ऽ	ऽ
म	म	म	ध	ध	ध	ध	**प**	नि	ध	प	म	ध	-	प	-
ऽ	ऽ	ऽ	सु	ध	वि	स	ऽ	रा	ऽ	ऽ	ऽ	ग	ऽ	यो	ऽ
प	-	-	-	प	-	-	-	म	ष	म	प	म	-	ग	-
प	प	-	म	प	म	-	ग	म	-	ग	ग	ग	-	ग	-

मो	S	S	S	री	S	S	S	S	S	S	S	S	S	S	S
S	S	S	मा	S	ख	S	न	चो	S	S	S	र	S	जो	S
ग	-	-	म	प	म	ग	ग	रे	-	रे	-	म	-	म	-
S	S	S	नं	S	द	S	कि	शो	S	S	S	र	S	वो	S
म	-	म,	प	सं	सं	सं	-	नि	-	नि	प	म	-	ग	-
S	S	S	क	र	ग	यो	S	म	S	न	S	की	S	S	S
ग	-	ग,	म	प	ध	-	-	ध	-	-	-	-	-	प	ध
S	S	S	चो	री	रे	S	S	S	S	S	S	S	S	S	S
प	म	म,	ध	ध	ध	प	-	नि	ध	प	म	-	ध	-	प
S	S	S	सु	ध	बि	स	S	रा	S	S	S	S	ग	S	यो
प	-	प	प	प	प	-	प	ध	ध	प	म	प	-	म	ग
मो	S	री	S	रे	S	S	S	S	S	S	S	S	S	S	S
ग	-	ग													
S	S	S													
X				0				X				0			

अंतरा

-	-	-	सं	सं	सं	सं	नि	सं	-	सं	-	नि	-	ध	-
S	S	S	प	न	घ	ट	S	प	S	र	S	मो	S	री	S
ध	-	-	सं	-	सं	-	नि	नि	सं	नि	सं	नि	-	ध	-
S	S	S	वै	S	याँ	S	म	रो	S	S	S	री	S	S	S
ध	-	-	सं	-	प	-	-	ध	-	ध	-	ध	-	ध	-
S	S	S	मै	S	वो	S	S	ली	S	तो	S	मे	S	री	S
ध	-	-	सं	नि	ध	प	-	प	-	-	-	म	प	म	ग
S	S	S	म	ट	की	S	S	फो	S	S	S	री	S	S	S
ग	-	-	म	प	म	ग	ग	म	-	ग	-	ग	-	ग	-
S	S	S	पै	S	याँ	S	प	डूं	S	S	S	क	S	रूँ	S
ग	-	-	म	प	म	ग	ग	म	-	ग	-	म	-	-	-
S	S	S	वि	न	ती	S	S	प	S	र	S	मै	S	S	S
म	-	-	सं	-	सं	-	सं	नि	-	ध	-	म	-	ग	-
S	S	S	मां	S	ने	S	न	इ	S	क	S	वो	S	S	S
म	-	प	-	ध	-	-	-	ध	-	-	-	प	ध	प	म
मो	S	री	S	रे	S	S	S	S	S	S	S	S	S	S	S
म	-	-	ध	ध	ध	ध	प	नि	ध	प	म	ध	-	प	-
S	S	S	सु	ध	वि	स	S	रा	S	S	S	ग	S	यो	S
प	-	-	-	प	-	-	-	ध	-	प	म	प	-	म	ग
मो	S	S	S	री	S	S	S	S	S	S	S	S	S	S	S
ग	-	-													
S	S	S													
X				0				X				0			

नोट–शेष अंतरे इसी प्रकार गाए-बजाए जाएंगे।

श्रीकृष्ण-भजन

तन के तंबूरे में दो, सांसों के तार बोले,
जै सियाराम-राम, जै राधेश्याम, श्याम।
तन के तंबूरे में....

1. अब तो इस तन के मंदिर में,
प्रभु का हुआ बसेरा।–2
मगन हुआ मन मेरा छूटा,
जनम-जनम का फेरा।–2
मन की मुरलिया में, सुर का श्रृंगार बोले।
जै सियाराम-राम...जै राधेश्याम, श्याम।

2. लगन लगी लीलाधारी से,
जगी रे जगमग ज्योती।–2
राम-नाम का हीरा पाया,
श्याम नाम का मोती।–2
प्यासी दो अंखियों में, आंसुओं की धार बोले!
जै सियाराम-राम...जै राधेश्याम, श्याम।

स्थायी (ताल कहरवा)

प	**नी**	**नी**	**नी**	**नी**	-	**नी**	-	**सां**	-	**नि**	**सां**	**सा**	-	-	-
त	न	तं	ऽ	बू	ऽ	रा	ऽ	ता	ऽ	र	म	न	ऽ	ऽ	ऽ
नि	**सां**	**ध**	**ध**	**म**	**म**	**प**	-	**ध**	-	-	-	**सां**	**नि**	**ध**	**प**
अ	द्‌	भु	त	है	ऽ	दो	ऽ	सां	ऽ	ऽ	ऽ	स	ऽ	ऽ	ऽ
प	**प**	**प**	-	**प**	**म**	**ध**	**प**	**म**	**म**	**ग**	**रे**	-	-	-	-
ह	रि	के	ऽ	स्व	र	से	ऽ	ब	ज	र	हा	ऽ	ऽ	ऽ	ऽ
रे	**रे**	**नी**	-	**ध**	**म**	**ध**	**प**	**प**	-	-	-	**प**	-	-	-
ह	रि	की	ऽ	है	ऽ	आ	ऽ	वा	ऽ	ऽ	ऽ	ज	ऽ	ऽ	ऽ
प	-	-	**निनि**	**सं**	-	**रें**	**सं**	**रें**	**सां**	**नि**	**ध**	-	**प**	-	-
ऽ	ऽ	ऽ	तन	के	ऽ	तं	बू	ऽ	रे	ऽ	मे	ऽ	दो	ऽ	ऽ
-	-	-	**ग**	-	**म**	-	**प**	**ग**	**ग**	**प**	**म**	**ग**	-	**रे**	-
ऽ	ऽ	ऽ	सां	ऽ	सों	ऽ	के	ता	ऽ	ऽ	र	बो	ऽ	ले	ऽ

-	**-**	**-**	**म**	**ग**	**रे**	**स**	**-**	**रे**	**-**	**-**	**रे**	**ग**	**-**	**म**	**म**
ऽ	ऽ	ऽ	बो	लो	सि	या	ऽ	रा	ऽ	ऽ	म	रा	ऽ	ऽ	म
-	**-**	**-**	**प**	**ग**	**रे**	**रे**	**स**	**स**	**स**	**-**	**-**	**स**	**स**	**-**	**-**
ऽ	ऽ	ऽ	बो	लो	ऽ	रा	ऽ	धे	श्या	ऽ	ऽ	म	श्या	ऽ	ऽ
-	**-**	**स**													
म	ऽ	ऽ													
X				0				X				0			

अंतरा

म	**प**	**प**	**-**	**म**	**ग**	**ग**	**म**	**म**	**प**	**प**	**-**	**प**	**प**	**प**	**-**
अ	ब	तो	ऽ	इ	स	त	न	के	ऽ	मं	ऽ	दि	र	में	ऽ
प	**नी**	**नी**	**-**	**ध**	**नी**	**ध**	**प**	**प**	**ध**	**ध**	**नी**	**-**	**-**	**-**	**-**
प्र	भू	का	ऽ	हु	आ	ऽ	ब	से	ऽ	रा	ऽ	ऽ	ऽ	ऽ	ऽ
नि	**सं**	**सं**	**नि**	**ध**	**नि**	**ध**	**प**	**प**	**-**	**प**	**-**	**-**	**-**	**-**	**-**
प्र	भू	का	ऽ	हु	आ	ऽ	ब	से	ऽ	रा	ऽ	ऽ	ऽ	ऽ	ऽ
म	**प**	**प**	**म**	**म**	**ग**	**ग**	**म**	**म**	**प**	**प**	**-**	**प**	**-**	**प**	**-**
म	ग	न	हु	आ	ऽ	म	न	मे	ऽ	रा	ऽ	छू	ऽ	टा	ऽ
प	**नी**	**नी**	**-**	**ध**	**नी**	**ध**	**प**	**प**	**ध**	**ध**	**नी**	**-**	**-**	**-**	**-**
ज	न	म	ज	न	म	का	ऽ	फे	ऽ	रा	ऽ	ऽ	ऽ	ऽ	ऽ
नि	**सां**	**सं**	**नि**	**ध**	**नि**	**ध**	**प**	**प**	**-**	**प**	**-**	**-**	**-**	**-**	**-**
ज	न	म	ज	न	म	का	ऽ	फे	ऽ	रा	ऽ	ऽ	ऽ	ऽ	ऽ
ष	**-**	**-**	**सं**	**सं**	**-**	**सं**	**सं**	**-**	**रे**	**ग**	**गं**	**-**	**गं**	**-**	**-**
ऽ	ऽ	ऽ	मन	की	ऽ	मु	र	ऽ	लि	ऽ	या	ऽ	मे	ऽ	ऽ
गं	**-**	**-**	**-**	**गं**	**-**	**-**	**-**	**सं**	**ग**	**रें**	**सं**	**रें**	**सं**	**नि**	**-**
ऽ	ऽ	ऽ	ऽ	ऽ	ऽ	ऽ	ऽ	ऽ	ऽ	ऽ	ऽ	ऽ	ऽ	ऽ	ऽ
नि	**-**	**-**	**नि**	**नि**	**सं**	**-**	**रें**	**नि**	**सं**	**सं**	**नि**	**ध**	**प**	**प**	**-**
ऽ	ऽ	ऽ	म	न	की	ऽ	मु	र	ऽ	लि	ऽ	या	ऽ	में	ऽ
प	**-**	**-**	**म**	**ग**	**म**	**-**	**प**	**म**	**ग**	**प**	**म**	**ग**	**-**	**रे**	**-**
ऽ	ऽ	ऽ	सु	र	का	ऽ	सिं	गा	ऽ	ऽ	र	बो	ऽ	ले	ऽ
-	**-**	**-**	**म**	**ग**	**रे**	**स**	**-**	**रे**	**रे**	**-**	**रे**	**ग**	**-**	**म**	**म**
ऽ	ऽ	ऽ	बो	लो	सि	या	ऽ	रा	ऽ	ऽ	म	रा	ऽ	ऽ	म
-	**-**	**-**	**प**	**ग**	**रे**	**रे**	**स**	**स**	**स**	**-**	**-**	**स**	**स**	**-**	**-**
ऽ	ऽ	ऽ	बो	लो	ऽ	रा	ऽ	धे	श्या	ऽ	ऽ	म	श्या	ऽ	म
स	**-**	**-**													
ऽ	ऽ	ऽ													
X				0				X				0			

नोट—शेष अंतरे इसी प्रकार गाए-बजाए जाएंगे।

श्रीराम-भजन

दोहा

राम-नाम रटते रहो, जब तक घट में प्राण,
कभी तो दीनदयाल के, भनक पड़ेगी कान।

राम-रमैया गाए जा।
राम से लगन लगाए जा।
राम ही तारे, राम उबारे,
राम-नाम दोहराए जा।
राम-रमैया...

1. सुबह यहां तो शाम वहां है।
   राम बिना आराम कहां है।
   राम-रमैया गाए जा, जीवन के सुख पाए जा।
   राम ही तारे-राम उबारे...

2. भटकाए जब भूल भुलैया,
   बीच भंवर जब अंटके नैया।
   राम-रमैया गाएजा, हर उलझन सुलझाए जा।
   राम ही तारे-राम उबारे...

3. राम-नाम बिन जागा सोया,
   अंधियारे में जीवन खोया।
   राम-रमैया गाए जा, मन का दीप जलाए जा।
   राम ही तारे राम उबारे,
   राम नाम दोहराए जा।
   राम रमैया गाए जा,
   राम से लगन लगाए जा।

स्थायी (ताल कहरवा)

प	नी	नी	नी	-	नी	नी	नी	नि	सं	नि	सं	-	-	-	-
रा	ऽ	म	ना	ऽ	म	र	ट	ते	ऽ	र	हो	ऽ	ऽ	ऽ	ऽ
नि	सं	ध	ध	प	म	प	-	ध	-	-	-	सं	नि	ध	प
ज	ब	त	क	घ	ट	में	ऽ	प्रा	ऽ	ऽ	ऽ	ऽ	ऽ	ऽ	ण
ग	प	प	प	प	म	ध	प	ग	म	म	ग	रे	-	-	-
क	भी	ऽ	तो	दी	ऽ	न	द	या	ऽ	ऽ	ल	के	ऽ	ऽ	ऽ
नी	नी	नी	ध	प	मम	ध	प	प	-	-	-	प	-	-	-
भ	न	क	प	ड़े	ऽऽ	गी	ऽ	का	ऽ	ऽ	ऽ	ऽ	ऽ	ऽ	न
प	-	प	ध	प	म	म	-	प	-	प	सं	नी	-	-	-
रा	ऽ	म	र	मै	ऽ	या	ऽ	गा	ऽ	ए	ऽ	जा	ऽ	ऽ	ऽ
रे	म	म	म	प	म	नि	ध	प	-	प	-	प	-	-	-
रा	ऽ	म	से	ल	ग	न	ल	गा	ऽ	ए	ऽ	जा	ऽ	ऽ	ऽ
सं	गं	गं	रें	रें	सं	सं	-	सं	गं	गं	रें	रें	सं	सं	-
रा	ऽ	म	ही	ता	ऽ	रे	ऽ	रा	ऽ	म	उ	बा	ऽ	रे	ऽ
सं	मं	गं	रें	सं	सं	सं	सं	नि	रें	सं	नि	ध	प	म	म
रा	ऽ	म	ना	ऽ	म	दो	ह	रा	ऽ	ए	ऽ	जा	ऽ	ऽ	ऽ
X				0				X				0			

अंतरा

-	-	-	रें	गं	रें	सं	सं	रें	-	-	-	मं	-	-	-
ऽ	ऽ	ऽ	सु	ब	ह	ऽ	य	हां	ऽ	ऽ	ऽ	तो	ऽ	ऽ	ऽ
-	-	-	गं	-	रें	-	सं	रें	-	-	-	रें	-	-	-
ऽ	ऽ	ऽ	शा	ऽ	म	ऽ	व	हां	ऽ	ऽ	ऽ	है	ऽ	ऽ	ऽ
-	-	-	रें	गं	गं	रें	सं	सं	रें	-	-	मं	मं	-	-
ऽ	ऽ	ऽ	रा	ऽ	ऽ	म	ऽ	बि	ना	ऽ	ऽ	ऽ	आ	ऽ	ऽ
-	-	-	गं	-	-	रें	सं	सं	रें	-	-	रें	रें	-	-
ऽ	ऽ	ऽ	रा	ऽ	ऽ	म	ऽ	क	हां	ऽ	ऽ	ऽ	है	ऽ	ऽ
प	प	प	ध	प	म	म	-	प	-	प	सं	नी	-	-	-
रा	ऽ	म	र	मै	ऽ	या	ऽ	गा	ऽ	ए	ऽ	जा	ऽ	ऽ	ऽ
रे	म	म	म	प	म	नि	ध	प	-	प	-	प	-	-	-
जी	ऽ	व	न	के	ऽ	सु	ख	पा	ऽ	ए	ऽ	जा	ऽ	ऽ	ऽ
X				0				X				0			

नोट—शेष अंतरे इसी धुन में गाए-बजाए जाएंगे।

श्रीकृष्ण-भजन

जनम तेरा बातों में बीत गयो,
रे तूने! कबहुं न कृष्ण कह्यो।
जनम तेरा...

1. पांच बरस का भोला-भाला,
   अब तो बीस भयो-2।
   मकर पचीसी माया कारण,
   देश विदेश गयो-।
   रे तूने, कबहूं न कृष्ण कह्यो।
   जनम तेरा...

2. तीस बरस में अवमति ऊपजी,
   तो लोभ बढ़े नित नयो-2।
   माया जोड़ी तू ने लाख करोड़ी,
   पर अजहूं न तृप्त भयो।
   रे तूने, कबहूं न कृष्ण कह्यो।
   जनम तेरा...

3. वृद्ध भयो तब आलस उपज्यो,
   कफ़ नित कष्ठ रह्यो-2।
   संगति कबहूं न कीनी रे तूने,
   वृथा जनम गयो-।
   रे तूने कबहूं न कृष्ण कह्यो।
   जनम तेरा...

4. यह संसार मतलब का लोभी,
   झूठा ठाठ रच्यो-2
   कहत कबीर समझ मन मूरख,
   तू क्यों भूल गयो।
   रे तूने कबहुं न कृष्ण कह्यो।
   जनम तेरा...

स्थाई (ताल-कहरवा)

-	-	-	-	-	-	म	-	म	-	प	-	म	-	ग	-
ऽ	ऽ	ऽ	ऽ	ऽ	ऽ	ज	ऽ	न	ऽ	म	ऽ	ते	ऽ	रा	ऽ
-	-	-	गम	ध	ध	-	ध	ध	नी	नी	ध	ध	-	नि	रें
ऽ	ऽ	ऽ	बाऽ	ऽ	तों	ऽ	में	बी	ऽ	ऽ	ऽ	त	ऽ	ग	ऽ
सं	-	-	-	-	-	सं	-	नि	रें	सं	नि	ध	-	प	-
यो	ऽ	ऽ	ऽ	ऽ	ऽ	रे	ऽ	तू	ऽ	ऽ	ऽ	ने	ऽ	ऽ	ऽ
प	-	-	नि	रें	सं	-	नि	ध	ध	ध	म	ध	ध	प	म
ऽ	ऽ	ऽ	क	ब	हुं	ऽ	न	कृ	ऽ	ऽ	ऽ	ण	ऽ	क	ऽ
प	-	-	-	प	-										
ह्यो	ऽ	ऽ	ऽ	ऽ	ऽ										
X				0				X				0			

अंतरा

-	-	-	प	नी	नी	–	नी	नी	-	नी	-	नी	-	-	-
ऽ	ऽ	ऽ	पां	ऽ	च	ऽ	ब	र	ऽ	स	ऽ	का	ऽ	ऽ	ऽ
ध	-	-	नि	सं	सं	-	-	सं	-	-	-	सं	-	-	-
ऽ	ऽ	ऽ	भो	ऽ	ला	ऽ	ऽ	भा	ऽ	ऽ	ऽ	ला	ऽ	ऽ	ऽ
नि	-	-	नि	रें	रें	-	गं	रें	-	सं	-	रें	-	नि	-
ऽ	ऽ	ऽ	अ	ब	तो	ऽ	ऽ	बी	ऽ	ऽ	ऽ	स	ऽ	भ	ऽ
सं	-	-	-	सं	-	-	-	नि	-	ध	-	प	-	म	-
यो	ऽ	ऽ	ऽ	ऽ	ऽ	ऽ	ऽ	ऽ	ऽ	ऽ	ऽ	ऽ	ऽ	ऽ	ऽ
म	-	-	सं	मं	मं	-	मं	मं	-	-	-	मं	-	-	-
ऽ	ऽ	ऽ	म	क	र	ऽ	प	ची	ऽ	ऽ	ऽ	सी	ऽ	ऽ	ऽ
मं	-	-	रें	गं	रें	मं	-	रें	-	-	-	सं	-	सं	-
ऽ	ऽ	ऽ	मा	ऽ	या	ऽ	ऽ	का	ऽ	ऽ	ऽ	र	ऽ	न	ऽ
सं	-	-	सं	रें	रें	-	गं	रें	-	-	सं	रें	-	नि	-
ऽ	ऽ	ऽ	दे	ऽ	श	ऽ	वि	दे	ऽ	ऽ	ऽ	श	ऽ	ग	ऽ
सं	-	-	-	नि	-	सं	-	नि	रें	सं	नि	ध	-	प	-
यो	ऽ	ऽ	ऽ	ऽ	ऽ	रे	ऽ	तू	ऽ	ऽ	ऽ	ने	ऽ	ऽ	ऽ
प	-	-	नि	रें	सं	-	नि	ध	-	-	म	ध	-	प	म
ऽ	ऽ	ऽ	क	ब	हू	ऽ	न	कृ	ऽ	ऽ	ऽ	ष्ण	ऽ	क	ऽ
प	-	-	-	प	-										
ह्यो	ऽ	ऽ	ऽ	ऽ	ऽ										
X				0				X				0			

नोट–शेष अंतरे इसी प्रकार से गाए-बजाए जाएंगे।

श्रीकृष्ण भजन

श्याम तेरी बंशी, बजे धीरे-धीरे,
यमुना के तीरे कान्हा, यमुना के तीरे।
श्याम तेरी बंशी...

1. इत मथुरा उत को है गोकुल-2,
   बीच में नदिया बहे धीरे-धीरे।
   यमुना के तीरे कान्हा, यमुना के तीरे!
   श्याम तेरी वंशी...

2. इत रुकमिणी उत को है विशाखा-2
   बीच में राधा चले धीरे-धीरे।
   यमुना के तीरे कान्हा यमुना के तीरे।
   श्याम तेरी वंशी...

3. इत गोपियां उत को हैं ग्वाले-2,
   बीच में कान्हा, चले धीरे-धीरे।
   यमुना के तीरे कान्हा, यमुना के तीरे।
   श्याम तेरी वंशी...

स्थायी (ताल दादरा)

प	**ध**	**प**	**ग**	**प**	**ग**	**स**	**रे**	**स**	**ध़**	-	**प़**
श्या	ऽ	म	ते	ऽ	री	वं	ऽ	ऽ	शी	ऽ	ब
रे	-	**रे**	**ग**	**म**	**ग**	**रे**	**रे**	**स**	**स**	-	-
जे	ऽ	धी	ऽ	ऽ	रे	धी	ऽ	ऽ	रे	ऽ	ऽ
स	**ग**	**म**	**ध**	-	**ध**	**ध**	**ध**	-	**ध**	**ध**	-
ज	मु	ना	ऽ	ऽ	के	ती	रे	ऽ	का	न्हा	ऽ
म	**ध**	**ध**	**नि**	**सं**	**नि**	**ध**	-	**प**	**प**	-	-
ज	मु	ना	ऽ	ऽ	के	ती	ऽ	ऽ	रे	ऽ	ऽ
X			0			X			0		

अंतरा

-	-	**रे**	**स**	**ध़**	**प़**	**ध़**	-	-	**ध़**	-	-
ऽ	ऽ	इ	त	म	थु	रा	ऽ	ऽ	उ	त	ऽ
-	-	**म**	-	**म**	**प**	**ग**	**रे**	**स**	**स**	**स**	-
ऽ	ऽ	को	ऽ	है	ऽ	गो	ऽ	ऽ	कु	ल	ऽ
-	-	**प**	**प**	**प**	**ध**	**ध**	**प**	-	**प**	**प**	-
ऽ	ऽ	इ	त	म	थु	रा	ऽ	ऽ	उ	त	ऽ
नि	**सं**	**नि**	**ध**	**नि**	**ध**	**प**	**ध**	**प**	**म**	**ग-**	**प**
को	ऽ	ऽ	है	ऽ	ऽ	गो	ऽ	ऽ	कु	लऽ	ऽ
प	**ध**	**प**	**ग**	**प**	**ग**	**स**	**रे**	**स**	**ध़**	**प़**	**प़**
बी	ऽ	ऽ	च	ऽ	में	न	दि	ऽ	या	ऽ	ब
रे	-	**रे**	**ग**	**म**	**ग**	**रे**	**रे**	**स**	**स**	-	-
हे	ऽ	धी	ऽ	ऽ	रे	धी	ऽ	ऽ	रे	ऽ	ऽ
X			0			X			0		

नोट–शेष अंतरे इसी प्रकार गाए-बजाए जाएंगे।

श्रीराम-कृष्ण भजन

जग में सुंदर है दो नाम
चाहे कृष्ण कहो या राम।
बोलो राम-राम-राम,
बोलो श्याम-श्याम-श्याम।

1. माखन बृज में एक चुरावे,
एक बेर भिलनी के खावे।
प्रेम भाव से भरे अनोखे।
दोनों के हैं काम–
बोलो राम-राम-राम,
बोलो श्याम-श्याम-श्याम।
जग में सुंदर...

2. एक कंस पापी को मारे,
एक दुष्ट रावण संहारे।
चाहे सीता राम कहो,
या चाहे राधेश्याम।
बोलो राम-राम-राम,
बोलो श्याम-श्याम-श्याम
जग में सुंदर...

3. एक राधिका के संग साजे,
एक जानिकी संग विराजे।
दोनों दीन के दुख हरत हैं।
दोनों बृज के धाम।
बोलो राम-राम-राम,
बोलो श्याम-श्याम-श्याम।
जग में सुंदर...

स्थायी (ताल कहरवा)

-	-	-	-	सं	सं	सं	नि	नि	सं	सं	नि	प	-	म	-
ऽ	ऽ	ऽ	ऽ	ज	ग	में	ऽ	सुं	ऽ	द	र	हैं	ऽ	दो	ऽ
प	-	-	प	प	सं	सं	-	नि	सं	सं	नि	प	-	म	-
ना	ऽ	ऽ	म	चा	ऽ	हे	ऽ	कृ	ऽ	ष्ण	क	हो	ऽ	या	ऽ
नि	प	म	ग	ग	-	ग	-	म	-	म	ग	प	-	-	म
रा	ऽ	ऽ	म	बो	ऽ	लो	ऽ	रा	ऽ	ऽ	म	रा	ऽ	ऽ	म
ग	-	-	ग	ग	-	ग	-	म	-	म	ग	प	-	-	म
रा	ऽ	ऽ	म	बो	ऽ	लो	ऽ	श्या	ऽ	ऽ	म	श्या	ऽ	ऽ	म
ग	-	-	ग												
श्या	ऽ	ऽ	म												
X				0				X				0			

अंतरा

प	सं	सं	सं	सं	रें	सं	नि	प	सं	सं	सं	सं	सं	नि	प
मा	ऽ	ख	न	बृ	ज	में	ऽ	ए	ऽ	क	चु	रा	ऽ	वे	ऽ
प	-	नि	नि	सं	गं	रें	नि	सं	-	सं	-	सं	-	सं	-
ए	ऽ	क	बे	ऽ	र	भि	ल	नी	ऽ	के	ऽ	खा	ऽ	वे	ऽ
सं	-	सं	नि	सं	-	सं	नि	सं	नि	प	म	प	नी	सं	सं
ऽ	ऽ	ऽ	ऽ	ऽ	ऽ	ऽ	ऽ	ऽ	ऽ	ऽ	ऽ	ऽ	ऽ	ऽ	ऽ
सं	गं	गं	गं	गं	गं	गं	-	रें	गं	-	गं	रें	गं	रें	सं
प्रे	ऽ	म	भा	ऽ	व	से	ऽ	भ	रे	ऽ	अ	नो	ऽ	खे	ऽ
नि	सं	सं	नि	प	-	म	-	प	-	म	ग	ग	-	ग	-
दो	ऽ	नो	ऽ	के	ऽ	हैं	ऽ	का	ऽ	ऽ	म	बो	ऽ	लो	ऽ
म	-	म	ग	प	-	-	म	ग	-	-	ग	ग	-	ग	-
रा	ऽ	ऽ	म	रा	ऽ	ऽ	म	रा	ऽ	ऽ	म	बो	ऽ	लो	ऽ
म	-	म	ग	प	-	-	म	ग	-	-	ग				
श्या	ऽ	ऽ	म	श्या	ऽ	ऽ	म	श्या	ऽ	ऽ	म				
X				0				X				0			

नोट–शेष अंतरे इसी प्रकार गाए-बजाएं जाएंगे।

हनुमान चालीसा

श्री गुरु चरण सरोज रज,
निज मन मुकुर सुधारि।
बरनउं रघुबर विमल जसु,
दो दायक फल चारि।
बुद्धिहीन तनु जानिके,
सुमिरौं पवन कुमार।
बल-बुद्धि-विद्या देहु मोहि,
हरहु कलेश विकार।

जय हनुमान ज्ञान गुन सागर,
जय कपीश तिहुं लोक उजागर।
राम दूत अतुलित बल धामा,
अंजनि पुत्र पवन सुत नामा।
महावीर विक्रम बजरंगी,
कुमति निवार सुमति के संगी।
कंचन वरन विराज सुबेसा,
कानन कुंडल कुंचित केसा।
हाथ बज्र औ ध्वजा बिराजै,
कांधे मूंज जनेऊ साजै।
शंकर सुवन केशरी नंदन,
तेज प्रताप महा जगवंदन।
विद्यावान गुणी अति चातुर,
रामकाज करिबे को आतुर।
प्रभु चरित्र सुनबे को रसिया,
राम लखन सीता मन बसिया।
सूक्ष्म रूप धरि सियहिं दिखावा,
विकट रूप धरि लंक जरावा।
भीम रूप धरि असुर संघारे,
राम चन्द्र के कांज संवारे।
लाय सजीवन लखन जियाए,
श्री रघुवीर हरषि उर लाए।
रघुपति कीन्हीं बहुत बड़ाई,
तुम मम प्रिय भरतहिं सम भाई।
सहस बदन तुम्हारो यश गावैं,
असि कहि श्रीपति कंठ लगावैं।
सनकादिक ब्रह्मादि मुनीसा,
नारद शारद सहित अहीसा।
यम कुबेर दिगपाल जहां ते,
कवि कोविद कहि सके कहां ते।
तुम उपकार सुग्रीवहिं कीन्हा,
राम मिलाय राजपद दीन्हा।
तुम्हरो मंत्र विभीषण माना,
लंकेश्वर भये सब जग जाना।
युग सहस्र योजन फल भानू,
लील्यो ताहि मधुर फल जानू।
प्रभु मुद्रिका मेल मुख माहीं,
जलधि लांघि गये अचरज नाहीं।
दुर्गम काज जगत के जेते,
सुगम अनुग्रह तुम्हरे तेते।
राम दुवारे तुम रखवारे,
होत न आज्ञा बिनु पैसारे।
सब सुख लहैं तुम्हारी सरना,
तुम रक्षक काहू को डरना।
आपन तेज सम्हारो आपे,
तीनहु लोक हांक ते कांपे।
भूत पिशाच निकट नहिं आवे,
महावीर जब नाम सुनावे।
नासे रोग हरे सब पीरा,
जपत निरंतर हनुमत वीरा।
संकट से हनुमान छुड़ावै,
मन क्रम बचन ध्यान जो लावै।
सब पर राम तपस्वी राजा,
तिनके काज सकल तुम साजा।
और मनोरथ जो कोई लावै,
ताहि अमित जीवन फल पावै।
चारों युग परताप तुम्हारा,
है प्रसिद्ध जगत उजियारा।
साधु संत के तुम रखवारे,
असुर निकंदन राम दुलारे।
अष्ट सिद्धि नव निधि के दाता,
अस बर दीन्ह जानकी माता।
राम रसायन तुम्हरे पासा,
सदा रहो रघुपति के दासा।
तुम्हरे भजन राम को पावै,
जन्म जन्म के दुख विसरावै।
अन्तकाल रघुबर पुर जाई,
जहाँ जन्म हरि-भक्त कहाई।
और देवता चित्त न धरई,
हनुमत सेई सर्व सुख करई।
संकट हटै-मिटै सब पीरा,
जो सुमिरै हनुमत बलबीरा।
जै जै जै हनुमान गोसांई,
कृपा करहुं गुरुदेव की नाई।
जो सत बार पाठ कर कोई,
छूटहि बंदि महासुख होई।
जो यह पढ़े हनुमान चलीसा,
होई सिद्धि साखी गौरीसा।
तुलसीदास सदा हरि चेरा,
कीजै नाथ हृदय मह डेरा।

दोहा

पवन तनय संकट हरन,
मंगल मूरति रूप।
राम-लखन सीता सहित,
हृदय बसहु सूरभूप।।

स्थायी (ताल कहरवा)

-	-	-	म-	प	प	सं	-	सं	सं	रें	सं	नि	ध	प	-
ऽ	ऽ	ऽ	जैऽ	ह	नु	मा	ऽ	न	ज्ञा	ऽ	न	गु	न	सा	ऽ
प	म	-	सं-	नि	ध	प	प	म	ग	रें	-	प	प	म	-
ग	र	ऽ	जैऽ	क	पी	ऽ	श	ति	हुं	लो	ऽ	क	उ	जा	ऽ
म	म	म	-	प	प	सं	सं	सं	सं	रें	सां	नि	ध	प	-
ग	र	ऽ	राऽ	म	दू	ऽ	त	अ	तु	लि	त	ब	ल	धा	ऽ
प	-	-	सं-	नि	ध	प	प	म	ग	रे	-	प	प	म	-
मा	ऽ	ऽ	अंऽ	ज	नि	पु	ऽ	त्र	प	व	न	सु	त	ना	ऽ
म	-	-													
मा	ऽ	ऽ													
X				0				X				0			

अंतरा

-	-	-	ध-	ध	सं	रें	गं	गं	रें	सं	नि	नि	ध	प	सं
ऽ	ऽ	ऽ	मऽ	हा	ऽ	बी	ऽ	र	वि	ऽ	क्र	म	ब	ज	रं
-	सां	-	ध	ध	सं	रें	गं	गं	रें	सं	नि	नि	ध	प	सं
ऽ	गी	ऽ	कुऽ	म	ति	नि	वा	ऽ	र	सु	म	ति	के	ऽ	सं
-	सं	-	संमं	मं	मं	गं	रें	सं	सं	रें	सं	नि	ध	ध	-
ऽ	गी	ऽ	कंऽ	च	न	ब	र	न	वि	रा	ऽ	ज	सु	वे	ऽ
नि	सं	-	म-	प	प	ध	-	नि	सं	नि	ध	प	म	म	-
शा	ऽ	ऽ	काऽ	न	न	कु	ऽ	ण्ड	ल	कुं	ऽ	चि	त	के	ऽ
म	-	-	म	म	प	प	सं	सं	सं	-	रें	सं	नि	ध	ध
शा	ऽ	ऽ	हा	ऽ	थ	ब	ऽ	ज्र	औ	ऽ	ध्व	जा	ऽ	वि	रा
-	नि	सं	म	-	प	-	ध	-	ध	ध	नि	ध	प	म	म
ऽ	जै	ऽ	कां	ऽ	धे	ऽ	मूं	ऽ	ज	ज	ने	ऽ	ऊ	ऽ	छा
-	म	-	म-	प	प	सं	सं	सं	सं	रें	सं	नि	ध	प	-
ऽ	जै	ऽ	शंऽ	क	र	सु	व	न	के	ऽ	श	री	ऽ	नं	ऽ
प	प	-	सं-	नि	ध	प	प	म	ग	रे	रे	प	म	-	-
द	न	ऽ	तेऽ	ज	प्र	ता	ऽ	प	म	हा	ऽ	ज	ग	बं	ऽ
म	-	-													
द	न	ऽ													
X				0				X				0			

नोट–शेष अंतरे इसी प्रकार गाए-बजाए जाएंगे।

राधे-गोविन्द भजन

श्री राधे गोविन्दा, मन भज ले हरि का प्यारा नाम है
गोपाला हरि का प्यारा नाम है,
नंदलाला हरि का प्यारा नाम है।
श्री राधे गोविन्दा...

1. मोर मुकुट सिर गले बनमाला,
   केसर तिलक लगाए-2।
   वृंदावन की कुंज गलिन में,
   सबको नाच नचाए-2।
   श्री राधे-गोविन्दा...

2. जमुना किनारे धेनु चरावे,
   माधव मदन मुरारी-2।
   मधुर मुरलिया जभी बजावे,
   हर ले सुध-बुध सारी-2।
   श्री राधे गोविन्दा...

3. गिरधर, नागर कहती मीरा,
   सूर को श्याम लुभाया-2
   तुकाराम और नामदेव ने,
   विट्ठल-विट्ठल गाया-2
   श्री राधे गोविन्दा मन...
   भज ले हरि का प्यारा नाम है

4. राधा शक्ति बिना न कोई,
   श्यामल दर्शन पावे-2।
   अराधना कर राधे-राधे,
   कान्हा भागा आवे-2
   श्री राधे गोविन्दा
   मन भज ले हरि का प्यारा नाम है।

स्थायी (ताल कहरवा)

-	-	-	-	-	-	स	-	रे	म	म	-	प	ध	नि	ध
ऽ	ऽ	ऽ	ऽ	ऽ	ऽ	श्री	ऽ	रा	ऽ	धे	ऽ	गो	ऽ	विं	ऽ
प	-	-	-	-	-	म	म	प	ध	ध	-	प	म	म	प
दा	ऽ	ऽ	ऽ	ऽ	ऽ	म	न	भ	ज	ले	ऽ	ह	रि	का	ऽ
ध	-	नि	ध	-	प	प	म	म	म	-	-	-	-	सं	सं
प्या	ऽ	रा	ऽ	ऽ	ना	ऽ	म	है	ऽ	ऽ	ऽ	ऽ	ऽ	नं	द
सं	मं	मं	गं	मं	गं	रें	सां	-	-	-	सा	रें	सं	सं	नि
ला	ऽ	ला	ऽ	ह	रि	का	ऽ	ऽ	ऽ	ऽ	प्या	रा	ना	ऽ	म
नि	सं	ध	ध	प	म										
है	ऽ	ऽ	ऽ	ऽ	ऽ										
X				0				X				0			

अंतरा

प	ध	ध	ध	ध	ध	ध	-	प	ध	ध	ध	ध	-	ध	-
मो	ऽ	र	मु	कु	ट	पी	ऽ	तां	ऽ	ब	र	सो	ऽ	हे	ऽ
प	-	ध	ध	प	म	म	म	म	प	प	ध-	-	-	-	-
के	ऽ	स	र	ति	ल	क	ल	गा	ऽ	ए	ऽऽ	ऽ	ऽ	ऽ	ऽ
ध	-	नि	ध	प	म	प	म	म	-	म	-	-	-	-	-
के	ऽ	स	र	ति	ल	क	ल	गा	ऽ	ए	ऽ	ऽ	ऽ	ऽ	ऽ
प	नि	नि	-	नि	नि	नि	प	प	नी	नी	नी	नी	नी	नी	-
बृं	ऽ	द्रा	ऽ	ब	न	की	ऽ	कुं	ऽ	ज	ग	लि	न	में	ऽ
सं	रें	रें	-	सं	नि	सं	नि	ध	-	ध	-	-	-	सं	नि
स	ब	को	ऽ	ना	ऽ	च	न	चा	ऽ	ये	ऽ	ऽ	ऽ	हां	ऽ
सं	रें	रें	-	सं	नि	सं	नि	ध	-	ध	-	प	म		
स	ब	को	ऽ	ना	ऽ	च	न	चा	ऽ	ये	ऽ	ऽ	ऽ		
X				0				X				0			

नोट—शेष अंतरे इसी प्रकार गाए-बजाए जाएंगे।

पूजन-गीत

    तेरे पूजन को भगवान,
    बना मन मंदिर आलीशान।
1. किसने जानी तेरी माया,
    किसने भेद तुम्हारा पाया,
    हारे ऋषी-मुनी कर ध्यान।
    बना मन मंदिर आलीशान।
    तेरे पूजन को भगवान...
2. तू ही जल में तू ही थल में,
    तू ही मन में, तू ही बन में।
    तेरा रूप अनूप महान,
    बना मन मंदिर आलीशान।
    तेरे पूजन को भगवान...
3. तू हर गुल में, तू बुलबुल में,
    तू हर डाल के पातन में,
    तू हर दिल में मूर्तिमान।
    बना मन मंदिर आलीशान।
    तेरे पूजन को भगवान...
4. तू ने राजा रंक बनाया,
    तू ने भिक्षुक राज बिठाया,
    तेरी ऐसी लीला महान।
    बना मन मंदिर ऑलीशान,
    तेरे पूजन को भगवान...
5. झूठे जग की झूठी माया,
    मूरख इसमें क्यों भरमाया,
    कर कुछ जीवन का कल्याण।
    बना मन मंदिर आलीशान।
    तेरे पूजन को भगवान...

स्थायी (ताल कहरवा)

-	-	-	-	म	प	म	ग	म	प	प	म	प	नि	नि	नि
ऽ	ऽ	ऽ	ऽ	ते	ऽ	रे	ऽ	पू	ऽ	ज	न	को	ऽ	भ	ग
नि	ध	ध,	ध	प	ध	नि	सं	ध	प	प	प	ध	प	म	ग
वा	ऽ	न	ब	ना	ऽ	म	न	मं	ऽ	दि	र	आ	ऽ	ली	ऽ
म	-	म,	म	ध	-	नि	नि	सं	प	प	प	ध	प	म	ग
शा	ऽ	न	ब	ना	ऽ	म	न	मं	ऽ	दि	र	आ	ऽ	ली	ऽ
म	-	-	म												
शा	ऽ	ऽ	न												
X				0				X				0			

अंतरा

-	-	-	-	म	म	म	-	नि	प	प	-	प	नी	नी	-
ऽ	ऽ	ऽ	ऽ	कि	स	ने	ऽ	जा	ऽ	नी	ऽ	ते	ऽ	री	ऽ
नि	सं	सं	-	सं	सं	सं	-	प	सं	सं	सं	नि	रें	सं	रें
मा	ऽ	या	ऽ	कि	स	ने	ऽ	भे	ऽ	द	तु	म्हा	ऽ	रा	ऽ
नि	ध	ध	-	प	-	म	ग	म	प	प	म	प	नि	नि	नि
पा	ऽ	या	ऽ	हा	ऽ	रे	ऽ	ऋ	षी	ऽ	मु	नी	ऽ	क	र
नि	ध	ध	ध	प	ध	नि	सं	ध	प	प	प	ध	प	म	ग
ध्या	ऽ	न	ब	ना	ऽ	म	न	मं	ऽ	दि	र	आ	ऽ	ली	ऽ
म	-	-	म												
शा	ऽ	ऽ	न												
X				0				X				0			

नोट–शेष अंतरे इसी प्रकार गाए जाएंगे।

कुछ सवैयों में प्रभु की महिमा वर्णन

1. बुद्धि बड़ी चतुराई बड़ी, मन में ममता अतिसय लिपटी है,
ज्ञान बड़ो, धन-धाम बड़ो, करतूत बड़ों जग में प्रगटी है।
गज बाजि हूं द्वार मनुष्य हजार, तो इन्द्र समान में कौन घटी है,
सो सब राम की भक्ति बिना, मानो सुन्दर नारी की नाक कटी है॥

2. जब दांत न थे तब दूध दियो, अब दांत दिये, तोको अन्न भी दैहें,
जल-थल में, पशु-पक्षिन में, सबकी सुध लेत वो तोरीहूं लैहें।
जान को देत, अजान को देत, जहॉन को देत वो तोको भी दैहें,
रे मन मूरख! सोच करे क्यूं, सोच करे कछु हाथ न अइहें॥

3. कौन कुबुद्धि भई घट अन्दर, अपने प्रभु सो क्यों मन चौरे,
भूलि गयो विषया सुख में सठ, लालच लागि रह्यो अति भौरे।
ज्यों कोऊ कंचन थार मिलावत, ले करि पत्थर सो नग फोरै,
सुन्दर या नर देह अमोलक, तीर लगी नउका कत बोरै॥

4. क्षण-भंगुर जीवन की कलिका, कल प्रात को जाने खिली न खिली,
मलयाचल की शुचि शीतल, मन्द सुगन्ध समीर मिली न मिली।
कलि काल-कुठार लिए फिरता, तन नम्र से चोट झिली न झिली,
जप ले हरि नाम अरी रसना, फिर अंत समय मिली न मिली॥

(ताल कहरवा-सवैया)

स	**-**	**स**	**रे**	**ग**	**म**	**म**	**म**	**ग**	**रे**	**ग**	**म**	**ग**	**-**	**स**	**स**
बु	ऽ	द्धि	ब	ड़ी	ऽ	च	तु	रा	ऽ	ई	ब	डी	ऽ	म	न
स	**ग**	**रे**	**स**	**ध़**	**नि़**	**स**	**रे**	**ग**	**ग**	**रे**	**स**	**स**	**-**	**स**	**-**
मे	ऽ	म	म	ता	ऽ	अ	ति	स	य	लि	प	टी	ऽ	है	ऽ
स	**-**	**स**	**रे**	**ग**	**म**	**म**	**म**	**ग**	**रे**	**ग**	**म**	**ग**	**-**	**स**	**स**
ज्ञा	ऽ	न	ब	डो	ऽ	ध	न	धा	ऽ	म	ब	ड़ो	ऽ	क	र
स	**ग**	**रे**	**स**	**ध़**	**नि़**	**स**	**रे**	**ग**	**ग**	**रे**	**स**	**स**	**-**	**स**	**-**
तू	ऽ	त	ब	ड़ी	ऽ	ज	ग	में	ऽ	प्र	ग	टी	ऽ	हैं	ऽ
प	**सं**	**सं**	**सं**	**सं**	**-**	**सं**	**सं**	**नि**	**सं**	**नि**	**ध**	**प**	**प**	**पप**	**प**
बा	ऽ	जि	हूँ	द्वा	ऽ	र	म	नु	ऽ	ष्य	ह	जा	ऽ	स्-	तो
प	**प**	**ध**	**प**	**म**	**ग**	**रे**	**रे**	**रे**	**ग**	**ग**	**म**	**म**	**-**	**म**	**-**
इं	ऽ	द्र	स	मा	ऽ	न	मे	कौ	ऽ	न	घ	टी	ऽ	है	ऽ
स	**-**	**स**	**रे**	**ग**	**म**	**म**	**म**	**ग**	**रे**	**ग**	**म**	**ग**	**ग**	**स**	**स**
सो	ऽ	स	ब	रा	ऽ	म	की	भ	ऽ	क्ति	बि	ना	ऽ	मा-	नो
स	**ग**	**रे**	**सा**	**ध़**	**नि़**	**स**	**रे**	**ग**	**ग**	**रे**	**स**	**-**	**स**	**स**	**-**
सुं	ऽ	द	र	ना	ऽ	री	की	ना	ऽ	क	क	टी	ऽ	है	ऽ
X				0				X				0			

नोट—शेष सवैये इसी धुन में गाए-बजाए जाएंगे।

कुछ प्रसिद्ध संगीत निदेशक, डायरेक्टर-प्रोड्यूसर व गायक-गायिकाओं के नाम

प्रसिद्ध संगीत-निर्देशक

वंसत देसाई, अनिल विश्वास, रफीक गजनवी, हरिश्चंद्र बाली, जद्दनबाई, मीर साहब, एस.एन. त्रिपाठी, गणपतराव मोहिते, खेमचन्द्र प्रकाश, सी. रामचन्द्र, नौसाद अली, हुस्नलाल-भगतराम, एस.डी. बर्मन, शंकर जयकिशन, वी.आर. देवधर, रोशन, मदन मोहन, हेमंत कुमार, सलिल चौधरी, रवि, जयदेव, ख्ययाम, ओ.पी. नैयर, बप्पी लाहिड़ी, राजेश रोशन, रवीन्द्र जैन, सोनिक ओमी, उषा खन्ना, हृदय नाथ मंगेशकर, हेमंत भोंसले, सपन-जगमोहन, रघुनाथ सेठ, विजयराघव राव, जीतू-तपन, श्यामल मित्रा, धीरज-बल्लू, बनराज भाटिया, दुलालसेन, शिव-हरि, राजकमल, मानस मुखर्जी, मुरली मनोहर स्वरूप, रामलक्ष्मण, नदीम-श्रवण, दिलीपसेन-समीरसेन, जतिन-ललित, ए.आर. रहमान, अनुमलिक, नुसरत फतेह अली खां, आनन्द राज आनन्द, आनन्द-मिलिंद आदि अनेक संगीत-निर्देशक प्रयत्नशील हैं।

प्रसिद्ध फिल्म डायरेक्टर-प्रोड्यूसर

राज श्री प्रोडक्शन, वी. शांताराम जी, राजखोसला, शक्ति सामंत, जे. ओमप्रकाश, बी. एम व्यास, भरत व्यास, ऋषिकेश मुखर्जी, राजकपूर, बी. आर. चोपड़ा, यश चोपड़ा, के. सी. बोकाडिया, मनमोहन देसाई, प्रकाश मेहरा, रामानन्द सागर, धर्मेश मल्होत्रा, डेविड धवन, सुभाष घई, मणिरत्नम्, आदित्य चोपड़ा, शेखर कपूर, मेहुल कुमार, करण जौहर आदि प्रयत्नशील हैं।

पुराने व नये प्रसिद्ध फिल्मी गायक-गायिकाएं

के. एल. सहगल, पंकज मल्लिक, K.C.Day, गोविन्दराव टेंबे, महमूद, मुहम्मद रफी, मन्ना डे, मुकेश जी, किशोर कुमार, महेन्द्र कपूर, यशुदास, जगजीत सिंह, भूपेन्द्र सिंह, सुरेशवाड़कर, नितिन मुकेश, मुहम्मद अज़ीज, सुदेश भोंसले, शब्बीर कुमार, हरीहरण, अमित कुमार, शैलेन्द्र सिंह, मनहर व पंकज उधास, नरेन्द्र चंचल, गुलाम अली, कुमार शानू, उदित नारायण, अभिजीत, अल्ताफ रज़ा, सोनू निगम, शान, अभिजीत सावंत इत्यादि प्रयत्नशील हैं।

सुश्री लता मंगेशकर, आशा भोंसले, उषा मंगेशकर, मीना मंगेशकर, एम. एस. सुब्बलक्ष्मी, दिलराज कौर, कविता कृष्णमूर्ति, अनुराधा पोडवाल, पीनाज मसानी, चित्रा सिंह, लक्ष्मीशंकर, सुमनकल्याणपुरकर, निर्मला अरुण, शोभा गुर्टू, मीनू पुरुषोत्तम, हेमलता,

प्रीतीसागर, श्यामा चित्तर, कृष्णा कल्ले, वाणी जयराम, चंद्राणी मुखर्जी, सुलक्षणा पण्डित, अल्का याज्ञनिक, जसपिन्दर नरुला, साधना सरगम, सोनाली वाजपेयी, इला अरुण, सुनीधि चौहान आदि के नाम उल्लेखनीय हैं, फिल्म-संगीत के विभिन्न घरानों का विकास इन्हीं सबके माध्यम से होगा।

लोकप्रिय फिल्मी गायक-गायिकाओं के साथ-साथ शास्त्रीय-संगीत के अनेक प्रसिद्ध घरानेदार गायक-गायिकाओं, वादकों व नर्तकों को भी फिल्मी गीतों व संगीत-निर्देशकों के माध्यम से जनता के समक्ष प्रस्तुत किया गया, जिनमें कुछ प्रमुख नाम है।

गायक

पं. विनायकराव, पटवर्धन, उ. अमीर खां, उ. बड़े गुलाम अलीखां, स्व. डी. वी. पलुष्कर, उ. गुलाम मुस्तफा खां, पं. भीमसेन जोशी, पं. फिरोज दस्तूर, पं. राजन-साजन मिश्र, बेगम परवीन सुल्ताना, लक्ष्मीशंकर, किशोरी अमोनकर, सरस्वती राने, हीराबाई बड़ौदकर, मल्लिकार्जुन मंसूर, राम गंगोली।

बादक

पं. सामता प्रसाद (गुदईमहाराज तबला) पं. गोपाल मिश्र (सारंगी) पं. पन्नालाल घोष, रघुनाथ सेठ व पं. हरी प्रसाद चौरसिया (बाँसुरी) उ. बिसमिल्लाह खान (शहनाई) उ. अलीअकबर खां (सरोद) पं. रविशंकर जी, उ. अब्दुल हलीम जाफ र खां व उ. विलायत खां (सितार) पं. शिवकुमार शर्मा (संतूर), उ. अमजद अली खां (सरोद) पं. भजन सोपूरी (संतूर) उ. अल्लारखा व जाकि र हुसैन (तबला)।

नर्तक

गुरु लच्छू, महाराज, पं. सुन्दर प्रसाद, जयलाल, हजारी प्रसाद, बनारस की तारा, सितारा देवी, अलकनन्दा देवी, नटराज-गोपीकृष्ण, जयपुर घराने के-सोहनलाल, हीरालाल, कृष्णलाल, कृष्ण कुमार, कमल राज, माधव किशन, सुरेश नायडू, ममता-शंकर, आनन्द शंकर, पं. बिरजू महाराज जी।

www.ingramcontent.com/pod-product-compliance
Lightning Source LLC
Chambersburg PA
CBHW050555170426
43201CB00011B/1706